CW01265936

Preußen

Ein fesselnder Leitfaden über die Geschichte Preußens und des Deutsch-Französischen Krieges

Inhaltsverzeichnis

Teil 1: Die Geschichte von Preußen

Ein fesselndes Handbuch zum Königreich Preußen und dessen Rolle während der Napoleonischen Kriege, dem Franko-Preußischen Krieg, und der Einigung Deutschlands im Jahre 1871

Einleitung

Preußens Geschichte, von den Anfängen bis zum glorreichen Sieg bei der Vereinigung Deutschlands, ist die eines Außenseiters, der zu wahrer Größe aufsteigt. Über Jahrhunderte hinweg führte die Hohenzollern-Dynastie ihr Volk und ihr Land durch einen Hindernisparcour, der zum Scheitern verurteilt schien. Doch irgendwie schafften es die Hohenzollern, die Herausforderungen zu überwinden und sich gegen viele Konkurrenten zu behaupten. Die Geschichte des Königreichs mag Ihnen daher fast wie ein Märchen oder eine moralische Fabel vorkommen. Zum Teil ist sie sogar genau das, eine sagenumwobene Geschichte, denn Preußens Geschichte folgt der klassischen Erzählung vom kleinen Mann, der es schafft, sich in der Welt durchzusetzen. Nur dass es statt um das Leben eines kleinen Mannes um ein kleines Land in einem Mischmasch mittelalterlicher deutscher Staaten geht, das im späten 19. Jahrhundert zu einer europäischen Großmacht heranwächst.

Gleichzeitig ist die preußische Geschichte aber auch von Militarismus, Expansionismus und Nationalismus geprägt. In einer solchen Darstellung werden die Preußen als Kriegstreiber oder als ein Volk von bösartigen Soldaten ohne jegliche Skrupel dargestellt. Es wird als ein Land von „Eisen und Blut" angesehen. Diese Darstellung hat das gleiche Gewicht und den gleichen Wahrheitsgehalt wie das frühere, eher heroische Bild. Es handelt sich um zwei verschiedene Seiten derselben Medaille, der Gesamteindruck hängt ganz von unserer persönlichen Perspektive ab.

In diesem Leitfaden wird versucht, jede Bewertung Preußens zu vermeiden, unabhängig von seinen positiven oder negativen Aspekten. Es wird lediglich die Geschichte des Landes nacherzählt, denn dieses hat die europäische - und sogar die Weltgeschichte – schließlich maßgeblich geprägt. Daher ist sie unserer Aufmerksamkeit würdig. Sie bietet außerdem auch einen Einblick in die deutsche Geschichte und Kultur, denn viele Dinge, die als „typisch deutsch" gelten, haben ihre Wurzeln im alten Preußen. Daher muss das moderne Deutschland durch das Prisma seiner preußischen Vorfahren betrachtet werden, da diese eine Schlüsselrolle bei der Entstehung und Entwicklung der deutschen Nation und des deutschen Staates gespielt haben.

Letztendlich ist die preußische Geschichte eine Geschichte mit Höhen und Tiefen, eine mäandernde Erzählung, die sich über einen langen Zeitraum hinwegzieht und die Komplexität der menschlichen Vergangenheit widerspiegelt. Es gibt Kriege mit Siegen und Verlusten. Es gibt wirtschaftliche Entwicklungen und die Industrialisierung, Bildungs- und Religionsreformen, Diplomatie, Handel und vieles mehr. Dieser Leitfaden soll Ihnen dabei helfen, Preußen, Deutschland und die Geschichte der Menschheit im Allgemeinen besser zu verstehen.

Kapitel 1 – Bescheidene Wurzeln

Die meisten Bücher über die preußische Geschichte beginnen im 17. Jahrhundert und ignorieren alle Ereignisse, die in den vorherigen Jahrhunderten geschahen. In diesem Buch gehen wie auf die Wurzeln des Preußischen Reiches genauer ein, da diese die Entwicklung des späteren Königreichs von Preußen entscheidend geprägt haben. In diesem Sinne wird dieser Leitfaden so weit wie möglich zurückgehen, um einen Bezugsrahmen zu schaffen, der zum besseren Verständnis der preußischen Geschichte beitragen kann.

Zunächst ist es wichtig zu verstehen, dass der preußische Staat aus drei Komponenten besteht. Die ersten beiden sind die Territorien Brandenburg und Preußen, während die dritte und wichtigste Komponente die Hohenzollern-Dynastie ist. Sie tauchte im 11. Jahrhundert aus dem Dunkel des Mittelalters auf. Die historischen Quellen aus dieser Zeit erwähnen Burkhard I., den Grafen von Zollern, als Herrscher über ein Gut auf der Schwäbischen Alb. Es ist sehr wahrscheinlich, dass die Dynastie ihren Namen von diesem frühen Titel erhielt, da ihre Mitglieder damals nur als die Zollern bekannt waren. Es ist aber auch möglich, dass der Name von der Burg abgeleitet wurde, die das

Zentrum der fraglichen Grafschaft darstellte, aber letztendlich lässt sich der Ursprung des Namens nicht eindeutig festlegen. Es ist außerdem sehr wahrscheinlich, dass Burkhards Vorfahren ebenfalls dem Adel angehörten, auch wenn keine glaubwürdigen Verbindungen oder Quellen dies bestätigen können. So bleibt er als der bekannte Begründer der Dynastie bestehen.

Burkhard I

Friedrich I

Burkhards Nachfolger vergrößerten langsam ihre Besitztümer, zumeist als treue Untertanen des Heiligen Römischen Kaisers, doch blieben sie relativ unbedeutend und ihr Einfluss eher bescheiden. Den ersten Schritt in Richtung eines ambitionierteren Schicksals machte Friedrich III., als er die Erbin der Burggrafschaft Nürnberg heiratete. Im Jahr 1191 erbte er das Territorium durch seine Frau und wurde als Friedrich I., Burggraf von Nürnberg, bekannt, da dieses Territorium aufgrund seines besser entwickelten Handels als angesehener und reicher galt.

Ungefähr zu dieser Zeit scheint er seine Dynastie in Hohenzollern umbenannt zu haben, was Stärke und größere Ambitionen zum Machtgewinn suggeriert, wahrscheinlich um den

Bedeutungszuwachs der Familie zu vermitteln. Nach seinem Tod, wahrscheinlich um das Jahr 1204 herum, teilten seine Söhne Konrad und Friedrich das Erbe in zwei Hälften auf. Da Conrad älter war, erhielt er Zollern, während Friedrich Nürnberg bekam. Um das Jahr 1218 herum tauschten die beiden Brüder ihr Erbe jedoch untereinander, aus uns heute nicht bekannten Gründen. Damit wurde das Haus Hohenzollern in zwei Zweige aufgeteilt. Der jüngere Zweig Friedrichs wurde als der schwäbische Zweig bekannt, während die Linie des älteren Bruders Konrad als fränkisch bekannt wurde, da Nürnberg in der Region Franken lag, dem heutigen Nordwestbayern.

Während der nächsten zweihundert Jahre blieben Konrad und seine Nachfolger recht treue und verlässliche Verbündete des Heiligen Römischen Reiches. In dieser Zeit gelang es ihnen durch geschickte Politik, ihre Besitztümer rund um Nürnberg herum leicht zu vergrößern und auszuweiten, während die Stadt selbst zur inoffiziellen Hauptstadt des Reiches wurde, in der von Zeit zu Zeit der Reichstag tagte. Doch erst zu Beginn des 15. Jahrhunderts gelang den Hohenzollern der nächste Schritt auf dem Weg zu größerer Bedeutung. Um 1410 erlangte Friedrich VI. die Kontrolle über die Markgrafschaft Brandenburg, die im Nordosten Deutschlands um die Stadt Berlin herum lag. Nach anfänglichen Schwierigkeiten bei der Unterwerfung der örtlichen Adligen festigte Friedrich seine Herrschaft auf dem Gebiet. Um 1415 wurde er dann offiziell als rechtmäßiger Herrscher anerkannt, als er 400.000 Goldstücke an König Sigismund von Ungarn zahlte, der den rechtmäßigen Titel bis zu diesem Zeitpunkt besaß. So wurde er als Friedrich I., Markgraf von Brandenburg, bekannt, ein Titel, der hierarchisch zwischen dem eines Grafen und dem eines Herzogs angesiedelt war.

Die Ländereien selbst waren relativ unscheinbar und wertlos. Obwohl sie in der mitteleuropäischen Tiefebene lagen, war der Boden für die Landwirtschaft nicht sehr geeignet, da er oft sandig und von insgesamt schlechter Qualität war. Außerdem gab es hier viele Sümpfe und Moore. Brandenburg verfügte auch über keine nennenswerten Mineral- oder Metallvorkommen. Es war durch die Flüsse Oder und Elbe mit der Ostseeküste verbunden, aber diese Flüsse waren eher träge und hatten keine miteinander verbundenen Wasserstraßen. Da das Gebiet zudem wenig Handelsmöglichkeiten bot, war die Verbindung zum Meer von geringer Bedeutung. Außerdem verfügte Brandenburg über keine natürlichen Grenzen, was bedeutete, dass es für Invasionen offen und damit verwundbar war.

Insgesamt war die Region in Bezug auf ihren materiellen Wert völlig unbedeutend. Ihr wahres Potenzial lag in der politischen Bedeutung, denn der Markgraf von Brandenburg war einer der sieben Kurfürsten des Heiligen Römischen Reiches. Dessen offizielle Aufgabe war es, bei Bedarf den nächsten Kaiser zu ernennen, und dementsprechend handelte es sich um einen ziemlich angesehenen Titel. Daher war Friedrich auch als Kurfürst von Brandenburg bekannt (ein Kurfürst hatte eine Rolle, die sich etwas von der des Markgrafen unterschied).

Ein Portrait von Friedrich I aus dem 15. Jahrhundert, dem Fürsten von Brandenburg

Um sowohl die Bedeutung einer solchen Unterscheidung als auch den Rest der Geschichte der Hohenzollern und Preußen zu verstehen, muss man wissen, wie das Heilige Römische Reich funktionierte. Anders als die meisten anderen Reiche war es nicht sehr zentralisiert oder einheitlich aufgebaut. Es glich eher einer losen Föderation von etwa dreihundert kleineren souveränen territorialen Einheiten, deren Rechtsbeziehungen und Status innerhalb des Reiches unterschiedlich waren. Außerdem war der Kaisertitel wählbar, was seine Erlangung zu einem regelrechten politischen Ränkespiel machte. Wichtig ist auch, dass es trotz der Existenz eines Reichstages keine kaiserliche Zentralregierung, kein Steuerrecht und kein stehendes kaiserliches Heer gab. Die tatsächliche Macht des Kaisers war also eher begrenzt. Oft hing die Stärke des Herrschers allein von seinem persönlichen Besitz, seinen Fähigkeiten, Verbindungen und seiner Politik ab, die es ihm ermöglichten, die Unterstützung seiner zahlreichen Untertanen zu gewinnen (oder zu erzwingen). Dennoch war der Titel theoretisch immer noch recht prestigeträchtig, da das Heilige Römische Reich als Nachfolger des Römischen Reiches angesehen wurde. In dieser politischen Landschaft bedeutete der Titel eines Kurfürsten viel mehr Einfluss und galt als ein nützliches diplomatisches Instrument, da es den Herrschern die Option gab, ihre Stimmen gegen andere Zugeständnisse wie zum Beispiel Gebietsgewinne einzutauschen.

Den Hohenzollern gelang es, ihren neugewonnenen Einfluss zu nutzen, um sich für den Rest des 15. und den Beginn des 16. Jahrhunderts eine verbesserte Machtposition zu sichern. Sie setzten ihre Unterstützung und ihre Stimme weise ein, aber trotzdem blieb die Dynastie wirtschaftlich und militärisch relativ schwach. Etwa zur gleichen Zeit stieg die berühmte Dynastie der Habsburger, deren Machtzentrum in Österreich lag, zu den Herrschern über das Heilige Römische Reich auf. Nach Jahrzehnten politischer Instabilität wurde 1452 der Habsburger Friedrich III. zum Kaiser gekrönt. Zu diesem Zeitpunkt verfügte seine Dynastie über beträchtliche Territorien in ganz Europa, die es ihm und seinen Nachfolgern ermöglichten, relativ kleine Reichsstaaten und -einheiten zu beherrschen. Von nun an wurde der Kaisertitel innerhalb der habsburgischen Linie faktisch vererbt, blieb aber offiziell und theoretisch wählbar. Die Habsburger begannen auch damit, das Reich zu reformieren, obwohl es ihnen nie gelang, ihre Herrschaft über diese Länder zu zentralisieren, wie sie es in ihren anderen Besitzungen wie Ungarn oder Böhmen getan hatten. Außerdem wurde das Reich ab 1512 offiziell als Heiliges Römisches Reich Deutscher Nation bezeichnet, obwohl es Untertanen verschiedener anderer Ethnien hatte. Manche sehen darin die Geburtsstunde einer übergreifenden deutschen

Nationalidentität, auch wenn sie noch weit von dem entfernt war, wie wir sie heute wahrnehmen.

Für die Hohenzollern war diese Zeit auch eine Zeit der dynastischen Konsolidierung. Bis zum späten 15. Jahrhundert folgte die Familie der im Mittelalter üblichen Erbfolgetradition und teilte den Besitz der Familie unter den Brüdern auf. Dieses Verfahren ermöglichte ihnen eine angemessene finanzielle Absicherung für alle Kinder des Herrschers, was wiederum auf dem geteilten familiären Bedürfnis beruhte, für die Nachkommenschaft zu sorgen. Aus der Perspektive der Staatsbildung war diese Strategie jedoch eher kontraproduktiv. Dies veranlasste Albert (Albrecht) III. dazu, Achilles, der die Markgrafschaft von seinem älteren Bruder übernahm, im Jahr 1473 die Dispositio Achillea zu erlassen, ein Gesetz, das festlegte, dass Brandenburg in seiner Gesamtheit als ganzes Stück Land erhalten bleiben musste und nur an den ältesten Sohn vererbt werden durfte. Der Rest der Nürnberger Ländereien blieb jedoch teilbar.

Dies war das erste hohenzollerische Erbrecht, das jedoch zunächst nur die Zukunft des erstgeborenen Erben Alberts absichern sollte. Der neue Plan einer unteilbaren brandenburgischen Erbmasse wurde 1541 mit dem Regensburger Hausvertrag noch einmal bestätigt, der die Neuverteilung der Nürnberger Territorien unter den späteren Hohenzollern betraf. Auf dem Weg dorthin gab es immer wieder Gegenversuche und sogar kurzfristige Teilungen Brandenburgs, doch gegen Ende des 16. Jahrhunderts setzte sich in der Dynastie der Gedanke der Einheitlichkeit durch und signalisierte den Vorzug von Sippenhäuptlingen zu Staatsoberhäuptern für die Familie.

Trotzdem erwies sich die Jahrhundertwende für die Hohenzollern wie auch für das gesamte Heilige Römische Reich als sehr turbulent. Im Jahr 1517 lösten Martin Luthers nächtlich angebrachte fünf Thesen den Beginn der religiösen Reformation aus, die die Spaltung zwischen Katholiken und Protestanten formalisierte. Dies führte in ganz Europa zu Erschütterungen und provozierte zahlreiche religiöse Konflikte, erwies sich jedoch als besonders schädlich für den Frieden des Reiches. Viele der nordgermanischen Staaten wandten sich dem Protestantismus zu, vor allem aber dem Luthertum im Besonderen. Für den katholischen Süden war dies Ketzerei, insbesondere für die tiefgläubigen Habsburger, die sich aufgrund der langanhaltenden Auseinandersetzungen mit den osmanischen Türken auf dem Balkan oft als Bollwerk des Christentums sahen. So sah sich Kaiser Karl V. aus dem Hause Habsburg dazu veranlasst, gegen den lutherischen Norden zu kämpfen und dieses Vorhaben gleichzeitig auch zur Festigung seiner kaiserlichen Herrschaft zu nutzen. Damit befanden sich die Hohenzollern inmitten des entstehenden politischen Chaos.

Die Schwäbische Erblinie blieb katholisch, genauso wie die meisten anderen südgermanischen Staaten auch. Brandenburg wurde jedoch stark von der neuen Religion beeinflusst. Als das Luthertum aufkam, verhielt sich Kurfürst Joachim I. wie ein überzeugter Katholik und versuchte sofort, es zu unterdrücken. Dies lag zum Teil daran, dass er persönlich erheblich vom Ablasshandel profitierte (Martin Luthers größtes Problem mit der korrupten katholischen Kirche), der von seinem eigenen Bruder Albert, dem Erzbischof von Magdeburg, betrieben wurde. Tatsächlich war Albert einer der kirchlichen Führer, die Luthers Rebellion auslösten, und einer derjenigen, die in den *fünfundneunzig Thesen* direkt angeklagt wurden. Seine Frau, Elisabeth von Dänemark, trat jedoch öffentlich zum Luthertum über und löste damit eine Spaltung zwischen den beiden aus.

Gleichzeitig wandte sich das brandenburgische Bürgertum dem neuen christlichen Zweig zu, was Joachim dazu veranlasste, seinen Sohn und Erben Joachim II. zu zwingen, einen Vertrag zu unterzeichnen, in dem er versprach, katholisch zu bleiben. Joachim II. hielt sich an die Vereinbarung, aber nur eine Zeit lang. Bereits 1539, vier Jahre nach dem Tod seines Vaters und seiner eigenen Thronbesteigung, trat er zum Luthertum über. Dennoch weigerte er sich, seine Untertanen zu zwingen, ihm zu folgen, und vermied auch jede öffentliche Unterstützung für seine neue Religion. Joachim II. war zu Recht besorgt, dass jede Übertreibung in solchen Angelegenheiten ihn und Brandenburg damals in Gefahr bringen konnte, da das Reich immer noch mehrheitlich katholisch war.

Politisch blieb er also ein loyaler Untertan des habsburgischen Kaisers. Joachim II. schickte sogar ein kleines Truppenkontingent zur Unterstützung des Kaisers im Schmalkaldischen Krieg (1546-1547), einem religiösen Konflikt mit den deutschen lutherischen Fürsten. In den meisten Fällen versuchte Joachim II., sich von den radikalen und kriegerischen lutherischen Führern abzugrenzen, weigerte sich aber gleichzeitig, seine Überzeugungen aufzugeben. Stattdessen versuchte er, den Frieden für sein Reich zu sichern, indem er sich als Vermittler zwischen den beiden Seiten betätigte. In den 1550er Jahren entspannte sich die Lage ein wenig, als der römische Kaiser Karl V. sich bereit erklärte, mit den Protestanten zu verhandeln. Dazu war er teilweise gezwungen, da Frankreich begann, die aufständischen Fürsten zu unterstützen, um seine Herrschaft zu destabilisieren. Dies führte zum Augsburger Religionsfrieden von 1555, der sowohl das Luthertum als auch den Katholizismus nach dem Prinzip „*Wessen Reich, dessen Religion*" zuließ. Dies bedeutete, dass die Herrscher die Konfessionen ihrer eigenen Ländereien wählen durften. Es ist erwähnenswert, dass andere Zweige des Protestantismus durch diese Vereinbarung nicht zugelassen wurden. Ungeachtet dessen konnte Joachim II. 1563, als sich die Lage beruhigt hatte, das Luthertum öffentlich befürworten.

So vollzog sich in der Mark Brandenburg im 16. Jahrhundert langsam ein religiöser Wandel. Dieser Prozess beschleunigte sich in den letzten Jahrzehnten des Jahrhunderts, als die Nachfolger Joachims damit begannen, das Luthertum stärker zu fördern. Doch selbst dann verzichteten sie darauf, sich mit anderen katholischen Fürsten anzulegen, und blieben den habsburgischen Kaisern gegenüber loyal. Die Hohenzollern wussten, dass der Augsburger Vertrag ihnen nur eine relative Sicherheit bot. Obwohl sie sich in einer etwas schwierigen Lage befanden, da sie ihr Territorium nicht durch Kriege oder Transaktionen erweitern konnten, um mehr Macht zu erlangen, waren die Markgrafen von Brandenburg dennoch ehrgeizig. In Anlehnung an die bewährte Methode ihrer Vorfahren setzten die Hohenzollern-Fürsten dabei auf Heirat. Zunächst schienen diese Versuche vergeblich zu sein. Im 16. Jahrhundert wurden keine größeren Erfolge erzielt, da Ehen mit den Herrscherhäusern von Dänemark und Pommern den Hohenzollern nicht die dringend benötigten Ostseehäfen bescherten. Dennoch gelang es Joachim II., die Grundlage für eine entscheidende Expansion zu schaffen, die das Schicksal der Dynastie für immer verändern sollte.

Ein Portrait von Joachim II
*Quelle: https://commons.wikimedia.org/wiki/File:Joachim_*
II_of_Brandenburg_by_Lucas_Cranach_the_Younger.jpg

Im Jahr 1535 heiratete Joachim II. die Prinzessin Hedwig von Polen, das zu dieser Zeit ein ziemlich mächtiger Staat war. Noch wichtiger war, dass König Sigismund I. von Polen Lehnsherr eines baltischen Herzogtums war, das Joachims Interesse weckte. Das Herzogtum Preußen war der dritte Bestandteil des preußischen Staates, und dieses preußische Territorium sollte später dem gesamten Land seinen Namen geben. Das Herzogtum lag an der Ostseeküste, rund um die heutige Stadt Kaliningrad herum. Es ist erwähnenswert, dass das Herzogliche Preußen nur die östliche Hälfte des historischen preußischen Territoriums ausmachte, da der westliche Teil um das heutige Danzig vollständig in die polnische Krone integriert wurde und als Königliches Preußen bekannt war. Dennoch war das Herzogtum Preußen für Brandenburg ein mehr als würdiger Preis. Es erhielt nicht nur wichtige Ostseehäfen, sondern auch fruchtbares Land, das sich für den Weizenanbau eignete. Neben diesen wertvollen Eigenschaften fiel das Herzogtum Joachim auch deshalb ins Auge, weil es von seinem Cousin aus dem Hohenzollernzweig, Herzog Albert von Preußen, regiert wurde.

Albert, der Enkel von Albert III. Achilles, kam eher durch Zufall zu diesem Titel. Als Angehöriger eines Nebenzweiges und dritter Sohn war er für eine klerikale Laufbahn prädestiniert. Er war ein gläubiger Katholik und schien ein zuverlässiger und gelehrter Mann zu sein. Als der Deutsche Orden einen neuen Großmeister brauchte, wurde er 1511 in dieses Amt gewählt. Zu dieser Zeit hatte der Orden Preußen inne, da er dort seit dem frühen 13. Jahrhundert mit dem Ziel präsent war, die Bevölkerung zu christianisieren. Nachdem das Ziel erreicht war, blieben die Ritter dort und wurden zu einem Rivalen für die umliegenden Staaten, vor allem für Polen und Litauen. Ab Mitte des 15. Jahrhunderts rettete sich der Deutsche Orden vor dem Untergang, indem er die Oberhoheit der polnischen Könige akzeptierte und ein polnisches Lehen wurde. Dennoch blieben die Beziehungen angespannt. Albert wurde unter anderem deshalb ausgewählt, weil seine Mutter aus der polnischen Herrscherfamilie stammte und er somit ein Neffe des Königs war. Trotz seiner Versuche, die Situation zu retten, entglitten ihm die Angelegenheiten in Preußen. In dieser Zeit traf er sich mit Martin Luther, der ihn dazu überredete, das Luthertum anzunehmen und Preußen zu seinem persönlichen Besitz zu machen.

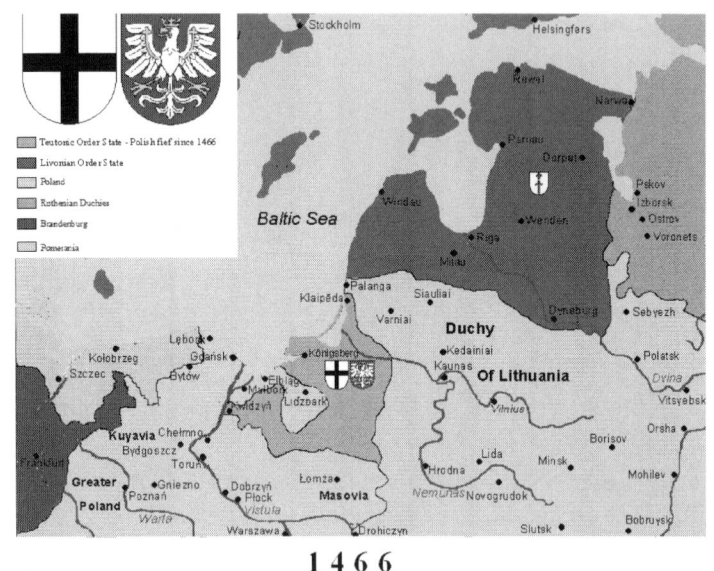

1 4 6 6

Eine Karte von Preußen unter den Teutonischen Königen (in Orange).
Quelle: https://commons.wikimedia.org/wiki/File:Teutonic_state_1466.png Space Cadet, CC BY-SA 3.0 <http://creativecommons.org/licenses/by-sa/3.0/>, via Wikimedia Commons

Dank seiner Beziehungen zum polnischen König gelang es Albert, dies zu erreichen. So wurde 1525 das Herzogtum Preußen formell gegründet und blieb ein polnisches Lehen. Gleichzeitig gehörten Preußen und Albert zu den ersten öffentlichen Befürwortern des Luthertums. Die Jahre vergingen jedoch, und als er sich dem Ende seines Lebens näherte, hinterließ er nur einen einzigen männlichen Erben, den zu diesem Zeitpunkt noch minderjährigen Albert Friedrich. Dies veranlasste Joachim II. zum schnellen Handeln, und 1564 nutzte er die Beziehungen seiner Frau, um ein Dekret zu erwirken, das seine Söhne als zweite Erben des Herzogtums vorschlug, sollte Albert Friedrich ohne Erben sterben. Dieser Fall trat vier Jahre später nach dem Tod des alten Herzogs ein.

Es war ein langfristiger Plan, um an die Macht zu kommen, der sich schließlich auszahlte. Obwohl Albert Friedrich ein langes Leben führte und erst 1618 starb, hinterließ er keine Erben, da er geistig krank war. Doch schon vor seinem Tod handelten die brandenburgischen Hohenzollern entschlossen, um ihre Nachfolge zu sichern. Joachims Enkel, Joachim Friedrich, überredete den polnischen König, ihm 1603 die Regentschaft über den geistig labilen Albert zu übertragen. Außerdem arrangierte er 1594 die Heirat seines Sohnes Johann Sigismund mit Alberts Tochter Anna von Preußen, obwohl seine Mutter ihn eindringlich darauf aufmerksam gemacht hatte, dass die Herzogin nicht gerade ein Augenschmaus sei.

Als wäre das nicht schlimm genug, heiratete Joachim Friedrich auch noch Annas jüngere Schwester und wurde so zum Schwager seines Sohnes. Solche Aktionen zeigen nur, wie kompliziert und verworren politische Ehen zwischen den Adligen jener Zeit waren. Die Komplexität der Ehe und der Erbfolge wurde durch Annas weibliche Abstammung noch verstärkt. Ihre Mutter gehörte der Familie Jülich-Kleves an, die ein eigenes Erbrecht hatte, das es weiblichen Mitgliedern erlaubte, Titel zu erhalten, wenn es keine anderen Erben gab. Da Annas Onkel, der wie ihr Vater geisteskrank war, keine direkten Erben hatte, war sie die nächste in der Erbfolge der Jülich-Klevesschen Ländereien, die nahe der deutsch-niederländischen Grenze am Rhein lagen. Natürlich war Annas Erbe alles andere als sicher, sowohl in Bezug auf Preußen als auch in Bezug auf die Jülich-Kleves'schen Territorien.

Zunächst einmal waren Anna und Johann nicht die einzigen Anspruchsberechtigten, und noch problematischer war die Tatsache, dass keines der beiden Gebiete an das Herrschaftstum Brandenburg grenzte. Und schließlich brauchte der Kurfürst für den Erwerb und den Erhalt dieser Gebiete die Unterstützung der brandenburgischen Eliten, deren Interessen lokal begrenzt waren und die kein Interesse an weit entfernten Gebieten hatten. Um dies zu kompensieren, verbündete sich Joachim Friedrich 1605 mit dem Kurfürsten von der Pfalz, einem bedeutenden Adligen aus dem Rheinland. Joachim verlobte seinen Enkel Georg Wilhelm mit dessen Tochter, was ihm die Verbindung zu den Niederländern ermöglichte, die seit langem Feinde der Habsburger waren und seit 1560 gegen sie kämpften. Außerdem war die Pfalz das Zentrum des Calvinismus, einer radikaleren Form des Protestantismus. Zum ersten Mal wichen die Hohenzollern von ihrer Neutralität und Kaisertreue ab und verbündeten sich mit den Feinden der Habsburger.

Die Lage Brandenburgs verschlechterte sich bald; 1608 starb Joachim Friedrich und überließ es Johann, im folgenden Jahr um das Erbe der Jülich-Kleverschen Territorien zu kämpfen. Die religiösen Turbulenzen dieser Zeit führten zu einer Auseinandersetzung zwischen der Katholischen Liga und der Protestantischen Union. Beide stritten sich über diese Fragestellung über die zwei religiös begründeten Bündnisse der germanischen Staaten. Der Konflikt eskalierte schnell, nachdem sich die Habsburger, die Niederländer, die Franzosen und die Engländer einmischten. In dem daraus resultierenden Chaos war der Markgraf von Brandenburg kaum mehr als ein Beobachter, da seine Macht und sein Reichtum bei weitem nicht mit dem der anderen Hauptakteure konkurrieren konnten. Johannes Sigismund selbst begann jedoch, seine Position in diesen turbulenten Zeiten weiter zu verkomplizieren. Im Jahr 1613 gab er seinen Übertritt zum Calvinismus bekannt, einer Religion, die im Augsburger Religionsfrieden von 1555 nicht anerkannt wurde, was ihn noch mehr in Gefahr brachte. Erschwerend kam hinzu, dass die Protestantische Union 1617 ihre Unterstützung für seine Forderungen zurückzog, was ihn dazu veranlasste, die Union zu verlassen. In einem Wirbelsturm religiöser und politischer Kämpfe stand Brandenburg schließlich ganz alleine da.

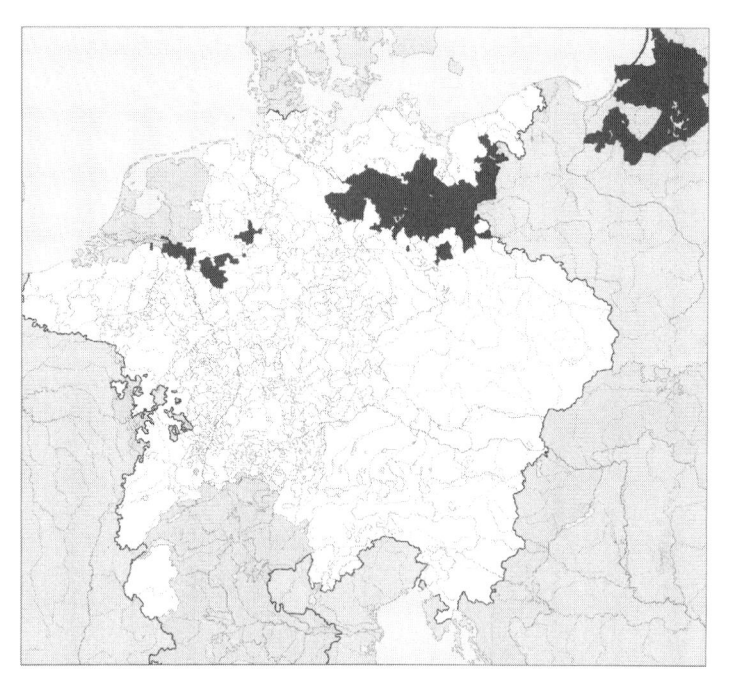

Die Karte zeigt Brandenburg-Preußen inmitten des Heiligen Römischen Reiches um 1618.

Als sei das nicht schon genug Ärger für die Hohenzollern gewesen, verschlechterte sich Johanns Gesundheitszustand aufgrund seines Alkoholmissbrauchs und möglicherweise auch wegen der durch die Ereignisse verursachten Belastungen rasch. Er wurde unberechenbar, fettleibig und lethargisch. Im Jahr 1616 erlitt er einen Schlaganfall, der seine Sprachfähigkeit beeinträchtigte. Es schien ungewiss, ob er lange genug leben würde, um Preußen zu erben. Doch mit etwas Glück für seine Erben starb Herzog Albert Friedrich 1618 und löste damit einen weiteren Anspruch für Johann aus. Johannes Sigismund übertrug ihn jedoch schnell auf seinen Sohn Georg Wilhelm, der 1619 starb. Unter Georgs Herrschaft gingen Preußen und Brandenburg eine Personalunion ein und schufen damit die ersten Umrisse eines Staates, der in späteren Jahrhunderten als Preußen bekannt werden sollte, eine der führenden Mächte Europas. Dennoch schien die Zukunft Brandenburg-Preußens und der Hohenzollern zu diesem Zeitpunkt alles andere als sicher, denn das Heilige Römische Reich und große Teile Europas waren im Dreißigjährigen Krieg (1618-1648).

Kapitel 2 - Der Aufstieg aus der Asche

Gerade als sich die brandenburgisch-preußische Union nach fast einem Jahrhundert sorgfältiger Planung durch mehrere Generationen der Hohenzollern-Dynastie zu verwirklichen begann, erhob sich ein Sturm über dem Heiligen Römischen Reich. Mit der zunehmenden Konkurrenz zwischen Katholiken und Protestanten geriet das Reich langsam in einen Konflikt, der sich von einer religiösen Konfrontation zu einem Machtkampf zwischen den europäischen Großmächten entwickelte. Zum Unglück für die Hohenzollern geriet Brandenburg mitten in diesen hinein.

Der Krieg begann 1618, gerade als Albert Friedrich starb, und hinterließ Brandenburg mit zwei ungelösten Ansprüchen. Er begann, als sich das protestantische Böhmen (die heutige Tschechische Republik) gegen die katholische Herrschaft der Habsburger erhob und versuchte, einen calvinistischen König auf den Thron zu setzen. Der Krieg breitete sich schnell über das Heilige Römische Reich aus, da die lokalen Fürsten, Herzöge und Grafen der einen oder anderen Seite die Treue schworen.

Inmitten des Chaos versuchte der Kurfürst Georg Wilhelm, die Hohenzollern zur Neutralität zurückzuführen. Er vermied es, sich vollständig auf ein Bündnis oder eine Seite festzulegen, und verließ sich oft nur auf moralische Unterstützung oder leere Versprechen. Diese Neutralität konnte jedoch nur mit militärischer Unterstützung aufrechterhalten werden, die keiner der hohenzollerischen Stände gewährte. In den anarchischen und gewalttätigen Auseinandersetzungen des Dreißigjährigen Krieges galt die unausgesprochene Regel: „Entweder du bist für uns oder gegen uns". Georg Wilhelms Bemühungen um Unparteilichkeit führten allerdings leider dazu, dass er mehr oder weniger gegen alle war.

Zunächst wurde 1623 ein Teil der Jülich-Kleverschen Territorien, die unter Georgs Kontrolle standen, trotz seiner angeblichen Neutralität von der Protestantischen Liga überfallen. Drei Jahre später, als er versuchte, Geld zu beschaffen, um wenigstens einige Truppen aufzustellen, wurden Teile Brandenburgs von den Dänen überfallen, die auf der Seite der Protestanten in den Krieg eintraten. Obwohl sie dieselben religiösen Überzeugungen teilten, kam es in Brandenburg zu schweren Plünderungen. Bald darauf zogen kaiserliche Truppen in Brandenburg ein und zwangen den Markgrafen, dem Kaiser die Treue zu schwören. Doch die Plünderungen gingen weiter, wurden diesmal nur durch ein anderes Heer begangen. Gleichzeitig wurde das Herzogtum Preußen von Schweden erobert, das es als Stützpunkt gegen Polen nutzte. Erschwerend kam hinzu, dass Georgs Schwester mit König Gustav Adolf von Schweden verheiratet war. Diese Verbindung wurde für den Kurfürsten um 1630 noch problematischer, als Schweden in den Krieg des Heiligen Römischen Reiches verwickelt wurde.

Georg Wilhelm versuchte erneut, zur Neutralität zurückzukehren, doch die schwedische Armee marschierte auf Berlin zu. Gustav Adolf zwang Georg mit einem Ultimatum zu einem Bündnis. Auch das kaiserliche Massaker an der protestantischen Stadt Magdeburg im Jahr 1631 half dem Markgrafen bei seiner Entscheidung. Im Sommer desselben Jahres wurde Brandenburg-Preußen ein schwedischer Verbündeter und überließ Schweden Geld und das Recht auf seine Ländereien für militärische Zwecke. Im Gegenzug wurden dem Kurfürsten Teile Pommerns versprochen, ein Gebiet an der Ostseeküste zwischen Recknitz und Weichsel.

Die anfängliche schwedische Vorherrschaft wurde jedoch durch den Tod von Gustavus 1632 gebrochen, und 1635 waren die Habsburger wieder auf der Gewinnerseite. Dies veranlasste Georg Wilhelm dazu, erneut die Seiten zu wechseln. Im Gegenzug versprach der Kaiser, den Anspruch auf Pommern zu erfüllen. Dennoch waren die Schweden immer noch eine Macht, mit der man rechnen musste, und 1636 kehrten sie als Feind nach Brandenburg zurück, das sowohl von den schwedischen als auch den kaiserlichen Armeen verwüstet wurde. Unfähig, sich selbst zu verteidigen, floh Georg Wilhelm in das Herzogtum Preußen, wo er sich bis zu seinem Tod im Jahr 1640 versteckte.

Spätere Generationen der Hohenzollernherrscher hielten Georg Wilhelm für einen schlechten und unentschlossenen Herrscher und stellten fest, dass sowohl die Dynastie als auch Brandenburg in der Bedeutungslosigkeit versunken wären, wenn ihm ein anderer Herrscher, mit einer ähnlichen Strategie, gefolgt wäre. Ein Teil dieser Behauptungen stützt sich auf die Tatsache, dass Brandenburg-Preußen unter Georgs Herrschaft auf dem Tiefpunkt war. Es litt unter unvorstellbaren Zerstörungen und Todesfällen. Die Bevölkerung wurde dezimiert, in einigen Regionen verlor sie mehr als 50 Prozent ihrer Einwohner. In extremen Fällen wurden einige kleinere Städte völlig verlassen. Die Menschen hungerten und starben, hatten unter den Grausamkeiten zahlreicher Eroberer zu leiden und wurden von Krankheiten und Seuchen geplagt. Auch die bescheidene brandenburgische Wirtschaft stand auf der Kippe: In manchen Gegenden gingen bis zu 50 bis 60 Prozent der Höfe durch Zerstörung und Wüstung fast gänzlich verloren. In Anbetracht der schwierigen Lage, in der sich Georg Wilhelm befand, ist es jedoch tatsächlich fraglich, ob ein fähigerer Anführer besser hätte handeln können.

Georg Wilhelm
Quelle: https://commons.wikimedia.org/wiki/File:GeorgWilhelm.1635.Ausschnitt.JPG

Friedrich Wilhelm, der Große Kurfürst

Quelle: https://commons.wikimedia.org/wiki/File:Frans_Luycx_-
_Frederick_William,_Elector_of_Brandenburg,_at_three-quarter-length.jpg

Brandenburg war von feindlichen Staaten umgeben, die nur darauf aus waren, das Land auszubeuten, und Brandenburg war kaum in der Lage, sich selbst zu verteidigen. Dies lag zum Teil an Georgs ängstlicher und unentschlossener Natur, die durch eine Verwundung bei einem Jagdunfall in seiner Jugend verursacht worden war. In Wirklichkeit musste er sich jedoch immer zwischen zwei Übeln entscheiden, so dass sein Zögern mehr als verständlich war. Außerdem hatte er mit erheblichem Widerstand aus den eigenen Reihen zu kämpfen. Seine eigenen adligen Untertanen verweigerten ihm oft die Unterstützung in Form von Geld, Truppen und anderen Ressourcen und zeigten wenig Interesse am Überleben Brandenburgs. Ein Teil ihrer Meinungsverschiedenheiten rührte von der Tatsache her, dass sie überwiegend lutherisch geprägt waren, während der Kurfürst selbst nach wie vor Calvinist war. Die anfänglichen Meinungsverschiedenheiten verloren an Bedeutung, als der Krieg und die Besatzung das bisschen Verwaltung, das es vorher gab, zerschlugen. Die Position des Markgrafen wurde nur noch mehr durch die Handlungen und Haltungen der Frauen an seinem Hof beeinträchtigt, deren religiöse Überzeugungen seinen diplomatischen Spielraum einschränkten. Seine Frau war eine leidenschaftliche Calvinistin, seine Mutter eine überzeugte Lutheranerin, die beide ihre persönlichen und familiären Beziehungen nutzten, um die Hohenzollern gegen die katholischen Habsburger zu steuern. Bei der Beurteilung von Georg Wilhelms Herrschaft betonten all diese erschwerenden Umstände nur dessen Fehler. Hätte er in friedlicheren Zeiten regiert, wäre er vielleicht ein ganz passabler Herrscher gewesen. Doch das Schicksal stürzte ihn in ein Chaos, das nur wenige erfolgreich hätten meistern können.

Zum großen Glück der Hohenzollern erwies sich sein Sohn und Erbe als ein mehr als fähiger Nachfolger. Friedrich Wilhelm bestieg 1640 im Alter von zwanzig Jahren den Thron, nachdem er die meiste Zeit seiner Kindheit von Tod und Zerstörung geschützt aufgewachsen war. Seine ersten Jahre verbrachte er in einer sicheren Festung und konzentrierte sich auf das Lernen. Im Alter von vierzehn Jahren wurde er dann zu Verwandten in die Niederländische Republik geschickt, die gerade ihr goldenes Zeitalter der Seeherrschaft und der wirtschaftlichen Vormachtstellung erlebte. Die Zeit dort scheint Friedrich Wilhelm am meisten beeinflusst zu haben, denn er strebte danach, den Erfolg der Republik nachzuahmen. Er wollte Rechtsstaatlichkeit durchsetzen und den Staat als Ordnungsgarant etablieren, zusammen mit einem soliden Finanzsystem, das die Regierung stützen konnte. Während seiner gesamten Regierungszeit war der Kurfürst dazu bestrebt, die brandenburgische Wirtschaft auf den Seehandel zu gründen, wie es die Niederländer seit längerer Zeit erfolgreich taten. Schließlich hatte er während seiner Zeit in der

Niederländischen Republik gesehen, dass diese über gut ausgebildete und gut organisierte Truppen verfügte, was seiner Meinung nach notwendig war, um Frieden und Stabilität in Brandenburg-Preußen zu gewährleisten.

All diese Ideen wären jedoch gescheitert, wenn es nicht zwei wichtige Unterschiede zwischen Friedrich Wilhelm und seinen Vorgängern gegeben hätte. Der eine war ein scharfer Verstand, geschult durch jahrelange Schulbildung und Lernen. Der andere, wahrscheinlich der wichtigste, war sein Fleiß. Er betrachtete seine Rolle als Kurfürst nicht nur als einen prestigeträchtigen Titel, der mit einem Bündel von Rechten und Einkünften verbunden und in einem Ballen von Zeremonien und Formalitäten verpackt war. Friedrich Wilhelm betrachtete sie vielmehr als seine Lebensaufgabe, als eine Berufung, die seine ganze Zeit und ernsthafte Bemühungen erforderte. Daher arbeitete er hart daran, seine Pflichten und Verantwortlichkeiten zu erfüllen. Daraus resultierte sein Erfolg wohl mehr als aus jeder anderen charakterlichen Eigenschaft, die er gehabt haben mag. Dennoch erwiesen sich seine ersten Jahre auf dem Thron als die schwierigsten, zumal der junge Friedrich Wilhelm keine wirkliche Regierungserfahrung besaß und sich obendrein mit dem Dreißigjährigen Krieg konfrontiert sah.

Der junge Kurfürst blieb in den ersten drei Jahren der Herrschaft auf seinem preußischen Gut „eingesperrt" und kehrte erst im Jahre 1643 zum ersten Mal seit Jahren nach Brandenburg zurück. Dort fand er Zerstörung und Elend vor, da verschiedene Nachzügler und Banditen das Land auch nach dem Rückzug der Schweden um 1642 weiterhin plagten. In den ersten Jahren seiner Herrschaft konzentrierte sich Friedrich auf die Vergrößerung seines Heeres, das er von den ursprünglich mickrigen dreitausend Mann im Jahr 1642 auf etwa achttausend Mann um 1645 aufstocken konnte. Obwohl dies im Vergleich zu anderen Streitkräften immer noch wenig war, bedeutete es für Brandenburg-Preußen einen erheblichen Zuwachs. Ein starkes

Heer war auch deshalb überlebenswichtig für den Staat, weil der Kurfürst und seine Berater befürchteten, dass die Polen Preußen so schnell wie möglich einnehmen würden. Außerdem waren die Schweden immer noch in Pommern präsent, und die Beziehungen zu den Habsburgern waren immer noch schwierig. Selbst das westlichste Kleve wurde durch die Niederländer und Franzosen bedroht. Zum Glück für die Hohenzollern war in den 1640er Jahren ein Großteil Europas des scheinbar nicht enden wollenden Krieges überdrüssig. Nach jahrelangen Vorbereitungen und Verhandlungen wurde 1648 der Westfälische Friede unterzeichnet, der den langwierigen Konflikt beendete.

Die Hauptverhandlungspartner waren die Habsburger, sowohl der österreichische als auch der spanische Zweig und Frankreich, das erst später in den Krieg eintrat, sowie Schweden, Dänemark und die niederländische Republik und Dutzende von Vertretern kleinerer Staaten, darunter auch Berlin. Diese Delegationen hatten wenig Einfluss, aber zum Glück für Friedrich Wilhelm beschloss Frankreich, seine Forderungen zu unterstützen, um die Macht der Habsburger zu beschneiden. So einigten sich die Pariser Delegierten mit ihren schwedischen Verbündeten darauf, dass der Kurfürst die östlichen Teile Pommerns erhalten sollte, womit sie zum Teil frühere Vereinbarungen mit Friedrichs Vater erfüllten. Dann drängten die beiden Verbündeten den Kaiser des Heiligen Römischen Reiches, dem Markgrafen die ehemaligen Bistümer Magdeburg, Halberstadt, Kammin und Minden als Entschädigung für den Verlust Westpommerns an Schweden zu gewähren. Der Vertrag bestätigte auch die Herrschaft der Hohenzollern über den clevischen Teil der jülich-clevischen Territorien. Diese Erwerbungen erwiesen sich als entscheidend für die Entwicklung Brandenburg-Preußens, da sie die Lücke zwischen den zentralen Provinzen schlossen und Brandenburg-Preußen zum zweitgrößten Staat des Heiligen Römischen Reiches nach den habsburgischen Besitzungen machten.

Nach dem Ende des Krieges setzte der Kurfürst seine Arbeit zur Schaffung eines größeren stehenden Heeres fort. Er modernisierte die Bewaffnung durch die Einführung leichterer und schneller feuernder Steinschlösser und einheitlicher Artilleriekaliber und veranlasste seine bezahlten Truppen zu ständiger Ausbildung und Übung. Mit der Einrichtung einer Kadettenschule schuf Friedrich einen konstanten und stabilen Offizierskader sowie eine standardisierte Berufsarmee. All diese militärischen Reformen waren aus den erfolgreichen Praktiken der Franzosen, Niederländer, Schweden und sogar der kaiserlichen Armee hervorgegangen. Die krönende Errungenschaft war die Einführung des General-Kriegskommissars im Jahr 1655, der sich an den jüngsten französischen Reformen orientierte. Das neue Amt hatte die Aufgabe, die administrativen Belange des Heeres zu überwachen. Das Amt des General-Kriegskommissars war als zeitlich befristete Aufgabe vorgesehen, und sein Kommando war nicht gleichmäßig über die hohenzollerischen Ländereien verteilt. Im Laufe der Jahrzehnte dehnte sich das Amt jedoch sowohl territorial als auch in seinen Befugnissen aus, wodurch die Bedeutung der lokalen Adligen in militärischen Angelegenheiten langsam zurückging. Trotzdem blieb die Rolle des Kriegskommissars eine relativ kleine Aufgabe, die jedoch in gewisser Weise der Ursprung des berühmten preußischen Generalstabs der späteren Zeit war.

Die erste „vorübergehende" Aufgabe des Kriegskommissars bestand darin, sich um die Bedürfnisse der Armee im so genannten Zweiten Nordischen Krieg (1655-1660) zwischen Schweden und Polen sowie deren verschiedenen Verbündeten zu kümmern. Der Konflikt war im Wesentlichen der Versuch des Erben von Gustavus, seinem Vorgänger nachzueifern, indem er Polen weitere Ländereien abnahm, darunter das Herzogtum Preußen, das rechtlich gesehen immer noch ein polnisches Lehen war. Anfang 1656 versuchte Friedrich Wilhelm, einer weiteren Bedrohung zu entgehen, indem er sich mit den Schweden verbündete und im Gegenzug die volle Souveränität über das Herzogtum erlangte. Zu diesem Zeitpunkt war die brandenburgisch-preußische Armee durch die Militärreformen auf etwa fünfundzwanzigtausend gut ausgebildete Soldaten angewachsen. Zusammen mit dem Kurfürsten selbst bewiesen sie ihren Wert in der Schlacht bei Warschau im Sommer desselben Jahres. Dem gemeinsamen schwedisch-preußischen Heer, das etwa achtzehntausend Mann stark war, gelang es, die mehr als doppelt so großen polnischen Truppen zu besiegen. Die Teilnahme von Friedrichs Soldaten überzeugte die Schweden schließlich davon, seinen Forderungen nach der Souveränität Preußens nachzugeben. Der Krieg wendete sich jedoch schnell, da die Polen Unterstützung von den Habsburgern und Dänemark erhielten. Nun versuchte der Kurfürst, das gleiche Zugeständnis von der anderen Seite zu erhalten.

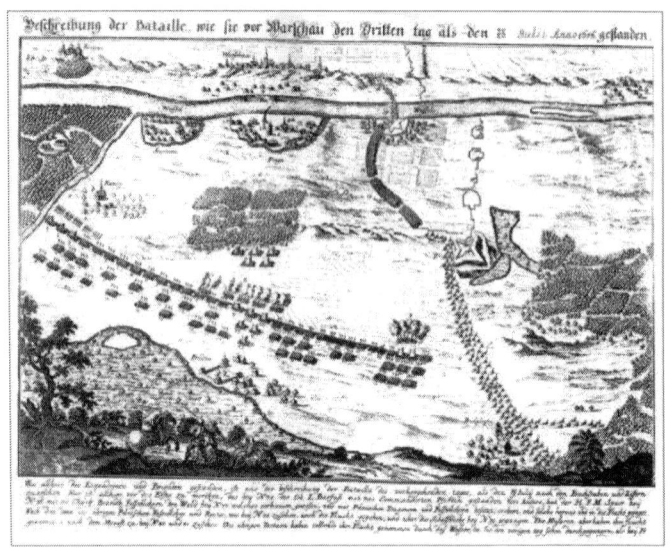

Moderne Illustration vom Kampf um Warschau. Quelle:
https://commons.wikimedia.org/wiki/File:Dahlberg_batlle_of_Warsaw_1656.jpg

Seine militärischen Erfolge machten ihn zu einem würdigen Verbündeten, zumal der polnische König das schwedisch-brandenburgische Bündnis aus Furcht vor deren Verbindung sowie vor der wachsenden Bedrohung durch Russland aufzulösen versuchte. Ein weiteres wichtiges Ereignis war der Tod des habsburgischen Kaisers im Jahr 1657, der es dem Kurfürsten ermöglichte, seine Stimme gegen seine Unterstützung in dieser Angelegenheit einzutauschen. Durch den gemeinsamen Druck wurde der polnische König schließlich dazu gezwungen, Friedrichs Bedingungen zu akzeptieren; so wurde das Herzogtum Preußen im September 1657 ein unabhängiges Land, dessen volle Souveränität in Friedrich Wilhelms Händen lag. In den folgenden zwei Jahren bewiesen er und seine Armee erneut ihren Wert und spielten eine wichtige Rolle bei der Verdrängung der Schweden von der Ostseeküste. Im Jahr 1660 begannen die Verhandlungen zwischen den beiden Seiten, bei denen der Kurfürst hoffte, sich den Rest Pommerns zu sichern. Seine Forderungen wurden jedoch von den Franzosen abgelehnt, die behaupteten, dass ein solches Vorgehen gegen den Westfälischen Frieden verstoßen würde. Frankreich wollte, dass Schweden seine Präsenz im Norden aufrechterhielt, da es eine ständige Bedrohung für Frankreichs habsburgische Rivalen darstellte. Dies lehrte Friedrich Wilhelm, dass militärische Stärke ihn nur bis zu einem gewissen Grad tragen konnte; schließlich wurde Brandenburg-Preußen im europäischen Gesamtbild als vergleichsweise kleiner Akteur betrachtet.

Nach einem solchen diplomatischen Misserfolg erkannte der Kurfürst, dass Bündnisse ebenso wichtig waren wie seine Armeen. So nutzte er in den 1660er und frühen 1670er Jahren die Position Brandenburg-Preußens als wichtiger regionaler Partner, indem er zwischen Frankreich und Österreich hin- und herwechselte und beide für zusätzliche Geldzuwendungen nutzte, die er für die Aufrechterhaltung und den weiteren Ausbau seiner Armeen benötigte. Dann brach 1672 der französisch-niederländische Krieg aus. Da die westlichen Provinzen Friedrich Wilhelms bedroht waren, verbündete er sich mit dem habsburgischen Kaiser, der instinktiv versuchte, die französische Expansion einzudämmen. Dennoch hielt der Kurfürst den Kontakt zu Paris aufrecht und hielt sich so seine Option offen. Seine Position wurde jedoch im Dezember 1674 festgeschrieben, als der traditionelle französische

Verbündete Schweden in Brandenburg einmarschierte und den so genannten Schonen-Krieg auslöste. Friedrich Wilhelm eilte von seinem Feldzug im Westen zurück in seine Heimat und brachte dabei nur einen Bruchteil seiner Truppen mit. Die Erinnerung an den Dreißigjährigen Krieg war noch frisch, und er wollte eine Wiederholung dieses Besatzungsszenarios verhindern.

Im Frühsommer traf der Kurfürst mit rund sechstausend Soldaten in seiner Heimat ein. Dort angekommen, stürzte er sich schnell auf die Angreifer, deren Haupteer etwa elftausend Mann zählte. Nach einigen kleineren Gefechten gelang es Friedrich Wilhelm, die Schweden in der Schlacht von Fehrbellin zu einer größeren Auseinandersetzung zu zwingen. Trotz der zahlenmäßigen Überlegenheit der Schweden gelang es ihm, sie so auszumanövrieren, dass sie nicht alle ihre Streitkräfte in die Schlacht schicken konnten. Den Brandenburgern gelang es auf diesem Wege, den Feind an einem einzigen Nachmittag in die Flucht zu schlagen. Die Schlacht selbst forderte nur wenige Opfer, etwa fünfhundert auf beiden Seiten. Die Schweden sahen sich jedoch mit rachsüchtigen Bauern und einem verfolgenden Heer konfrontiert, so dass sie beim Rückzug in den folgenden Tagen viele weitere Verluste erlitten. Bald war Brandenburg frei von Eindringlingen, und sein Ansehen wuchs. Die Schlacht wurde später als der endgültige Bruch des mythischen „unbesiegbaren" schwedischen Heeres bezeichnet, während die späteren Hohenzollern dazu neigten, ihre Bedeutung zu übertreiben. Sie nutzten sie, um den mythischen Beginn des angeblich unschlagbaren preußischen Militärs zu markieren. Selbst Friedrich Wilhelm erkannte den propagandistischen Wert eines solchen Sieges. Er nutzte die Tatsache, dass er persönlich die Armee anführte, und begann, sich als „Großer Kurfürst" zu bezeichnen. Von da an wurde diese Schlacht als Zeitpunkt der preußischen Wiedergeburt gesehen und dargestellt und Preußen wurde erstmals als eine wichtige europäische Macht angesehen.

Die Realität war jedoch weit von solch prachtvollen Darstellungen entfernt. In den folgenden Jahren gelang es dem Großen Kurfürsten, durch weitere Siege die Kontrolle über ganz Schwedisch-Pommern wiederzuerlangen. Doch als der französisch-niederländische Krieg 1678 endete, waren die Großmächte bestrebt, auch den Schonen-Krieg zu beenden. Im Jahr 1679 entschied Frankreich mehr oder weniger alleine, dass alle Gebiete, die Schweden während des Krieges verloren hatte, zurückgegeben werden sollten. Die Habsburger stimmten dem zu, denn auch sie waren eher für ein schwaches Schweden als für ein starkes Brandenburg. Friedrich Wilhelm waren die Hände gebunden, denn selbst mit seinen rund 38.000 Soldaten war er der französischen Armee, die über rund 250.000 Mann verfügte, nicht gewachsen. Trotz aller Erfolge waren sowohl der Große Kurfürst als auch Brandenburg-Preußen immer noch eine zweitklassige Macht. So war Friedrich nach dem Ende des Krieges dazu gezwungen, zu seiner „Pendelbündnispolitik" zurückzukehren, indem er schnell die Bündnisse wechselte und dabei versuchte, so viel Geld wie möglich zu erpressen.

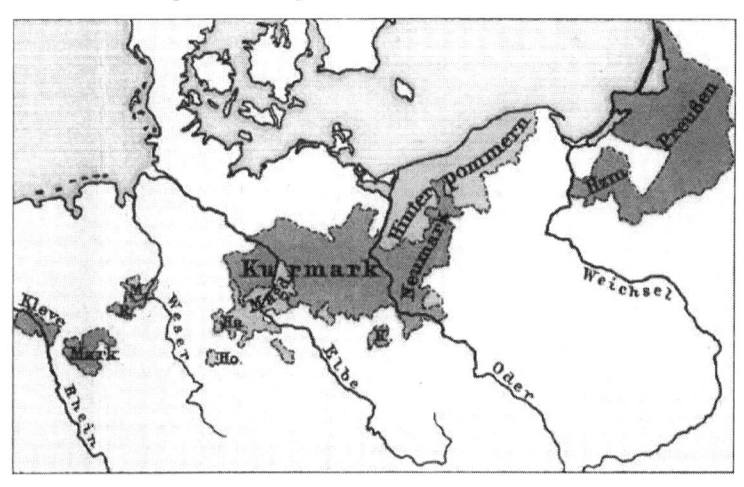

Eine Karte des Brandenburgisch-Preußischen Territoriums im Jahr 1640 (rot) und dessen territorialer Expansion bis in das Jahr 1688 (grün).

Allein von diesem Standpunkt aus betrachtet, schien sich seit der Herrschaft seines Vaters nicht viel geändert zu haben. Die Bündnispolitik des Großen Kurfürsten wurde jedoch von ihm selbst bestimmt. Während Georg Wilhelm von anderen zu einem Bündniswechsel gezwungen wurde, tat Friedrich Wilhelm dies zu seinem eigenen Vorteil. Außerdem konnte sich die Wirtschaft unter seiner Herrschaft nicht nur erholen, sondern zu neuen Höhen aufschwingen und einen klaren Aufstieg erfahren. Er nutzte seine Verbindung zu den Niederländern (er war mit einem Mitglied der Oranier verheiratet), um Handwerker, Bauarbeiter, Bauern und Händler aus dem Flachland anzuziehen, die moderne Technologien und Methoden mitbrachten. Außerdem öffnete Friedrich 1685 seine Grenzen für etwa zwanzigtausend Hugenotten, die aus Angst vor der Verfolgung aus Frankreich geflohen waren, was auch die wirtschaftliche Entwicklung der Hohenzollernländer förderte. Darüber hinaus versuchte der Große Kurfürst, Brandenburg am atlantischen „Dreieckshandel" zu beteiligen, indem er in den 1680er Jahren sowohl die brandenburgisch-preußische Marine als auch die Brandenburgisch-Afrikanische Kompanie (später in Brandenburgisch-Amerikanische Kompanie umbenannt) gründete, die beide nach holländischem Vorbild arbeiteten. Trotz des Scheiterns der maritimen und kolonialen Ambitionen gelang es Friedrich Wilhelm während seiner langen Regierungszeit, eine wirtschaftliche Grundlage für den künftigen preußischen Staat zu schaffen.

Neben der wirtschaftlichen Entwicklung arbeitete Friedrich auch am Aufbau einer funktionierenden staatlichen Verwaltung. Zunächst schuf er das Amt des Domänenbeamten (also die *Amtskammer*), der mit der Verwaltung seiner persönlichen Güter betraut war. Dann gründete er die Rolle der Steuerkommissare, was wiederum zur Einrichtung lokaler Verwaltungen führte, an deren Spitze ein vom regionalen Adel gewählter Statthalter stand. Darüber hinaus arbeitete Friedrich Wilhelm daran, die Macht und die Rechte des Adels zu beschneiden, indem er ihn isolierte und in blinder Verfolgung seiner lokalen Bedürfnisse gegeneinander ausspielte, was seine Macht als Staatsoberhaupt wachsen ließ. Außerdem nahm er begabte und fähige niedriggeborene Personen in die Regierung und in die Armee auf und legte damit den Grundstein für das künftige preußische Ideal des Verdienstes. Die wichtigste und einflussreichste Errungenschaft Friedrich Wilhelms war jedoch das Erlangen der vollen Souveränität über das Herzogtum Preußen, welches später zum Eckpfeiler des gesamten brandenburgisch-preußischen Staates werden sollte.

Im Mai 1688 verstarb Friedrich Wilhelm nach achtundvierzig Jahren auf dem Thron und überließ die Geschicke Brandenburg-Preußens seinem Sohn, dem Kurfürsten Friedrich III. Ähnlich wie bei der vorherigen Erbfolge unterschied sich der neue Herrscher charakterlich stark von seinem Vorgänger. Ihm fehlten die meisten Eigenschaften seines Vaters, was der Große Kurfürst seinem Sohn nie verheimlichte (Friedrich Wilhelm bezeichnete seinen Sohn als eine Enttäuschung). Tatsächlich bevorzugte Friedrich Wilhelm dessen älteren Bruder Karl (Karl) Emil, der großes Talent, Charisma und militärisches Geschick zeigte. Karl starb jedoch während des französisch-niederländischen Krieges, so dass Friedrich der nächste in der Thronfolge war. Im Gegensatz zu seinem Bruder war Friedrich sensibel, temperamentvoll und verfügte nicht über die nötige Kampfkraft, was vor allem auf eine Verletzung in der Kindheit zurückzuführen war. Friedrich III., der leicht paranoid war, fürchtete in den letzten Lebensjahren seines Vaters sogar, dass der Rest seiner Familie es auf ihn abgesehen hatte, und versteckte sich bei seinen Schwiegereltern in Hannover. Dank dieser familiären Disharmonie und der Auseinandersetzungen mit seinem Vorgänger wurde Friedrich nicht richtig in die Staatsgeschäfte und die Mühen des Regierens eingeführt.

Als sei es damit nicht genug, hinterließ ihm der Große Kurfürst zusätzlich auch ein Testament, in dem er die Teilung der

Hohenzollernlande anordnete, da er seinen Kindern aus seiner zweiten Ehe ein gewisses Erbe hinterlassen wollte. Friedrichs erste Jahre auf dem Thron waren daher darauf ausgerichtet, dies zu verhindern, indem er sich auf die Erbfolgegesetze der vergangenen Jahrhunderte berief. Erst zu Beginn der 1690er Jahre gelang es ihm, seine Vorrangstellung zu sichern. Dennoch wusste der neue Kurfürst, der mittlerweile in seinen Dreißigern war, genau, was er wollte. Er strebte einen Königstitel an, der an das Erbe seines Vaters anknüpfen sollte. Seine Pläne basierten auf der Tatsache, dass Preußen rechtlich gesehen nicht zum Heiligen Römischen Reich gehörte, da das kaiserliche Recht den Königstitel im Allgemeinen verbot (eine Ausnahme bildete das Königreich Böhmen aufgrund seiner komplizierten Geschichte und seiner Verbindungen zur Habsburger Dynastie). In der zweiten Hälfte der 1690er Jahre nahm Friedrich verschiedene Verhandlungen auf, um eine diplomatische Lösung zur Erfüllung seines Ziels zu finden. Schließlich ergab sich Ende 1700 eine günstige Gelegenheit, als der spanische Habsburger König ohne Erben starb und der Spanische Erbfolgekrieg (1701-1714) in den folgenden Jahren ausbrach.

Während sich der Kaiser des Heiligen Römischen Reiches, Leopold I. aus dem Hause Habsburg, auf den Krieg vorbereitete, bat Friedrich ihn um die preußische Königskrone als Gegenleistung für die Entsendung von achttausend Soldaten in den Konflikt. Er behauptete, da Preußen nie Teil des Reiches gewesen sei, gäbe es kein rechtliches Hindernis für seine Krönung. Ein Kompromiss wurde erst dann geschlossen, als Leopold zustimmte, dass Friedrich „König in Preußen" werden konnte. Man beachte den Unterschied in der Formulierung; normalerweise ist man der „König von" einem bestimmten Land. Es handelte sich hierbei um eine wichtige Unterscheidung, denn sie bedeutete, dass andere Länder innerhalb des Reichs nicht auf diese neue hierarchische Ebene herangehoben wurden und dass der Kaiser den Königstitel lediglich anerkannte, anstatt ihn zu erschaffen. Damit wurde auch etwaigen möglichen polnischen Ansprüchen entgegengewirkt, da diese noch immer westliche „königliche" Teile Preußens besaßen. So krönte sich der Kurfürst im Januar 1701 selbst, womit er seine Unabhängigkeit von jeder weltlichen oder kirchlichen Autorität zum Ausdruck brachte und als König Friedrich I. bekannt wurde. Der Rest der Zeremonie, die Symbolik und sogar die neuen königlichen Insignien wurden von Friedrich selbst entworfen, der Anleihen bei älteren und neueren Traditionen anderer Höfe machte, um seine neue, allumfassende monarchische Macht und Unabhängigkeit zu demonstrieren.

Trotz des Pomps sorgte die Formulierung des Titels bei den europäischen Gerichten für Erheiterung und Verwirrung. Dennoch akzeptierten die meisten Herrscher den Titel mit wenigen Ausnahmen als gültig. So gelang es den Hohenzollern innerhalb von weniger als einem Jahrhundert, dem Untergang zu entgehen und sich den Erhalt eines Königstitels zu sichern, auch wenn dieser noch so begrenzt war.

Kapitel 3 – Das Erklimmen der Leiter

Die Erlangung der Königswürde erwies sich für die Hohenzollern nur als erster Schritt. Das Gefühl der Schande, der Hilflosigkeit und der Verzweiflung, das die Traumata des Dreißigjährigen Krieges in ihnen auslösten, ließ sie geradezu über sich hinauswachsen. Ihr Ziel war es, niemals wieder zuzulassen, dass ein solches Elend über ihr Land und ihr Volk hereinbrach. Ein Titel allein würde das nicht verhindern, also arbeiteten sie weiter daran, ihren Staat zu stärken und für sich selbst zu sorgen.

Aus diesem Grund fällten viele der späteren Hohenzollern ein hartes Urteil über König Friedrich I. Aus ihrer Sicht war er ein eitler Herrscher, der sich in seinem Elfenbeinturm versteckte und sich auf leere Zeremonien konzentrierte. Einige seiner Nachfolger behaupteten sogar, dass es ihm nur darum ging, königliche Anerkennung zu erlangen, um Vorwände für das verschwenderische Leben zu finden, das er sich erträumte. Außerdem hielt er sich im Gegensatz zu seinem kriegerischen Vater von Kriegen fern und, was noch schlimmer war, er „reduzierte" das preußische Militär auf Söldner. Um zusätzliche Einnahmen zu erzielen, ließ er seine Truppen oft in anderen Kriegen kämpfen, was in gewisser Weise eine Schande für den idealistischen preußischen Führer darstellte. Derartige Vorwürfe, die ihn der Schuld beklagten, ein gescheiterter Herrscher zu sein, sind jedoch unfaire Propaganda aus späteren Zeiten, zu denen Preußen bereits eine gefälschte militärische Identität hatte.

Die Krönung von Friedrich I in Königsberg. Quelle:
https://commons.wikimedia.org/wiki/File:Preussen_1701_K%C3%B6nigsberg.jpg

In Wirklichkeit war Friedrich I. ein anständiger Herrscher, dessen Herrschaft mehr als nur prunkvolle Züge hatte. Zunächst einmal wurde während seiner Herrschaft der größte Teil Europas erneut von einer Reihe großer Kriege heimgesucht. Indem er sich aus diesen heraushielt, verpasste Friedrich zwar die Gelegenheit, sein Reich zu vergrößern, aber er bewahrte seine Länder auch vor weiteren Verwüstungen. Zweitens war er im Gegensatz zu seinem militärisch orientierten Vater und seinem späteren Sohn eher ein intellektueller Mensch. Friedrich sprach mehrere Sprachen, interessierte sich für die Wissenschaften und Künste und war ein urbaner, geselliger und sanftmütiger Mensch. Anstatt weitere Kasernen zu bauen, investierte er in die Gründung der Akademie der Künste (1696) und der Akademie der Wissenschaften (1700). Außerdem begann unter seiner Herrschaft die Umwandlung Berlins in eine echte europäische Hauptstadt. Bis 1710 fusionierte Friedrich die Stadt mit den Vorstädten und erklärte sie zu seiner Hauptstadt, während er sie gleichzeitig mit verschiedenen Zierbauten schmückte, die die Narben des Dreißigjährigen Krieges verbargen. Die Schattenseite all dieser Gönnerschaften und Investitionen in Anstand und Zeremonien war, dass sie teuer waren, was ihm seine Erben nie wirklich „verziehen" haben. Dennoch schrieb sein Enkel über ihn, dass Friedrich I. in kleinen Dingen groß und in großen Dingen klein war.

Friedrichs Herrschaft endete 1713, als seine zerbrechliche Gesundheit endgültig versagte. Ihm folgte sein ältester Sohn, König Friedrich Wilhelm I., der als erster Erbe gezählt wurde, weil seine früheren Namensvettern den Königstitel nicht führten. Als das genaue Gegenteil seines Vaters war Friedrich Wilhelm vor allem sparsam und unsozial und konzentrierte sich auf praktische und militärische Angelegenheiten. Die Unterschiede zwischen ihm und Friedrich I. wurden schon in seiner Jugend deutlich, denn sein ungehobeltes Verhalten machte seine Lehrer verrückt. Einer von ihnen sagte sogar, dass er als Galeerensklave glücklicher gewesen wäre als in der Rolle des Erziehers des Prinzen. Anders als sein Vater sprach Friedrich Wilhelm nur Deutsch, schrieb es aber kaum. Er besaß einen scharfen Verstand, was einige Historiker zu der Theorie veranlasste, dass er an Legasthenie litt, was bis zu einem gewissen Grad auch sein Desinteresse an den Künsten erklären könnte. Der junge König war auch ziemlich stumpfsinnig und misstrauisch, und er neigte zu Gewaltausbrüchen und melancholischen Episoden. Doch trotz aller Differenzen hatte Friedrich Wilhelm größten Respekt vor seinem Vater. Friedrich I. wiederum war entschlossen, seinen Sohn in die Staatsgeschäfte einzuführen, damit er nicht mit den gleichen Schwierigkeiten konfrontiert werden konnte, unter denen er zu Beginn seiner Herrschaft gelitten hatte. So wurde Friedrich Wilhelm bereits im Alter von vierzehn Jahren in den Geheimen Rat und ein Jahr später in den Kriegsrat seines Vaters aufgenommen.

Die guten Beziehungen und die relative Harmonie zwischen den beiden wurden 1709/10 gestört, als die Pest über Preußen hereinbrach und mehr als ein Drittel der Bevölkerung tötete. Der zweiundzwanzigjährige Friedrich Wilhelm kritisierte seinen Vater offen für dessen Ungeschicklichkeit und das Missmanagement seiner Minister. Statt einer offenen Konfrontation zwischen den beiden zog sich Friedrich I. jedoch zurück und begann sogar, die Macht an seinen Sohn zu übertragen, so dass die letzten Jahre seiner Herrschaft fast eine Art KO-Regentschaft waren. Angesichts der Korruption und der Ineffizienz des bestehenden Systems brachte Friedrich Wilhelm seine Verachtung für dieses Verhalten und seine Entschlossenheit, es zu ändern, zum Ausdruck. Gleichzeitig verstärkte die Pest seine Entschlossenheit, das brandenburgisch-preußische Heer weiter zu stärken und gleichzeitig seine Unabhängigkeit von ausländischen Subventionen zu erhöhen. Dieses Gefühl rührte daher, dass die Krankheit von durchziehenden russischen und schwedischen Truppen während des Großen Nordischen Krieges (1700-1721) eingeschleppt wurde, die die preußische Neutralität missachteten, während ihre Truppen im Spanischen Erbfolgekrieg gebunden waren. Die große Krise in der Regierungszeit seines Vaters war somit der Auslöser für die beiden wichtigsten Vermächtnisse Friedrich Wilhelms: die Reform des Militärs und die Verbesserungen in der staatlichen Verwaltung.

Ein Gemälde von Friedrich Wilhelm I. Quelle:
https://commons.wikimedia.org/wiki/File:Friedrich_Wilhelm_I_1713.jpg

Dennoch respektierte er den Wunsch seines Vaters und gab ihm ein großes Begräbnis. Doch schon wenige Tage später machte sich Friedrich Wilhelm an die Arbeit und fing damit an, den gesamten Hohenzollernstaat zu sanieren. Zunächst räumte er mit allen unnötigen Ausgaben auf, beginnend mit dem Hofstaat. Etwa zwei Drittel der Höflinge wurden entlassen, der Rest erhielt Gehaltskürzungen. Dann verkaufte er alle unnötigen Besitztümer wie Schmuck, prunkvolle Kutschen, Goldplatten, edle Weine und verschiedene teure und exotische Tiere. Der Hof wurde karger und rauer, und die Atmosphäre von Militarismus und Männlichkeit nahm deutlich zu. Das wenige gesellschaftliche Leben am Hof Friedrich Wilhelms drehte sich um das so genannte Tabakministerium, eine Gruppe von etwa zehn Männern, zumeist Ratsherren und hochrangige Offiziere, zu denen sich manchmal Gesandte oder Abenteurer gesellten. Diese Gäste verbrachten die Abende mit dem König, tranken starken Schnaps und rauchten Pfeife, während sie offen und ohne Rücksicht auf die übliche Hofhierarchie über Themen diskutierten. In einer solchen Atmosphäre war kein Platz für weibliche Einflüsse, wie es sie an den Höfen der Hohenzollern jahrhundertelang gegeben hatte, und auch nicht für die von Friedrich I. so geschätzten Förmlichkeiten.

Ähnliche Einschnitte und Umorientierungen gab es auch außerhalb des Hofes. Künstler verschiedener Richtungen verließen Berlin und ließen einen Teil ihrer Werke unvollendet zurück. Friedrich Wilhelm kürzte auch die Mittel für die Akademien seines Vaters. Er hatte wenig Verständnis für Ausgaben in Kultur und Wissenschaft, da sie keine unmittelbare praktische Wirkung zeigten; stattdessen sollte das Geld seiner Meinung nach für das Militär ausgegeben werden. Diese Genügsamkeit und kriegerische Orientierung zeigte sich schon zu seiner Zeit als Fürst. Um das preußische Militär praktischer zu machen, schlug der junge Friedrich Wilhelm 1707 eine Vereinheitlichung der Waffen und der Ausrüstung der Armee vor. Dies reichte von Gewehrkalibern und Bajonetten bis hin zu Patronentaschen. Dies sollte die Versorgung und den Austausch von Ausrüstung zwischen den Einheiten erleichtern. Außerdem führte er für seine eigene Einheit strengere Paradeübungen ein, um deren Manövrierfähigkeit und Schießgenauigkeit zu verbessern. Nach seinem Aufstieg verbreiteten sich diese Praktiken auch im Rest der brandenburgisch-preußischen Armee. Diese Fortschritte verblassen jedoch im Vergleich zu den Erfolgen, die Friedrich Wilhelm bei der Vergrößerung seines Heeres erzielte.

Anfangs versuchte der König, sein Militär durch Zwangsrekrutierungen durch seine Offiziere aufzustocken. Der Einsatz von Angst und Gewalt, der in der Regel auf solche Praktiken folgte, brachte jedoch schnell mehr Schaden als Nutzen. 1714 beschloss Friedrich Wilhelm, seine Rekrutierung durch Logik und Ordnung in Verbindung mit der Pflicht gegenüber dem

Staat zu verstärken. Zunächst verkündete er, dass alle wehrfähigen Männer die Pflicht hätten, in der Armee zu dienen, dann organisierte er die Regimenter nach Bezirken oder Kantonen. Die Einheiten wurden zunächst mit Freiwilligen besetzt, die dann durch Angestellte ergänzt wurden. Nach ihrem Eintritt in die Armee wurden die Männer jedoch nicht vollständig aus ihrem bisherigen Leben entfernt. Sie absolvierten eine Grundausbildung und wurden dann in die Reserve versetzt, wo sie bis zu ihrer Pensionierung blieben. Die Soldaten hielten ihre Leistungsfähigkeit durch ein jährliches Training aufrecht, das etwa zwei bis drei Monate pro Jahr dauerte, aber ansonsten waren sie frei. Auf diese Weise stellte der Militärdienst keine große wirtschaftliche Belastung für den Staat dar, da die Reservisten an ihren Arbeitsplatz und in ihren Beruf zurückkehren konnten. Mit dieser Politik verdoppelte Friedrich Wilhelm die Größe der brandenburgisch-preußischen Armee und ließ sie auf etwa achtzigtausend Mann anschwellen.

In Verbindung mit einer großen Zahl von Reservisten bedeutete dies, dass seine Armee die viertgrößte in Europa war. Dies war ziemlich bemerkenswert, wenn man bedenkt, dass Brandenburg-Preußen flächenmäßig an zehnter und bevölkerungsmäßig an vierzehnter Stelle lag. Damit war seine Armee in Bezug auf die Rekrutierung selbstständig und unabhängig, während die meisten anderen noch immer auf Söldner und ausländische Wehrpflichtige angewiesen waren. Diese Tatsache blieb nicht unbemerkt und veranlasste Friedrich Wilhelm, seinen Adligen zu verbieten, ohne seine ausdrückliche Zustimmung in fremde Dienste zu treten. Die Preußen sollten keine europäischen Söldner mehr sein. Außerdem schuf er die Institution einer adligen Kadettenschule, die mehr oder weniger von jeder Adelsfamilie verlangte, mindestens eines ihrer Mitglieder als Offizier für die Armee zu stellen. Trotz gelegentlicher Einwände wurde dies von den meisten Adelsfamilien eher akzeptiert als abgelehnt. Eine solche Praxis bot nicht nur die Gelegenheit eines zusätzlichen Einkommens, was besonders für verarmte Adelige wichtig war, sondern auch die Möglichkeit, dem Thron nahe zu sein. Auf diese Weise wurde der Adel befriedet und gleichzeitig dazu angehalten, für den Staat und nicht gegen ihn zu arbeiten.

Schließlich schufen sowohl das adelige Offizierskorps als auch das kantonale System bei den Truppen ein gesteigertes Ehr- und Pflichtgefühl. Für die Adligen bedeutete es eine ehrenvolle Berufung, vergleichbar mit den aristokratischen Idealen des Mittelalters. Für die Bürgerlichen schuf es ein Gefühl der Kameradschaft, da sie mit Leuten dienten, die sie aus ihren Dörfern und Städten kannten. Außerdem mussten alle Reservisten ihre Uniformen in der Kirche und bei anderen wichtigen gesellschaftlichen Anlässen tragen, was ihr Gefühl von Stolz und Zusammengehörigkeit verstärkte, während sie ständig die Symbole des Staates zur Schau stellten. Durch diesen auffälligen Militarismus wurde das Gefühl der Loyalität und des Patriotismus der Nation gestärkt. Letztlich basierten die Militärreformen Friedrich Wilhelms auf der Idee der allgemeinen Wehrpflicht - dem Ideal, dass jeder dem Staat dienen sollte. Dieses Ideal wurde jedoch nie ganz erreicht, da nur etwa ein Siebtel der in Frage kommenden Männer jemals eingezogen wurde. Dennoch bildete es eine solide Grundlage für die spätere militärische Expansion und weitere Reformen, für die der preußische Staat berühmt wurde.

Erstaunlicherweise wurde Brandenburg-Preußen trotz der beeindruckenden militärischen Reformen während der Regierungszeit Friedrich Wilhelms nur einmal in einen Krieg verwickelt. Im Jahr 1715 trat das Land als Verbündeter Russlands in den Großen Nordischen Krieg ein und griff Schweden an. Während der Frieden mit den Schweden 1720 unterzeichnet wurde, war der eigentliche Feldzug 1716 mehr oder weniger abgeschlossen. In dieser kurzen Zeitspanne gewann der Hohenzollernkönig den südlichen Teil Schwedisch-Pommerns, insbesondere die Hafenstadt Stettin (das heutige Szczecin). Der

Krieg selbst dauerte etwa ein weiteres Jahr, bevor Russland und Schweden einen Friedensvertrag unterzeichneten. Damit wurde Schweden aus Deutschland und von der Ostseeküste verdrängt, was dazu beitrug, dass die Bedeutung Preußens als lokaler Verbündeter erhöht werden konnte.

Die einzige weitere territoriale Veränderung während der Regierungszeit Friedrich Wilhelms war der Verkauf der brandenburgisch-preußischen Kolonien in Westafrika an die Niederländer. Für ihn waren koloniale Abenteuer nichts weiter als eine Phantasie seiner Vorgänger. Obwohl er wegen seiner Reformen den Spitznamen „Soldatenkönig" erhielt, war Friedrich Wilhelm I. also eher nicht kriegerisch eingestellt. Diese Haltung erklärt sich aus seiner Genügsamkeit, denn einen Krieg zu führen war kostspielig und hätte mit Sicherheit eine Delle in seine mühsam aufgebaute Armee gerissen.

Die Sparsamkeit verhinderte zwar, dass Friedrich Wilhelm zu militärischem Ruhm gelangte, motivierte ihn aber zu seinem wohl folgenreichsten Vermächtnis: Verwaltungs- und Steuerreformen. Sein Großvater, Friedrich Wilhelm, der Große Kurfürst, hatte damit begonnen, die staatliche Bürokratie umzugestalten, doch dieser Gedanke ging während der Regierungszeit von König Friedrich I. verloren, da er wenig Interesse an solchen Angelegenheiten hatte. König Friedrich Wilhelm I. begann jedoch sofort mit der Arbeit an Verwaltungsreformen. Innerhalb weniger Wochen nach seiner Thronbesteigung schuf er das Generaldirektorium für Krieg und Finanzen (*Generalfinanzdirektorium*). Dazu wurden das Oberste Domänenamt, das die Kronländereien verwaltete, und das Zentrale Finanzamt zu einer Behörde zusammengelegt, die die Einnahmen aus den königlichen Domänen überwachen sollte. Die Finanzverwaltung wurde durch das *Generalkommissariat* ergänzt, das die Aufgabe hatte, die Steuern der Städte außerhalb des Territoriums der Krone einzutreiben. Da sich ihre Zuständigkeiten und Verantwortlichkeiten jedoch häufig überschnitten, standen sich die beiden Ämter häufig gegenüber. Um dieses Problem zu lösen, fasste Friedrich Wilhelm 1723 die beiden Ämter zu einem „Superministerium" zusammen, das den Spitznamen „*Generaldirektorium*" erhielt. Es handelte sich dabei um eine verkürzte Form des Generaldirektors für Krieg und Finanzen.

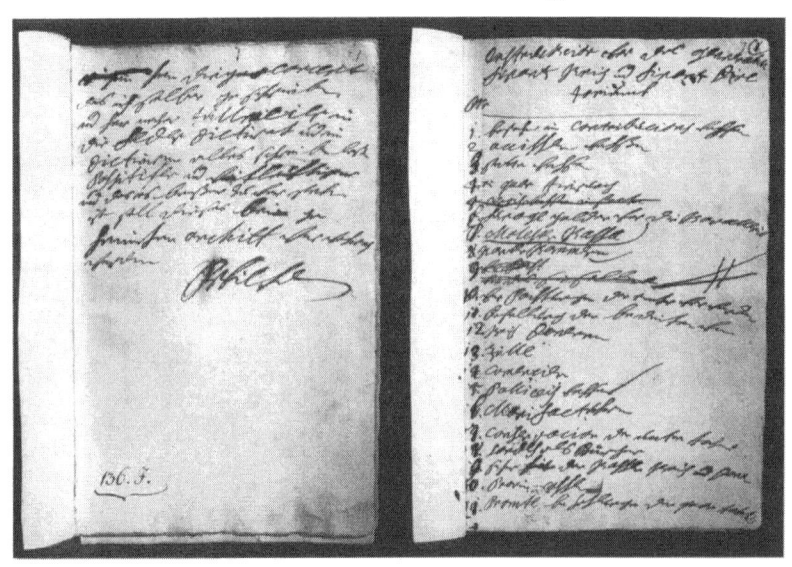

Unterzeichnete Anweisungen Friedrich Wilhelms I von Preußen an das Generaldirektorium.
Quelle: https://commons.wikimedia.org/wiki/File:Frederick _William_I,_Instruction_(autograph).jpg

Trotz des sperrigen Namens war das Büro gut durchdacht. An der Spitze der bürokratischen Kette stand das Ministerkollegium, darunter befanden sich mehrere Abteilungen, die mit zahlreichen Ratsmitgliedern besetzt waren. Die wichtigsten Entscheidungen wurden in einem gemeinsamen Rat mit allen Ministern und Vertretern der entsprechenden Abteilungen getroffen. Für den König blieb immer ein Stuhl frei, aber er nahm nur selten an diesen Sitzungen teil. Dennoch minimierte die kollegiale Entscheidungsfindung theoretisch die Möglichkeit, dass jemand seine Position missbrauchte, und glich gleichzeitig die verschiedenen lokalen und persönlichen politischen Interessen und Bedürfnisse aus. Obwohl das Generalverzeichnis nach einem relativ modernen bürokratischen Apparat klingt, ließ es noch einige Verbesserungen vermissen. Zum Beispiel waren die Zuständigkeiten der Abteilungen nicht gestrafft. So war eine Abteilung für das Gebiet von Kurmark und Magdeburg zuständig, während sie gleichzeitig für die Versorgung und Einquartierung der Truppen verantwortlich war. Darüber hinaus gab es aufgrund der unscharfen Abgrenzungen zwischen den Abteilungen zahlreiche interne Auseinandersetzungen innerhalb des Verzeichnisses. Nichtsdestotrotz war dies ein Zeichen für die Modernisierung des Staatsapparats.

Eine solche Umgestaltung war sowohl für die Steigerung der Staatseinnahmen und der Effizienz als auch für den Kampf gegen den Einfluss des Adels wichtig. Friedrich Wilhelm suchte gezielt nach fähigen Bürgerlichen für die Besetzung verschiedener Funktionen im Generaldirektorium, von lokalen Ämtern bis hin zu den höheren Rängen. So verhinderte er, dass sich die Regierung mit dem Adel solidarisierte. Natürlich gab es immer fähige Aristokraten, die dazu bereit waren, ihn bei diesen Unternehmungen zu unterstützen, sei es aus persönlichen Motiven oder aus der Notwendigkeit heraus, ein Gehalt zu erhalten. Doch der preußische König beließ es nicht dabei. Er fand andere Wege, um die Macht des Adels zu beschneiden. Eine dieser Reformen war die Besteuerung des Landbesitzes. Bis zum Beginn seiner Herrschaft hatte es einen Betrag gegeben, der pro *Hufe* von Landbesitz zahlbar war. Eine *Hufe* war ein Landmaß, welches mit dem „hide" aus dem mittelalterlichen England vergleichbar war und beschrieb ein Gebiet von etwa 30 Morgen Land. Bei dieser Besteuerung wurden die Ertragsschwankungen der landwirtschaftlich nutzbaren Flächen ignoriert, und auch die Steuererhebung lag noch überwiegend in den Händen der Adligen, die oft für den anderen ein Auge zudrückten und somit nicht immer ganz korrekt mit den Zahlungen umgingen.

Um dies zu ändern, ordnete Friedrich Wilhelm eine umfassende Landvermessung an. Diese wichtige Aufgabe förderte rund 35.000 bisher unversteuerte *Hufen* zutage, das sind etwa

2.300 Quadratmeilen (6.000 Quadratkilometer). Anschließend erstellte ein örtlicher Verwaltungsbeamter eine umfassende Klassifizierung aller Hufen nach ihrer Bodenqualität, um eine gerechtere Besteuerung zu ermöglichen. Schließlich wurde die Besteuerung langsam von den Adligen auf die Zentralregierung übertragen. Diese Reformen erhöhten nicht nur die Einnahmen des Staates, sondern förderten auch das Wachstum der Landwirtschaft, da der Druck von den ärmsten Kleinbauern auf die Großgrundbesitzer, die in der Regel Adelige waren, übertragen wurde. Die Veränderungen standen auch für den Wandel in der Herrschafts- und Wirtschaftstheorie. Wie viele andere deutsche Ökonomen jener Zeit war auch Friedrich Wilhelm der Ansicht, dass eine Überbesteuerung die Produktivität mindern konnte. Gleichzeitig war der König der Ansicht, dass es zu seinen Pflichten als Herrscher gehörte, seine Untertanen zu schützen, und so begann er damit, sich verstärkt um das Wohl der Bauern zu kümmern.

Schließlich versetzte Friedrich Wilhelm den Überbleibseln der Feudalzeit einen weiteren schweren Schlag, indem er erneut die Macht des Adels ins Visier nahm. Während das Land vermessen wurde, begann er mit der so genannten „Allodifizierung“ der Lehen. Im Wesentlichen handelte es sich dabei um den Prozess der Entfeudalisierung, da die königliche Bürokratie plante, alle verbleibenden feudalen Bindungen zwischen der Krone und den Landbesitzern zu beseitigen. Durch den legalen Besitz der Ländereien sollten alle historischen Ansprüche aufgehoben werden, was größere Freiheiten und Anreize für landwirtschaftliche Verbesserungen ermöglichen sollte. Im Gegenzug mussten die Eigentümer jedoch Steuern zahlen. Dies betraf wiederum vor allem den Adel, der in den vorangegangenen Jahrhunderten aus verschiedenen Gründen Verträge und Befreiungen erhalten hatte. Friedrich Wilhelm machte diese Art der Missachtung von Traditionen von dem Moment an deutlich, als er den Thron bestieg, da er sich weigerte, die üblichen Zugeständnisse an den provinziellen Adel zu unterzeichnen. In seinen Augen untergruben solche Zugeständnisse an den Adel die Absolutheit der monarchischen Herrschaft, die schließlich sein wichtigstes Ziel war.

Neben den Verwaltungs- und Kriegsreformen arbeitete Friedrich Wilhelm auch an der Stärkung der Wirtschaft. Abgesehen von den bereits erwähnten landwirtschaftlichen Anreizen durch Steuern und Allodialreformen folgte er den Grundprinzipien des Merkantilismus, allerdings in einer etwas anderen Form als die ursprüngliche französische Wirtschaftspolitik es vorgesehen hätte. Der König versuchte, die einheimischen Bauern zu schützen, indem er hohe Einfuhrsteuern auf Weizen erhob und gegen den Schmuggel vorging. Außerdem verbot er die Ausfuhr von Wolle, um die einheimische Textilindustrie zu fördern, die zu jener Zeit der wichtigste Motor der britischen Industriellen Revolution war. Im Wesentlichen wollte er die Einfuhren verringern und die preußische Wirtschaft zuverlässiger und unabhängiger machen. Der Hauptunterschied zu den herkömmlichen Merkantilisten bestand dabei darin, dass Friedrich Wilhelm sich mehr auf die Landwirtschaft als auf die verarbeitende Industrie konzentrierte und auch die Vorteile des Handels außer Acht ließ. Die völlige Vernachlässigung des Außenhandels zeigt sich in seinem Umgang mit den afrikanischen Kolonien. Für die inneren Angelegenheiten zeigte er ein gewisses Interesse. Unter Friedrich Wilhelm wurde der Bau eines Kanalsystems zwischen Oder und Elbe vorangetrieben, und er bemühte sich auch um die Senkung der Binnenhandelszölle. Die Markteinigung aller brandenburgisch-preußischen Territorien wurde jedoch nie erreicht.

Eine weitere wichtige wirtschafts- und sozialpolitische Maßnahme Friedrich Wilhelms war die Umsiedlung der Bevölkerung und, was noch wichtiger war, die Aufnahme von Religionsflüchtlingen. Wie jeder vernünftige Herrscher erkannte er, dass leere Ländereien und Werkstätten für den Staat einen Einnahmeverlust bedeuteten. Daher bemühte er sich, das demografisch verwüstete Ostpreußen neu zu besiedeln. Damit hatte er schon zu Lebzeiten seines Vaters begonnen, aber als neuer König machte er dies zu einem viel wichtigeren Thema. So leistete die Krone Hilfe bei der Binnenmigration. Später, im Jahr 1732, erlaubte er protestantischen Flüchtlingen aus Salzburg, sich niederzulassen, etwa zwanzigtausend von ihnen. Etwa zur gleichen Zeit nahm Preußen einige böhmische Flüchtlinge auf und siedelte sie in der Nähe von Berlin an. Wie in früheren Zeiten brachten diese Menschen ihr Fachwissen und ihre Fähigkeiten mit und sorgten für einen kleinen wirtschaftlichen Aufschwung in den Ländern, in denen sie sich niederließen. Eine solche Politik war für Brandenburg-Preußen nicht neu, aber sie zeugt von der religiösen Toleranz der Hohenzollern und füllt die durch die Pest verursachten Verluste auf.

Order zur Einführung der Schulpflicht in Preußen im Jahre 1717.

Quelle: https://commons.wikimedia.org/wiki/File:1717_Verordnung_zur_Ein f%C3%BChrung_der_Allgemeinen_Schulpflicht_in_Preu%C3%9Fen.jpeg

Wenn man die Herrschaft Friedrich Wilhelms I. insgesamt beurteilt, kann man feststellen, dass er eindeutig von Logik, Sparsamkeit und Absolutismus geleitet war. Er wollte jeden Aspekt des Lebens in seinen Ländern kontrollieren, arbeitete fleißig und verlangte das Gleiche von seinen Untergebenen. Dennoch vergaß er nie die Bedürfnisse seiner Untertanen, ob groß oder klein. So baute er die Getreidespeicher aus, was zu stabileren Getreidepreisen führte und dafür sorgte, dass es keine Hungersnöte mehr gab. Seine Bildungspolitik warf jedoch wahrscheinlich das meiste Licht auf seine Staatskunst. Wie es hieß, war er nicht sehr an höherer Bildung und Kultur interessiert. Für ihn war das eine Verschwendung von Geld. Gleichzeitig erachtete er die Grundbildung als eine Notwendigkeit für eine produktivere und stärker geordnete Gesellschaft. So verkündete er 1717 als einer der ersten Herrscher in der Geschichte die Einführung der allgemeinen Schulpflicht. Er wollte, dass seine Untertanen lesen, schreiben und rechnen konnten, und scheute sich nicht davor, ihre Kinder zum Schulbesuch zu verpflichten. Obwohl dies heute wie ein normaler Teil des Lebens erscheint, war es damals ein schwerwiegender Eingriff in die Privatsphäre der Familie und der Elternschaft. Das war absolute Kontrolle im Namen der Effizienz.

Eine Darstellung des Bataillons der Langen Kerle während eines Angriffes der Infanterie aus dem 19. Jahrhundert.
Quelle: https://commons.wikimedia.org/wiki/File:Hohenfriedeberg_-_Attack_of_Prussian_Infantry_-_1745.jpg

Doch selbst ein König wie Friedrich Wilhelm I. durfte unlogische und verschwenderische Ideen haben. Bei Friedrich Wilhelm war es die königliche Garde mit dem Spitznamen „*Lange Kerle*", die sich aus Männern zusammensetzte, die mindestens 1,88 Meter (6 Fuß und 2 Zoll) groß waren. Selbst heute ist eine solche Körpergröße überdurchschnittlich, aber zu jener Zeit war sie noch seltener. Im Vergleich dazu war der König selbst 1,60 m (5 Fuß und 3 Zoll) groß, was eher der Durchschnittsgröße entsprach. Die Beschaffung von etwa dreitausend Männern dieser Größe erforderte also Investitionen und eine „Menschenjagd" durch ganz Europa, von England bis zur Ukraine. Es war nicht nur teuer, sie nach Preußen zu bringen, sondern der König gewährte ihnen auch höhere Gehälter und einige andere Vergünstigungen. Das Schlimmste aber war, dass die meisten von ihnen aufgrund ihres Gigantismus für den eigentlichen Militärdienst untauglich waren. Sie waren also nur eine Dekoration, geeignet für Paraden und zum Beeindrucken ausländischer Würdenträger. Trotzdem gab es viele Berichte darüber, dass Friedrich Wilhelm Trost und Freude daran fand, sie in seinem Hof auf- und abmarschieren zu sehen.

Schließlich wurde König Friedrich Wilhelm I. später als geistiger Vater des preußischen Staates angesehen, der dessen administratives und militärisches Rückgrat bildete und seine spätere Expansion ermöglichte. In den späten 1730er Jahren wurde der König jedoch krank. Er wurde von der Gicht geplagt, die durch seinen Alkoholkonsum und seine genetische Veranlagung ausgelöst worden war und ihn fast an den Rollstuhl fesselte. Friedrich Wilhelm verstarb im Mai 1740 im Alter von einundfünfzig Jahren, wahrscheinlich an Herzversagen. Er wurde so begraben, wie er gelebt hatte, in einem einfachen Metallsarkophag ohne jegliche Verzierungen. Doch die Erfolge und Reformen seiner Herrschaft hallten noch lange nach und inspirierten seine Nachfolger dazu, in seine Fußstapfen zu treten.

Kapitel 4 – Gesellschaftliche Veränderungen

In der Mitte des 18. Jahrhunderts war Brandenburg-Preußen ein ziemlich verändertes Land. Im Laufe von etwa einem Jahrhundert und drei Generationen von Hohenzollern-Herrschern hatte es sich von seinen mittelalterlichen Wurzeln weg in die Moderne bewegt. Es handelte sich dabei um einen eher absichtlichen und zielstrebig angelegten Wandel. Diese Entwicklung vollzog sich jedoch in ganz Europa, so dass Preußen nur einer der Staaten war, die Reformen durchliefen, wenn auch mit einigen lokalen Eigenheiten.

Einer der Hauptunterschiede zwischen Brandenburg-Preußen und den meisten anderen europäischen Staaten war dessen fließende Religionspolitik. Im Vergleich zu anderen Nationen schien sie recht entspannt, wenn auch nicht ohne fragwürdige Momente. Die Komplikationen begannen 1613, als Johann Sigismund den Calvinismus annahm und ihn zur offiziellen Religion der Hohenzollern-Dynastie machte. Zu dieser Zeit war die Mehrheit der Brandenburger lutherisch, obwohl es auch einige Reste von Katholiken gab. Da die Religion im Leben der Menschen eine wichtige Rolle spielte, gerieten die beiden protestantischen Richtungen schnell über ihre Interpretationen des Christentums aneinander. Einige der bemerkenswerten

Unterschiede lagen in den Vorstellungen von Prädestination und Gottes Souveränität. Für die Lutheraner konnte jeder das Heil erlangen, und die Menschen hatten eine gewisse Kontrolle über ihr Leben. Die Calvinisten hingegen glaubten, dass die Menschen für das Heil auserwählt seien und dass Gott die absolute Herrschaft über das Leben der Menschen habe. Doch obwohl diese religiösen Ideen für sie wichtig waren, hatte dieser Kampf auch eine politische Motivation. Der Calvinismus wurde schnell zum Glauben der Zentralregierung, während der Adel in den Provinzen am Luthertum festhielt und den religiösen Streit mit dem Kampf um Macht und Herrschaft verband.

Dies veranlasste Friedrich Wilhelm, den Großen Kurfürsten, 1664 ein Edikt zu erlassen, das religiöse Toleranz verkündete und die Städte zwang, Bürger unabhängig von ihrem Glauben aufzunehmen. Es war ein Versuch, die beiden großen Konfessionen miteinander zu versöhnen. Obwohl das Edikt gewaltsam durchgesetzt wurde, konnte es einige Spannungen abbauen. Es schuf jedoch keine universelle Toleranz. Vor allem die jüdische Bevölkerung litt weiterhin unter dem starken religiösen Druck, der Ende des 16. Jahrhunderts einsetzte. Damals wurden sie aus Brandenburg vertrieben, doch mit späteren Gebietserwerbungen fielen einige kleinere Gemeinden in Kleve erneut unter die Herrschaft der Hohenzollern. Dennoch verfolgte der Große Kurfürst sie nicht, aber sie durften nicht in das Kurfürstentum ziehen. Allerdings erlaubte er 1671 einer kleinen Gruppe wohlhabender Juden, die vor den Habsburgern flohen, sich dort niederzulassen. Auch die Katholiken unterlagen gewissen Glaubensbeschränkungen, obwohl es nie zu großen Säuberungen kam. Trotzdem galt Brandenburg-Preußen im späten 17. und frühen 18. Jahrhundert noch als relativ toleranter Staat. Der einzige tatsächliche Druck, den die Hohenzollern ausübten, bestand in der Ansiedlung calvinistischer Auswanderer, was neben wirtschaftlichen Vorteilen auch deren Zahl in einem immer noch überwiegend lutherischen Staat erhöhte.

Doch trotz der Bemühungen des Herrscherhauses, Calvinisten und Lutheraner miteinander zu versöhnen, brodelte die Unzufriedenheit unter der Oberfläche. Im späten 17. Jahrhundert tauchte in Brandenburg-Preußen ein neuer Zweig des Luthertums auf. Er wurde unter dem Namen Pietismus bekannt und beruhte zwar auf ähnlichen Grundsätzen wie die orthodoxen Lutheraner, vertrat aber die Auffassung, dass der Glaube individuell sei, von innen komme und sich theologische Debatten letztlich erübrigten. Dies machte sie in der Praxis für andere Konfessionen viel toleranter als die „richtigen" Lutheraner. Friedrich III. (der spätere König Friedrich I.), der damals noch Kurfürst war, witterte seine Chance und unterstützte die Pietisten sogar bei der Gründung einer Universität in Halle im Jahr 1691. Dies half dem Pietismus dabei, sich zu etablieren, aber es gab den Hohenzollern auch neue lutherische Verbündete. Halle war die größte Stadt in Magdeburg, einer Region, die eine Bastion für orthodoxe Lutheraner und Gegner des Calvinismus war. Innerhalb weniger Jahre verbreiteten sich pietistische Ideen, die den Lutheranern tatsächlich etwas den Wind aus den Segeln nahmen.

Abgesehen von der Religionspolitik brachte der Pietismus auch andere Vorteile für den Staat. Von Anfang an engagierten sich die Hallenser in verschiedenen sozialen Bereichen: Sie sorgten für Unterkunft und Verpflegung der Armen, stellten pflanzliche Arzneimittel her und boten vor allem kostenlose Bildung für die untersten Mitglieder der Gesellschaft an. Letzteres schuf die Grundlagen für das Bildungssystem, das sich in ganz Preußen ausbreiten sollte. All dies war Teil ihrer Sorge um ihre Mitchristen und ein Versuch, eine bessere Gesellschaft zu schaffen. So setzte sich die Zusammenarbeit zwischen der Krone und den Pietisten im frühen 18. Jahrhundert mit der Thronbesteigung Friedrich Wilhelms I. nahm sie noch mehr Fahrt auf. Als Kind hatte er engen Kontakt mit den Pietisten und sympathisierte mit einigen ihrer idealisierten Tugenden wie Genügsamkeit, Selbstdisziplin, Bescheidenheit und Strenge. Diese entsprachen seinen

Vorstellungen von einer guten Gesellschaft. Während seiner Regierungszeit geriet der Pietismus besonders in den Fokus. Der König förderte ihn fast überall, wo er konnte, im bürokratischen Apparat, im Bildungssystem und sogar in seiner kostbaren Armee. Sie erwiesen sich als ein wesentlicher Teil seines persönlichen Ziels, Brandenburg-Preußen während seiner Herrschaft zu verändern.

Es gelang den Pietisten jedoch nie, andere Gemeinden zu überholen. Nach dem Tod Friedrich Wilhelms im Jahr 1740 kam ihre Expansion zum Stillstand, da sie ihre königliche Unterstützung verloren hatten. Noch schlimmer war, dass sie zu diesem Zeitpunkt die meisten ihrer prominenten Führer verloren hatten. Der Pietismus als religiöse Bewegung verlor seinen Schwung. Dennoch darf seine kulturelle Bedeutung nicht unterschätzt werden. Obwohl er einen religiösen Kern hatte, stellte der Pietismus die Ethik über das Dogma. Er schätzte Pünktlichkeit, Ordnung, Fleiß und Bescheidenheit, die zu preußischen Grundwerten werden sollten. Dank ihrer Verbindung zum Bildungswesen, sowohl bei dessen Verbreitung als auch bei der Reform, wurden diese Überzeugungen im ganzen Land verbreitet. Dies geschah natürlich zu einem nicht geringen Teil dank Friedrich Wilhelms Entwurf. Letztlich war es dem Pietismus zu verdanken, dass Brandenburg-Preußen den Grundstein für die künftigen Merkmale der preußischen und deutschen Gesellschaft legte und gleichzeitig den Weg für fortschrittliche Ideen ebnete, die mit der Aufklärung in der zweiten Hälfte des 18. Jahrhunderts.

Diese Ideen und die Bildung im Allgemeinen trugen maßgeblich zur Umgestaltung der preußischen Stadtgesellschaft bei. Die Geschichte dieses Wandels beginnt mit den autoritären Reformen des 17. Jahrhunderts. Es ist jedoch wichtig zu wissen, dass die von den Hohenzollern regierten Länder nicht so urban waren wie andere europäische Regionen. So gab es um 1700 in Brandenburg-Preußen nur zwei Städte mit einer Einwohnerzahl von etwa zehntausend oder mehr: Berlin und Königsberg (das heutie Kaliningrad). Dennoch gab es im gesamten Hohenzollernstaat Dutzende von Kleinstädten mit einem eigenen, spezifischen gesellschaftlichen Milieu. Sie wurden von lokalen Handwerksmeistern und Kaufleuten geführt und waren zu einem städtischen patrizischen Familiennetz verbunden. Ihre einzigartige Identität wurde durch die Privilegien und das Maß an Autonomie geprägt, das sie aus dem Mittelalter übernommen hatten, da die Städte in Europa in der Regel am Rande der landesherrlichen Kontrolle lagen. So waren die Städte traditionell Zentren bürgerlicher Tugenden und politischer Selbstbestimmung, die im Gegensatz zum monarchischen System standen. Als die Hohenzollern eine absolutistische Herrschaft anstrebten, waren die Städte ebenso ihr Gegenspieler wie die Adligen.

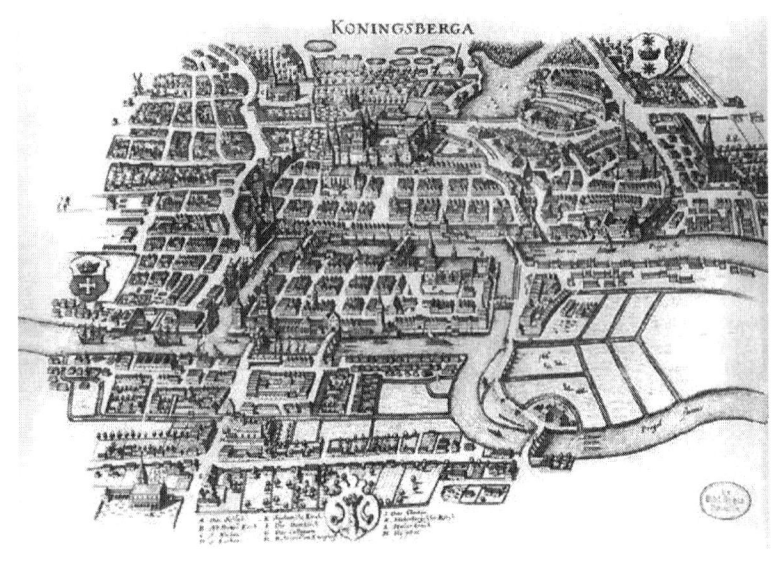

Eine Illustration von Königsberg aus dem 17. Jahrhundert.
Quelle: https://commons.wikimedia.org/wiki/File:Image-Koenigsberg,_Map_by_Merian-Erben_1652.jpg

Da die preußischen Städte jedoch kleiner und schwächer waren, sowohl in politischer als auch in finanzieller Hinsicht, erwiesen sie sich als leichteres Ziel für die Reformen. Ihre Unabhängigkeit war das erste Ziel des Großen Kurfürsten, der in den 1660er Jahren beschloss, eine Verbrauchssteuer auf Waren und Dienstleistungen zu erheben. Da diese Steuern am Ort des Verkaufs oder der

Dienstleistung erhoben wurden, entfiel die Notwendigkeit von Steuerverhandlungen mit den städtischen Eliten. Die dadurch verursachte politische Entmündigung wurde 1667 noch verstärkt, als die Krone damit begann, königliche Steuerkommissare in den Städten zu ernennen. Wie auch in anderen Bereichen verlangsamte sich die Zentralisierung des Staates während der Regierungszeit Friedrichs III./I., doch mit der Thronbesteigung Friedrich Wilhelms I. nahm sie an Fahrt auf. Im Jahr 1714 ordnete er an, dass die städtische Haushaltsbefugnis auf königliche Beamte übertragen wurde, wodurch die Befugnisse der städtischen Magistrate weiter beschnitten wurden. Außerdem begann der König, die zuvor festgelegten Privilegien und Verfassungen der Städte in ganz Brandenburg-Preußen abzuschaffen und damit deren kommunale Unabhängigkeit zu beenden. Sein Sohn und Erbe, König Friedrich II., setzte seine Arbeit fort und erweiterte die königliche Kontrolle über die Städte, indem er den städtischen Magistraten die Kontrolle über die Polizei und das Eigentum abnahm.

Viele Historiker neigen dazu, sich auf diese Aspekte zu konzentrieren, wenn sie behaupten, die Hohenzollern hätten aktiv versucht, den unabhängigen bürgerlichen Geist der Städte zu zerstören. Dies ist zwar teilweise richtig, da Gehorsam und Loyalität für Friedrich Wilhelm besonders wichtig waren, aber es ist nur ein Teil des Gesamtbildes. Die Umgestaltung war im Wesentlichen durch finanziellen Gewinn motiviert. In gewissem Maße schien die Eindämmung der politischen Macht eher zweitrangig zu sein, zumindest in der ersten Welle der Reformen. Darüber hinaus war der Einflussverlust der Städte wahrscheinlich eher auf den wirtschaftlichen Niedergang der Städte zurückzuführen. Dieser wurde zwar weitgehend durch die neue Steuerpolitik verursacht, aber nicht absichtlich. Die Verbrauchssteuer sollte sowohl die städtischen Zentren als auch das Land erfassen, um die Zentralisierung des Staates zu erhöhen und gleichzeitig die Steuerlast auszugleichen, da die Städte viel höhere Steuern zahlten.

Da der Große Kurfürst jedoch durch die Macht des lokalen Adels stark eingeschränkt war, konnte er in den ländlichen Gebieten keine Steuern erheben. Dies zeigt auch, wie wenig einflussreich die Städte im Vergleich zum Landadel waren. Der Unterschied in der Besteuerung führte zu einem Ungleichgewicht zwischen den ländlichen Gebieten und den Städten. Die städtischen Kaufleute und Fabrikanten konnten kaum mit den ländlichen Produzenten konkurrieren, die ihre Waren zollfrei verkauften. Für diese Behauptung gibt es nur wenige Belege, die sich auf das damalige Berlin beziehen. Die erste Reaktion auf die Verbrauchssteuern war die Belebung der städtischen Wirtschaft. Wären die Mautgebühren allgemein gültig gewesen, hätten die Städte möglicherweise an Wohlstand und Einfluss gewonnen, wie es in den meisten anderen europäischen Ländern der Fall war.

Ähnliche „Vorwürfe", die Stimmen der Städte zu unterdrücken, wurden mit der zunehmenden Militarisierung Brandenburg-Preußens in Verbindung gebracht. Dies ergibt sich aus der Tatsache, dass viele Städte als Garnisonszentren dienten. Für sich genommen ist das nicht unbedingt aufdringlich. Aber die Soldaten unterlagen nicht dem allgemeinen Recht. So begannen die Militärgerichte auch in die lokalen Rechtssysteme einzugreifen. Darüber hinaus wurden die örtlichen Befehlshaber manchmal etwas anmaßend, beschlagnahmten Vorräte und verhielten sich paternalistisch. Schließlich behaupten einige Historiker sogar, dass die allgemeine Militarisierung der preußischen Gesellschaft zu von der Armee dominierten Städten führte, in denen die bürgerliche Gesellschaft passiv und lethargisch wurde. Solche Behauptungen scheinen aus mehreren Gründen unangebracht zu sein. Zum einen hatten die Soldaten, wie bereits erwähnt, in den meisten Fällen genug Freizeit, um während ihres Dienstes einer zusätzlichen Beschäftigung nachzugehen. Wenn jemand seine Familie mitbrachte, brachte das zusätzliche und dringend benötigte billige

Arbeitskräfte in die Städte und kurbelte die lokale Wirtschaft bis zu einem gewissen Grad an. Außerdem ließen die Rekrutierungsgesetze der Stadtbevölkerung mehr als nur einen gewissen Spielraum. Sie befreiten viele junge Männer aus den Städten von der Wehrpflicht, sofern sie in einem privilegierten Handwerksberuf oder als Händler tätig waren. Sogar angehende Akademiker konnten sich der Wehrpflicht entziehen, so dass die Städte ihre Bevölkerung und Arbeitskräfte nicht verlieren mussten.

Sowohl bei der bürokratischen als auch bei der militaristischen „Unterwanderung" der städtischen Zentren scheint die Wahrheit etwas anders auszusehen. Die königlichen Beamten standen der lokalen Bevölkerung und ihren Interessen oft näher, ja sie wurden Teil der städtischen Eliten. Darüber hinaus war es nicht ungewöhnlich, dass sie in städtische Oligarchien und Vetternwirtschaft verwickelt waren, was beweist, dass die Städte nicht völlig „unterworfen" waren. Was das Militär anbelangt, so war die Anwesenheit einer Armee eher symbiotisch, nie kontrollierend. Die Tatsache, dass sich die städtischen Magistrate mit den militärischen Befehlshabern über Autoritätsfragen stritten, beweist, dass die städtischen Zentren ihren unabhängigen Bürgersinn behielten. In Wirklichkeit griffen die Hohenzollern vor allem in traditionelle Privilegien und Bräuche ein, die aus der mittelalterlichen Ära stammten, als die Handwerkszünfte die Städte beherrschten. Diese verschwindenden höheren Schichten aus dem Mittelalter beschwerten sich über die Behandlung durch die Krone. Das alte System und die alten Eliten waren dabei, sich in eine neue Ordnung zu verwandeln, die viel mehr Unternehmergeist hatte und sich mit einer informellen Führung in städtischen Angelegenheiten begnügte.

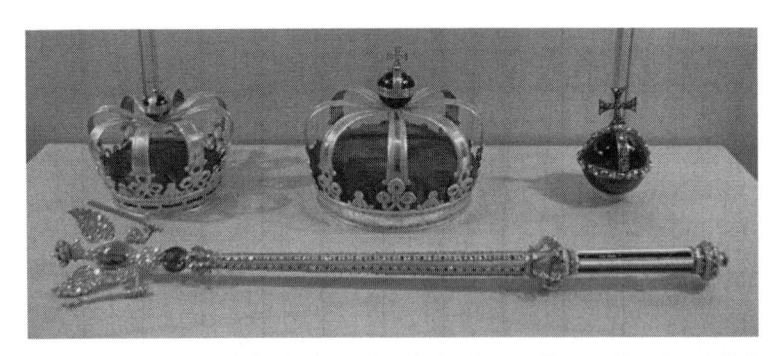

Preußische Krone und Insignien, Symbole der traditionellen königlichen Macht.

Aus diesem Grund unterstützten diese führenden städtischen Eliten schnell die Bildungserlasse und -reformen der Regierung. Die meisten Städte forderten ein besseres und breiteres Bildungsangebot, und ihre Magistrate und wohlhabenden Bürger finanzierten umgehend neue Schulen und andere Bildungseinrichtungen. Sie erkannten, dass Bildung die wirtschaftliche Situation verbesserte und durch gesellschaftliche Reformen zu einer Grundlage für die Klassendifferenzierung wurde. In der Mitte des 18. Jahrhunderts waren die städtischen Eliten keine Handwerker mehr, sondern Anwälte, Richter, Ärzte, Pfarrer und sogar Lehrer. Gleichzeitig leisteten die ländlichen Gebiete weiterhin Widerstand gegen die Bildungsreformen, die oft von den lokalen Aristokraten angeführt wurden. Dies zeigte sich darin, dass sowohl Friedrich Wilhelm als auch sein Nachfolger ständig Schuledikte erlassen mussten. Dies ist ein Beispiel dafür, wie begrenzt die Herrschaft der Hohenzollern tatsächlich war. Fast schon ironisch ist, dass das verstärkte Augenmerk auf Bildung in der städtischen Gesellschaft zu einem Anstieg des antiautoritären Denkens führte und damit die Grundlage für künftige bürgerliche Ideale schuf, die die Aufklärung begleiteten. Während die Krone also einige städtische Freiheiten einschränkte, ebnete sie gleichzeitig den Weg für ihre schärfsten Gegner in den kommenden Jahrzehnten.

Der provinzielle Adel machte eine etwas andere Entwicklung durch. Die so genannten Junker, abgeleitet von dem mittelalterlichen germanischen Begriff *„junger Herr"*, entstanden, als sich Adlige und Ritter auf den von den Slawen eroberten Ländereien niederließen. Wie damals üblich, erhielten sie als Gegenleistung für ihren Militärdienst Landbesitz und Steuerbefreiungen. Da die Krone in hohem Maße von ihnen abhängig war, hatten sie ein Druckmittel gegen die Herrscher und wurden so zur einflussreichsten Klasse im Staat. Die Bedeutung der Junker wurde noch dadurch gesteigert, dass sie in ganz Brandenburg-Preußen je nach Region zwischen 60 und 40 Prozent der Ländereien kontrollierten. Das war vergleichbar mit der Situation in England, lag aber weit über dem Durchschnitt von Frankreich und Russland, deren Anteile bei 20 oder darunter lagen. Es ist erwähnenswert, dass nicht alle aristokratischen Familien über große Ländereien verfügten; tatsächlich waren die meisten von ihnen im Vergleich zu ihren europäischen Verwandten eher klein. Dennoch setzten sie ihren Einfluss ein und widersetzten sich häufig Reformen, die ihre Macht beschnitten. Zum Glück für die Hohenzollern waren die Junker des 17. Jahrhunderts noch zersplittert und nur an lokalen Angelegenheiten interessiert, so dass die Krone genügend Spielraum hatte, um zu manövrieren.

Die Veränderung des Charakters der Junkerfamilien kam mit der Militarisierung von König Friedrich Wilhelm I. Da die Adligen gezwungen waren, in der Armee zu dienen und vor allem im Offizierskorps ausgebildet zu werden, begannen sich die provinziellen Unterschiede aufzulösen. Die Familien aus den verschiedenen Regionen begannen zu heiraten und Verbindungen zu knüpfen, wodurch die Junker zu einer landesweit einheitlichen Klasse wurden. Theoretisch hätten sie dadurch mächtiger werden müssen, doch der Militärdienst und die Möglichkeit höherer Gehälter durch Beförderungen hielten viele der weniger reichen Adligen bei der Stange. Außerdem wurden sie durch die

Kadettenschule einer loyalitätsfördernden Erziehung ausgesetzt. Von da an wurde der Offiziersrang gewissermaßen zum Synonym für die Junker. Dies verschärfte sich noch während der Regierungszeit Friedrichs II., der die Beförderung der Bürgerlichen so weit wie möglich ablehnte. Die Macht des Adels wurde jedoch in der Mitte des 18. Jahrhunderts beschnitten, als Wirtschaftskrise und Krieg ihn gefährdeten. Viele von ihnen verloren ihr Leben auf dem Schlachtfeld, andere verschuldeten sich. Um sie zu schützen, schuf Friedrich II. staatlich unterstützte Kreditgenossenschaften. Dies machte viele der Junkerfamilien vom Staat abhängig und kehrte das Machtgleichgewicht aus dem 17. Jahrhundert um. So wurden die Junker fortan zu treuen und gehorsamen Dienern der Hohenzollern-Dynastie.

Da die Junker eine ausgesprochen kämpferische Klasse waren, war ihre Darstellung in der Regel eher männlich. Ihr Familienideal war ein großer Haushalt, der von einem Familienvater geführt wurde, der seine Rolle als Familienoberhaupt zum Wohle des Haushalts ausübte. Daher gab es für Frauen anscheinend nur wenig Raum für andere wichtige Aufgaben als das Stricken, die Gartenarbeit oder das Hüten der Küche. Es gibt jedoch eine Reihe schriftlicher Quellen, die zeigen, wie adelige Frauen Ländereien erben und die volle Kontrolle darüber übernehmen. Sie waren weder passive Besitzerinnen noch Inhaberinnen von übertragbaren Eigentumsrechten, die an ihre nächsten männlichen Verwandten weitergegeben wurden. Entgegen den Erwartungen übten diese Frauen die totale Kontrolle über das Anwesen aus, indem sie es ausbauten und investierten sowie Einkünfte erzielten; sie fungierten sogar als lokale Richterinnen. Die historischen Belege lassen uns jedoch im Unklaren darüber, inwieweit diese Beispiele übereinstimmen. Da die Quellen Frauen als Gutsbesitzerinnen jedoch nie als bizarr oder anomal darstellen, deutet dies darauf hin, dass sie zumindest gesellschaftlich akzeptiert waren, auch wenn sie nicht besonders häufig vorkamen.

Ein Portrait von Friedrich II aus dem Jahr 1763.
Quelle: https://commons.wikimedia.org/wiki/File:Friedrich_der_Gro%C3%9Fe_-_Johann_Georg_Ziesenis_-_Google_Cultural_Institute_(cropped).jpg

Interessanterweise erstreckte sich diese Art von Status in gewisser Weise auch auf die Bürgerlichen. Frauen konnten Miteigentümerinnen von Ländereien sein, vor allem, wenn diese Teil ihrer Mitgift waren, während der gesamte Haushalt in der Regel in einer Weise mitverwaltet wurde, dass die Ehefrauen das Familienbudget kontrollieren und verwalten ließ. Darüber hinaus war es nicht unüblich, dass einige wohlhabendere Bürger für ihre Frauen Unternehmen erwarben, vor allem Tavernen, was ihnen eine gewisse Unabhängigkeit verschaffte und ihren sozialen Status erhöhte. Das bedeutet jedoch nicht, dass es eine Gleichheit gab, wie wir sie heute kennen, sondern eher, dass die preußische Gesellschaft in mancher Hinsicht etwas liberaler war als andere zu dieser Zeit. Es gab immer noch recht große Unterschiede; so wurde zum Beispiel bei Ehebruch und unehelichen Kindern in der

Regel die Schuld bei den Frauen gesucht. Außerdem waren die städtischen Zünfte in der Regel für Frauen gesperrt, so dass es für sie fast unmöglich war, in den städtischen Handwerksbetrieben aufzusteigen. Auf dem Lande war die Trennung zwischen männlicher und weiblicher Arbeit weniger ausgeprägt, und beide Geschlechter arbeiteten je nach Bedarf auf den Feldern. Gegen Ende des 18. Jahrhunderts scheint sich die preußische Gesellschaft jedoch langsam in eine sehr viel konservativere Gesellschaft zu verwandeln, die diese Anzeichen von Gleichberechtigung im Keim erstickte.

Eine weitere einzigartige Entwicklung in der preußischen Gesellschaft war die neue Stellung der Bauern. In der Mitte des 15. Jahrhunderts strukturierten die Junker zunächst ihre Ländereien so um, dass das beste Land unter ihrer direkten Kontrolle stand, während sie gleichzeitig die Kontrolle über ihre Angehörigen verstärkten. Dazu führten sie vor allem die Zwangsarbeit ein und verboten es den Bauern, ihr Land zu verlassen. Während das übrige Europa den Feudalismus abschaffte, kam es in Brandenburg-Preußen zu einer Art Wiederbelebung des Feudalwesens, wenn auch mit einem wichtigen Unterschied. Die Bauern waren keine echten Leibeigenen, da sie rechtlich nicht ihren Herren gehörten. Eine solche Herrschaft über ihre Untertanen grenzte oft an Tyrannei und ließ die Bauern in Armut und Apathie zurück. Im 17. Jahrhundert begannen sich diese Verhältnisse jedoch zu ändern, vor allem dank des Eingreifens des Staates. Sowohl der Große Kurfürst als auch sein Enkel versuchten, die Bürger vor ungerechter Behandlung durch ihre Herren zu schützen. Dies geschah durch die Verflechtung der lokalen Gesetze mit landesweiten Regelungen. Friedrich II. ging noch einen Schritt weiter und verpflichtete die Landgerichte zur Beschäftigung von Richtern mit Universitätsabschluss.

Wichtig ist auch, dass auch ohne staatlichen Schutz nicht alle Bauern unterdrückt und misshandelt wurden. Es gab viele Fälle, in denen es den Junker-Familien gelang, durch eine ordnungsgemäße Gutsverwaltung Anreize für die Arbeit zu schaffen, wie z. B. bezahlte Arbeit, die den Bauern einen gewissen Sinn für selbstständiges Unternehmertum vermittelte. Auf der anderen Seite des Spektrums gab es aber auch Güter, auf denen sich die Bauern zusammenschlossen, um gegen ihre Grundherren zu rebellieren. In einigen Fällen waren die Bürger stark genug, um sich zu weigern, Steuern zu zahlen oder verbotene Arbeiten zu verrichten. Dabei handelte es sich jedoch nicht um Aufstände gegen die Herrschaft der Junker, sondern um Demonstrationen wegen ungerechter Behandlung, in der Regel wegen der unrechtmäßigen Erhöhung der Abgaben. Allen diesen Aufständen scheint gemeinsam zu sein, dass die Bürger darauf vertrauten, dass das Rechtssystem sie letztlich vor der Unterdrückung durch ihre Herren schützen würde. Eine andere Form des friedlichen Widerstands war die einfache Vernachlässigung des Landes, was die Grundbesitzer dazu veranlasste, bezahlte Arbeitskräfte einzustellen und diese gerechter zu behandeln.

Darüber hinaus gab es Mitte des 18. Jahrhunderts eine beträchtliche Anzahl von freien Bauern. Die meisten von ihnen waren Siedler und Migranten sowie deren Nachkommen. In Ostpreußen waren sie aufgrund der Pest zu Beginn des 18. Jahrhunderts am stärksten vertreten. Am Ende des Jahrhunderts waren dort mehr als 20 Prozent der Bauern nicht unterworfene Landwirte. Insgesamt scheint es so, als ob die Hohenzollern die Bürgerlichen dazu „benutzten", um die Macht der Junker weiter zu beschneiden und dabei die Reste des Feudalismus zu beseitigen. Einwanderer spielten in Brandenburg-Preußen eine weitere Rolle. Die Hohenzollern nutzten sie, um das Handwerk und die Industrie anzukurbeln. Einige von ihnen waren fleißig und bewandert und schufen eine Basis für die weitere Entwicklung. Doch die Krone lud nicht nur Fabrikanten und Experten in ihre Länder ein. Vor allem versuchte der Staat, die Ausfuhr von Rohstoffen zu verhindern, um den einheimischen Produzenten

Ressourcen zur Verfügung zu stellen, mit denen sie arbeiten konnten. Darüber hinaus bemühten sich die Regierung und der Herrscher, Subventionen und Beihilfen für die Gründung oder Entwicklung von Industrien in den Städten zu gewähren.

An erster Stelle stand die Textilindustrie, insbesondere die Woll- und Seidenindustrie. Dann kam die Lederindustrie, gefolgt von verschiedenen Fabriken, die Metallprodukte wie Scheren, Messer und sogar Munition herstellten. All dies wurde durch die Entstehung der Eisenerzindustrie weiter gefördert, nachdem Friedrich II. weitere Gebiete erobert hatte. Alle diese Industrien waren durch Einfuhrzölle stark geschützt, litten aber teilweise auch unter der staatlichen Lenkung. Einigen Historikern und sogar Zeitgenossen zufolge begannen die staatlichen Investitionen, so sehr sie auch den Aufbau dieser Industrien gefördert hatten, den Fortschritt Preußens im späten 18. Jahrhundert durch übermäßige staatliche Überwachung zu hemmen. Doch trotz dieser Behauptungen und selbst unter diesen Bedingungen stagnierte die preußische Industrie nicht wirklich, und sie stand auch nicht unter der allumfassenden Kontrolle des Staates. Die meisten Fabriken befanden sich in privater Hand, selbst jene, die für militärische Zwecke benötigt wurden, und die Produktion stieg trotz der Klagen über staatliche Einmischung kontinuierlich an. Noch wichtiger ist, dass die staatliche Finanzierung es dem zuvor wirtschaftlich ruinierten Brandenburg-Preußen ermöglichte, eine Grundlage für seine spätere industrielle Wiedergeburt zu schaffen, die es Preußen erlaubte, mit der britischen Industriemacht gleichzuziehen, die in der Industriellen Revolution des 18. Jahrhunderts gipfelte. Darüber hinaus führte sie zur Bildung einer neuen Wirtschaftselite, zu der Industrielle, Bankiers, Zulieferer und Händler gehörten.

Verfolgt man die Entwicklung der brandenburgisch-preußischen Gesellschaft und des Staates, so zeigt sich, dass das späte 17. und frühe 18. Jahrhundert eine Zeit des Wandels war. Einige der Veränderungen waren beabsichtigt, andere unbeabsichtigt, aber die meisten waren mit dem grundlegenden Wunsch der Hohenzollern verbunden, ihre wirtschaftliche und militärische Macht zu vergrößern. Dennoch sollte erwähnt werden, dass sich im größeren Rahmen ähnliche Veränderungen in ganz Westeuropa vollzogen.

Kapitel 5 - Stolz und Ruhm

Die Umgestaltung des preußischen Staates und der Gesellschaft im späten 17. und frühen 18. Jahrhundert deutete auf ein neues Machtreservoir hinter der Hohenzollerndynastie hin. Durch verschiedene Reformen und Verbesserungen wurde eine Saat der wahren Größe und des Ruhms gesät. Die ersten Blüten trieb Friedrich Wilhelms Sohn, König Friedrich II. Man kennt ihn besser unter dem Namen Friedrich der Große.

Wie bei seinen Vorgängern beginnt die Geschichte von Friedrichs Regentschaft mit familiären Traumata, die er in seinen jungen Jahren erlebte. Schon als Kind zeigte er eine Vorliebe für das Lesen, die Künste und die Philosophie, und er war weit weniger mit militärischen Fragen belastet und sicherlich weniger unverblümt und höflicher als sein Vater. Dies irritierte Friedrich Wilhelm, der der Meinung war, dass sein Sohn und Erbe seinem Spiegelbild so nahe wie möglich kommen sollte. So kam es zu ständigen Auseinandersetzungen zwischen den beiden. Der Vater drängte seinem Sohn eine zermürbende Routine auf und zwang ihn dazu, sich mit Staatsgeschäften zu beschäftigen, noch bevor er ein Teenager war. Da diese Behandlung wenig Wirkung zeigte, wurde Friedrich Wilhelm zunehmend frustriert und neigte zu öffentlichem Spott und Gewalt auf Kosten seines Erben. Im Gegenzug wurde Friedrich kälter und distanzierter; obwohl er seinen Vater nach außen hin unterstützte, verfolgte er insgeheim eher seine eigenen Interessen. In den späten 1720er Jahren geriet der junge Friedrich in den Mittelpunkt der politischen Machenschaften am Hof. Seine Mutter versuchte, eine Heirat mit der britischen Prinzessin Amelia zu arrangieren, doch mehrere Minister waren dagegen. Wahrscheinlich wurden sie zu dieser Zeit von den Habsburgern bestochen, um ein solches Bündnis zu verhindern.

Friedrich II (im Fenster) sieht die Exekution seines Freundes Katte.
Quelle: https://commons.wikimedia.org/wiki/File:Kattes_Hinrichtung_1730.jpg

Friedrich Wilhelm I. lehnte die Heirat rasch ab, da er den Bruch mit Wien fürchtete, während Friedrich beschloss, das Vorhaben seiner Mutter zu unterstützen. Am Ende war das Wort des Königs jedoch endgültig, und die Königin musste nachgeben. Für seinen Sohn war dies ein Wendepunkt, nicht weil er Prinzessin Amelia wirklich liebte, sondern weil er sich über die Handlungen seines Vaters und dessen Behandlung ärgerte. Dies veranlasste Friedrich, mit Hilfe eines befreundeten preußischen Offiziers namens Hans Hermann von Katte zu versuchen, aus dem Land zu fliehen. Sie wurden jedoch gefasst und in der Festung Küstrin inhaftiert. Friedrich wurde wegen Hochverrats zu einer Freiheitsstrafe verurteilt. Er sollte in Küstrin bleiben, wo er zu einer strengen Ausbildung in Regierungsführung und Verwaltung verurteilt wurde. Die eigentliche Strafe war jedoch die Hinrichtung seines Freundes und Mitverschwörers, bei der er zusehen musste. Hier zeigte sich das Ausmaß der Kaltherzigkeit seines Vaters. Trotzdem arbeiteten die beiden in den folgenden Jahren an einer Versöhnung. 1732 wurde Friedrich unter der Bedingung freigelassen, dass er eine von seinem Vater ausgesuchte Braut heiraten würde. Nachdem er diesem Vorhaben zustimmte, wurde er wieder eingesetzt.

Friedrich akzeptierte das Angebot, warnte aber davor, dass er seine Frau „zurückweisen" würde. Im Laufe der nächsten Jahre verbesserte sich das Verhältnis zu Friedrich Wilhelm, vor allem weil sein Vater sich ihm gegenüber zurückhielt. Friedrich erhielt ein Schloss in der Nähe von Berlin, wo er die meiste Zeit bis zu seiner Thronbesteigung verbrachte. Dort widmete er sich weiterhin den Künsten, der Philosophie und der Schriftstellerei und führte ein Leben, das fast der Freiheit glich. Er erfreute sich nicht nur an den Werken anderer, sondern beschäftigte sich auch mit eigenen philosophischen Werken, Musik und Poesie. Er arbeitet außerdem auch an politischen Aufsätzen, einer seiner bekanntesten Arbeiten trug den Titel „*Anti-Machiavel*"". Des Weiteren produzierte er historische Manuskripte, wie etwa die Geschichte des Hauses von Brandenburg. Dies festigte seine gelehrte Persönlichkeit und sein Selbstgefühl. Es gab ihm auch die Möglichkeit, seine Rolle und Stellung in der Entwicklung Preußens und der Hohenzollern-Dynastie zu begreifen. Es ermöglichte ihm zusätzlich, einige weniger wünschenswerte Persönlichkeitsmerkmale für einen Herrscher des 18. Jahrhunderts zu entwickeln. Friedrich wurde zum Atheisten und behauptete, das Christentum sei lediglich eine metaphysische Fiktion voller Widersprüche und Absurditäten. Es wurde auch gemunkelt, dass er homosexuell sei oder zumindest eine größere Neigung zu Männern als zu Frauen habe. Solche Gerüchte kamen schon zu seinen Lebzeiten auf, und sie sind auch heute noch ein viel diskutiertes Thema.

Dies lag zum Teil daran, dass er seiner Frau Elisabeth gegenüber kalt blieb. Nach 1740 hatten sich Friedrich und Elisabeth im Grunde genommen getrennt, obwohl sie sich nie scheiden ließen. Sie wurde in einem einzigen Schloss untergebracht, behielt alle offiziellen Titel und Vorrechte, wurde aber nie in den gesellschaftlichen Kreisen ihres Mannes akzeptiert. Erschwerend kam hinzu, dass sie nie einen Erben zeugten, und es scheint, dass ihre Beziehung nie auf eine sexuelle Ebene gelangte. Eine weitere Auffälligkeit war, dass Friedrich auch nach seiner Ernennung zum König auf Mätressen verzichtete. Das wäre ein gangbarer "Ausweg", wenn die Ehe zu wichtig war, um aufgelöst zu werden. Zu den Spekulationen trug auch Friedrichs Vorliebe für männliche Gesellschaft bei. Für sich allein genommen wäre das nicht allzu belastend. Selbst Friedrich Wilhelm hatte sein Tabakministerium. Friedrichs innerer Kreis war jedoch weniger machomäßig orientiert und mit sanfteren Typen wie Dichtern und Philosophen besetzt. Sie alle, einschließlich des Königs, beschäftigten sich mit erotischen Gedichten und Aufsätzen, von denen einige auf zweifelhafte Gefühle der Anziehung hindeuteten. Die aufsehenerregenden Beziehungen zu dem berühmten Philosophen Voltaire trugen nur noch mehr zu den Verleumdungen bei. Die beiden führten eine recht lebhafte Beziehung, die von gegenseitiger Wertschätzung und ständigem Streit geprägt war. Nach einem Zerwürfnis behauptete Voltaire sogar, dass Friedrich die Gesellschaft seiner Lakaien und Kadetten genoss, auch wenn er nie "bis zum Äußersten" ging."

Diese Behauptungen über Homosexualität wurden von deutschen Schriftstellern und Memoirenschreibern energisch bekämpft, die von Friedrichs Mätressen in seiner Jugend sprachen und andeuteten, dass er damals heterosexuell war. Letztendlich bleibt die tatsächliche Sexualität Friedrichs ein Rätsel. Es ist durchaus möglich, dass er entweder bisexuell oder asexuell war, wobei letzteres möglicherweise das Ergebnis der Misshandlung durch seinen Vater war. In diesem Fall wäre seine Sexualität gegenüber beiden Geschlechtern nur eine künstlerische und intellektuelle.

Die Frage nach der Sexualität Friedrichs ist jedoch weniger wichtig, da sie im Vergleich zu seinen großen Leistungen verblasst. Die ersten Anzeichen von Friedrichs Größe zeigten sich 1740, nur wenige Monate nach seiner Thronbesteigung. Im Gegensatz zur friedlichen Herrschaft seines Vaters, des "Soldatenkönigs", begann der achtundzwanzigjährige Friedrich II. seine Herrschaft mit einer Kriegserklärung an die Habsburger.

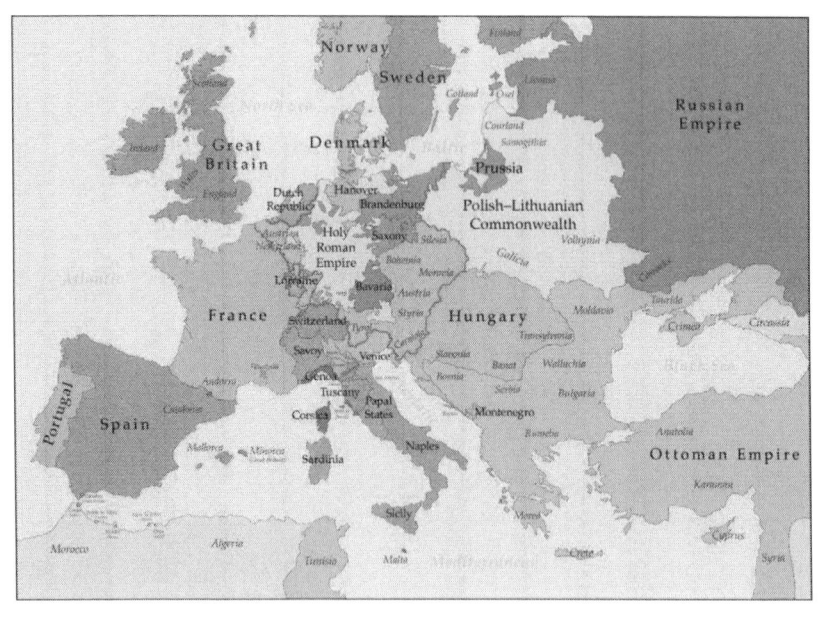

Eine Karte von Europa im Jahre 1740.

Obwohl König Friedrich II. wegen seiner mangelnden militärischen Fähigkeiten verspottet wurde, erkannte er, dass die Zeit für einen Angriff auf Österreich reif war. Zum einen war die Schatzkammer der Habsburger nach mehreren verlorenen Kriegen am Ende. Als Friedrich noch Kronprinz war, nahm er an einem dieser Kriege als Anführer eines preußischen Kontingents teil. So konnte er aus erster Hand erfahren, wie unterlegen die österreichische Armee im Vergleich zu den Truppen seines Vaters war. Außerdem starb Kaiser Karl VI. Ende 1740 und hinterließ nur seine Töchter. Seine Haupterbin war Maria Theresia, deren Erbrecht als Frau gelinde gesagt fragwürdig war, da das habsburgische Recht die männliche Primogenitur vorschrieb. Ihr Vater versuchte, Marias Erbe durch ein Edikt zu sichern, doch das reichte nicht aus, um die zahlreichen österreichischen Gegner aufzuhalten. Das verschaffte Friedrich zusätzliche Chancen: Nicht nur würden andere deutsche Dynastien versuchen, Gewinne zu erzielen, sondern er wusste auch, dass Frankreich nichts dagegen hätte, wenn er den Habsburgern einen Strich durch die Rechnung machen würde. Außerdem waren Großbritannien und Russland, die wichtigsten Verbündeten Österreichs, mit ihren eigenen Problemen beschäftigt.

So begann Friedrich im Dezember 1740 den so genannten Ersten Schlesischen Krieg, benannt nach dem Hauptziel der Preußen. Er griff an und stützte sich dabei auf fadenscheinige Ansprüche der Hohenzollern auf Schlesien, die aus dem 16. und frühen 17. Jahrhundert stammten. Diese waren jedoch nur ein Vorwand für einen reinen Aggressionskrieg. Der eigentliche Grund, warum Schlesien sein Hauptziel war, lag in der Tatsache, dass es die einzige habsburgische Region war, die an Brandenburg-Preußen grenzte. Hinzu kam, dass es nur schwach verteidigt wurde, da die meisten habsburgischen Truppen anderswo stationiert waren. Und dazu kam, dass es sich um die reichste und wertvollste habsburgische Provinz handelte, die hohe Steuern und eine gut entwickelte Industrie einbrachte. Das letzte Motiv war die Gefahr, dass Sachsen versuchen würde, Schlesien zu erobern. Dies würde wiederum Brandenburg bedrohen, da es eine Verbindung zwischen Sachsen und Polen herstellen würde, die unter der Personalunion von Friedrich August aus der Dynastie der Wettiner standen. Würden die Wettiner Schlesien erobern, würden sie die Hohenzollern mehr oder weniger einkreisen, was deren Zukunft, gelinde gesagt, in Frage stellen würde.

Der Krieg begann mit einigen verheißungsvollen Erfolgen. Die preußischen Truppen überrannten die habsburgischen Verteidiger mit Leichtigkeit und brachten bis Januar 1741 fast ganz Schlesien unter ihre Kontrolle. Im Frühjahr sammelten sich die Österreicher zu einem Gegenangriff. Sie hatten einige kleinere Erfolge, aber in der Schlacht von Mollwitz wurde ihr Schwung durch einen preußischen Sieg gebrochen. Zu diesem Zeitpunkt spürten andere europäische Nationen die Schwäche der Habsburger. Es wurde ein Bündnis zwischen Frankreich, Spanien, Bayern und Sachsen sowie Brandenburg-Preußen geschlossen. Die Verbündeten bestätigten Friedrichs Anspruch und seine Eroberung, und mit ihrem Eintritt begann ein viel größerer Konflikt, der als Österreichischer Erbfolgekrieg bekannt wurde. Die Feldzüge wurden Ende 1741 und Anfang 1742 fortgesetzt, und die preußische Armee spielte dabei eine aktive Rolle. Im Sommer jedoch spürte Friedrich, dass es für ihn und Preußen genug war. Er hatte sein Ziel erreicht und war nicht daran interessiert, Österreich völlig zu zerstückeln, um es durch eine andere neue Macht zu ersetzen. Daher handelte er mit den Verträgen von Breslau und Berlin einen Separatfrieden aus. Maria Theresia hatte keine andere Wahl, als Schlesien an die Hohenzollern abzutreten.

Trotz des Zugewinns von rund einer Million neuer Untertanen und etwa 14.000 Quadratmeilen (35.000 Quadratkilometer) beobachtete Friedrich weiterhin die Lage im europäischen Konflikt. Er befürchtete eine erneute Bedrohung durch Österreich, da er sicher war, dass dieses Land Schlesien nicht so einfach aufgeben würde. Mitte 1744 erkannte Friedrich, dass seine

Position bedroht sein könnte. Der Krieg hatte sich gewendet. Frankreich hatte schwere Rückschläge erlitten, während Österreich Bündnisse mit Großbritannien, Russland und Sachsen einging. Friedrich war sich bewusst, dass er schnell handeln musste. Nachdem er einige weitere Verträge mit Frankreich und anderen germanischen Staaten geschlossen hatte, trat Preußen wieder in den Kampf ein. Dieser erneute Konflikt wurde als Zweiter Schlesischer Krieg bekannt. Zunächst schien es, als würde sich der erste Feldzug wiederholen, da es den Preußen gelang, schnell in das habsburgische Böhmen einzudringen und dabei Prag einzunehmen. Aufgrund der damaligen Schwäche Frankreichs gelang es den Österreichern jedoch, ihre Soldaten wieder nach Osten zu verlegen. Angesichts der gemeinsamen österreichisch-sächsischen Armee, die zum aktiven Kriegsteilnehmer wurde, war Friedrich im November 1744 gezwungen, sich zurückzuziehen. Dies schadete nicht nur seinem militärischen Ruf, sondern kostete ihn auch einen beträchtlichen Teil seiner Armee, die aufgrund von Versorgungsmangel und Krankheiten um die Hälfte reduziert wurde.

Eine spätere Darstellung des Kampfes von Hohenfriedberg.
Quelle: https://commons.wikimedia.org/wiki/File:Preu%C3%9Fische_Grenadier-Bataillone_schlagen_die_Sachsische_Garde.jpg

Anfang 1745 konzentrierten sich die Österreicher wieder auf die Unterwerfung Bayerns, bevor sie mit ihren sächsischen Verbündeten erneut Preußen angriffen. Friedrich wartete mit einer verstärkten Armee in Schlesien auf sie. Die erste große Begegnung fand im Juni in der Schlacht von Hohenfriedberg statt. Beide Heere waren ungefähr gleich groß, etwa sechzigtausend Mann, aber die Ausbildung der Preußen und Friedrichs Führung gaben den Ausschlag zu seinen Gunsten. Das österreichisch-sächsische Heer floh, und Friedrich nahm die Verfolgung auf. In den nächsten zwei Monaten kam es jedoch zu keinen größeren Schlachten, da er versuchte, einen weiteren Frieden zu schließen, der die preußische Kontrolle über Schlesien bestätigen sollte. Maria Theresia war jedoch noch nicht dazu bereit, aufzugeben, auch wenn sie die Unterstützung der Briten aufgrund deren eigener interner Probleme zu dieser Zeit verlor. Ende September beschloss die österreichisch-sächsische Armee, die Verfolger herauszufordern. Zu diesem Zeitpunkt verfügte die preußische Armee über weniger als fünfundzwanzigtausend Mann, was sie als perfekte Beute für die vierzigtausend österreichisch-sächsischen Truppen erscheinen ließ. Letztere versuchten sogar, ihren Zusammenstoß in der Nähe des Dorfes Soor zu einem Überraschungsangriff zu machen. Trotz all dieser Nachteile gelang es den preußischen Truppen, die Schlacht zu gewinnen. Friedrich hoffte, dass diese Niederlage für die Habsburger ausreichen würde, um einen Frieden zu ersuchen, aber die Entschlossenheit seiner Gegner war ungebrochen.

Während sich die Preußen nach Schlesien zurückzogen, um sich neu zu formieren und sich militärische Verstärkung und einen Nachschub an Materialien zu holen, vereinbarten die Österreicher und Sachsen, den Krieg nach Brandenburg zu tragen. Ihr Ziel war es, Berlin einzunehmen und den Krieg ganz zu beenden. Friedrich erfuhr jedoch von ihren Plänen und stellte in seiner Heimat ein neues Verteidigungsheer auf, während er die Österreicher und Sachsen mit seinem Heer in aller Stille verfolgte. Er wartete, bis sie an der brandenburgischen Grenze angekommen waren, bevor er sie Ende November angriff. Die Schlacht von Hennersdorf war eine weitere vernichtende Niederlage für die Koalitionstruppen. Friedrichs anderes Heer marschierte daraufhin in Sachsen ein, und die beiden preußischen Streitkräfte näherten sich der sächsischen Hauptstadt Dresden. Das zweite preußische Heer traf auf ein kleineres Heer, das zumeist aus sächsischen Soldaten bestand und auf dem Weg dorthin war. Obwohl sie mit fünfunddreißigtausend Österreichern gegenüber zweiunddreißigtausend Preußen zahlenmäßig leicht unterlegen waren, entschlossen sich die Preußen zum Angriff. Wieder einmal führten die preußische Führung und die Qualität der Truppen zu einem vernichtenden Sieg Mitte Dezember 1745 in der Schlacht von Kesselsdorf. Wenige Tage später marschierten die preußischen Truppen in Dresden ein. Dem österreichisch-sächsischen Bündnis blieb keine andere Möglichkeit, als Friedrichs Bedingungen zu akzeptieren.

Unter der Vermittlung durch die Briten wurde am 25. Dezember 1745 der Vertrag von Dresden unterzeichnet und damit der Zweite Schlesische Krieg beendet. Das Endergebnis war eine weitere Bestätigung der preußischen Zugewinne in Schlesien, die Friedrichs ursprüngliches Hauptziel gewesen waren. Die Sachsen mussten außerdem eine beträchtliche Entschädigungssumme zahlen. Im Gegenzug erkannte Preußen den Ehemann Maria Theresias als Kaiser an. Der größere Konflikt, der Österreichische Erbfolgekrieg, dauerte noch fast drei Jahre an und endete erst Ende 1748. In diesem Friedensvertrag wurde erneut bestätigt, dass Schlesien nun zu Preußen gehörte, obwohl es nicht am Krieg beteiligt war und Friedrich nicht einmal zu den Unterzeichnern gehörte. Inzwischen hatte sich Friedrich II. den Beinamen „der Große" erworben, da er die anderen Mächte mit seinen entscheidenden Siegen schockierte. Noch wenige Jahre zuvor war es unvorstellbar, dass die drittklassige Macht Brandenburg-Preußen in der Lage sein würde, eine der führenden Weltmächte, die Habsburger, zu schlagen. Dies führte zu einer Neuordnung der Bündnisse, da Preußen zu einer der führenden germanischen

Mächte aufstieg und die Vorherrschaft der Habsburger im Heiligen Römischen Reich direkt herausforderte.

Die bemerkenswerteste Veränderung dabei war, dass Maria Theresia beschloss, sich gegen die habsburgischen Traditionen zu stellen und sich eher mit Frankreich als mit Großbritannien zu verbünden. Dies löste die so genannte diplomatische Revolution aus, da die Hauptachse der Bündnisse auf die lang anhaltenden Feindseligkeiten zwischen den Habsburgern und den französischen Bourbonen ausgerichtet wurde. Diese Änderung erfolgte zum Teil deswegen, weil Österreich erkannte, dass sich seine Interessen und seine geopolitische Lage von denen Großbritanniens stark unterschieden. Sie richtete sich aber auch teilweise gegen Preußen. Die Rückgewinnung Schlesiens wurde zu einem der Hauptziele der Habsburger, nicht nur wegen dessen wirtschaftlicher Bedeutung, sondern auch wegen des Prestigeverlusts, der ihre Interessen neben dem Verlust des Besitzes weiter schädigte. Während sich die Allianzen langsam verschoben, begannen die Franzosen und die Briten um ihre Kolonialbesitzungen in Nordamerika zu streiten. Großbritannien rechnete mit einem Krieg und schloss einen Vertrag mit Russland, um Preußen anzugreifen und Friedrich als französischen Verbündeten daran zu hindern, hannoversche Gebiete auf dem Kontinent zu übernehmen. Dies beunruhigte den König in Preußen, der sofort versuchte, mit den Briten zu verhandeln. So wurde Brandenburg-Preußen Anfang 1756 ein britischer Verbündeter und verpflichtete sich, die Ländereien von König Georg II. in Hannover zu schützen.

Es war eine überstürzte Aktion, die vor allem auf Friedrichs große Angst vor einer russischen Invasion zurückzuführen war. Er verkalkulierte sich mit seinem Schritt so sehr, dass er den rachsüchtigen Habsburgern direkt in die Hände spielte. Die Franzosen sahen darin einen Verrat an ihrem fortbestehenden Bündnis, während die Russen über die Behandlung verärgert waren. Beide waren bereit, sich mit Österreich gegen Preußen zu verbünden. Am Horizont braute sich ein Sturm zusammen, und Friedrich II. war sich dessen bewusst. Mitte 1756 versuchte er, Garantien dafür zu erhalten, dass die sich versammelnden russischen und österreichischen Armeen gegen Preußen gerichtet waren, aber er erhielt keine. Er erkannte nun, dass eine Invasion unmittelbar bevorstand, die höchstwahrscheinlich im Frühjahr 1757 stattfinden würde. Er beschloss, nicht länger zu warten. Im August 1756 marschierte Preußen in Sachsen ein und löste damit den Dritten Schlesischen Krieg aus, der wiederum Teil eines umfassenderen Konflikts war, der als Siebenjähriger Krieg bekannt wurde. Dies gab der österreichisch-russischen Koalition einen diplomatischen Vorwand für einen Angriff. Zu ihnen gesellten sich Sachsen, dessen Teilnahme zu diesem Zeitpunkt noch nicht formalisiert war, aber erwartet wurde, sowie Schweden, das von der Rückeroberung Pommerns träumte. Auf der anderen Seite entschied sich nur Portugal dazu, sich auf die Seite Großbritanniens und Preußens zu stellen, während die anderen weniger mächtigen germanischen Staaten je nach ihren Interessen und Positionen zwei entgegengesetzte Blöcke bildeten.

Als der Krieg begann, kämpfte Preußen ums Überleben. Sollten sich die Pläne der österreichisch-russischen Koalition bewahrheiten, würde den Hohenzollern nur ihr Besitz in Brandenburg bleiben. Wenn man sich die gegnerischen Streitkräfte ansieht, scheint es, als hätte Friedrich kaum eine Chance zu gewinnen. Anders als in den beiden vorangegangenen Schlesischen Kriegen gab es in diesem Krieg keine Reihe preußischer Siege. Stattdessen wurde von den sechzehn großen Schlachten nur die Hälfte von Friedrich gewonnen. Jeder Sieg reichte jedoch aus, um Preußen über Wasser zu halten. Das spielte ihm in die Hände, denn abgesehen von Maria Theresia waren die anderen Feinde nicht sehr verärgert über Friedrich II und weniger zum verlustreichen Kampf motiviert. So blieb Frankreich hauptsächlich mit seinem atlantischen Kampf gegen Großbritannien beschäftigt. Seine Kompetenzen wurden erneut auf die Probe gestellt, als eine preußische Streitmacht von zwanzigtausend Mann einer doppelt so großen französisch-österreichischen Streitmacht in der Schlacht von Rossbach im November 1757 eine vernichtende Niederlage zufügte. Dies war zwar die einzige direkte Konfrontation zwischen französischen und preußischen Truppen, aber sie reichte dazu aus, dass Preußen beschloss, ab März 1758 nur noch ein finanzieller Verbündeter der Koalition zu sein. Etwa zur gleichen Zeit leistete Großbritannien seinem Verbündeten umfangreiche Wirtschaftshilfe und unterstützte damit Friedrichs Kriegsanstrengungen.

Eine moderne Darstellung der Schlacht von Rossbach.
Quelle: https://commons.wikimedia.org/wiki/File:Schlacht_bei_Ro%C3%9Fbach.jpg

Diese ungleiche Schlachtbilanz von Friedrichs Armeen bewies auch, dass er kein unschlagbares militärisches Genie war. Obwohl er über einen scharfen taktischen Verstand verfügte, hatte er auch seine Schwächen. In der Schlacht von Kunersdorf im August 1759 beispielsweise zeigte sich, dass Friedrich den Ablauf der Schlacht nicht richtig verstanden hatte. Er verlor mehr als ein Drittel seiner Armee in einer entscheidenden Niederlage gegen die österreichisch-russischen Truppen. Darüber hinaus erwiesen sich einige Siege als zu kostspielig, als dass sie tatsächliche Vorteile gebracht hätten. Dies zeigt sich in der Schlacht von Torgau im November 1760, in der etwa fünfzigtausend Preußen eine ebenso große österreichische Armee besiegten, wobei beide Seiten etwa fünfzehntausend Mann verloren. In strategischer Hinsicht war dies ein Pyrrhussieg, da Preußen wenig davon profitierte. Es zeigte sich jedoch trotzdem, dass Friedrich dazu in der Lage war, zu gewinnen, wenn es nötig war, und dass er eine erstaunliche Fähigkeit besaß, sich von Niederlagen zu erholen und seinen Feinden entscheidende Schläge zu versetzen. Dies lag zum Teil an seinen militärischen Fähigkeiten, die vor allem darauf zurückzuführen waren, dass er in Krisenzeiten einen kühlen Kopf bewahrte, aber auch daran, dass das preußische Militär auf dem Schlachtfeld in der Regel die besser ausgebildete Truppe war.

Letztendlich schien die Zeit zu Friedrichs Gunsten zu arbeiten, auch wenn es zu diesem Zeitpunkt vielleicht nicht so aussah. Als sich der Krieg in die Länge zog und alle Nationen an Erschöpfung litten, begannen Österreichs Verbündete zu schwächeln. Zuerst zog sich Russland Anfang 1762 nach einem Thronwechsel aus dem Krieg zurück. Bald darauf folgte Schweden, das keine Kraft mehr hatte, die Preußen allein zu bekämpfen, und ohnehin zu weit von den Habsburgern entfernt war. Im Dezember desselben Jahres begannen die Vertreter Sachsens, Österreichs und Preußens mit ihren eigenen Verhandlungen. Diese wurden erst beschleunigt, als Frankreich und Großbritannien ihren eigenen Friedensvertrag unterzeichneten und Sachsen, Österreich und Preußen am 15. Februar 1763 auf Schloss Hubertusburg ihren Friedensvertrag schlossen. Darin wurde der *Status quo ante bellum* bekräftigt, der immer das einzige wirkliche Ziel Friedrichs gewesen war. Außerdem verzichtete Österreich öffentlich auf seinen Anspruch auf Schlesien, und im Gegenzug verpflichtete sich Friedrich, bei den kommenden Kaiserwahlen für den Sohn Maria Theresias zu stimmen.

Der Dritte Schlesische Krieg wird gewöhnlich als ein preußischer Sieg dargestellt. Und in den meisten Fällen war er das auch, denn Friedrich konnte seine früheren Errungenschaften halten und eine mächtige Koalition zurückdrängen, die seinen Staat zerstückeln wollte. Allerdings war es ein kostspieliger Sieg. Vereinfacht ausgedrückt, leerte er die preußische Staatskasse fast völlig. Noch kostspieliger war der Konflikt in Bezug auf den Verlust von Menschenleben. In allen großen Schlachten gab es Tausende von Gefallenen, und viele weitere starben an Hunger, Krankheiten oder erlagen unterwegs ihren Wunden. Groben Schätzungen zufolge verloren etwa 180.000 preußische Soldaten ihr Leben im Kampf. Noch schlimmer war, dass die meisten preußischen Gebiete während des Krieges von feindlichen Truppen besetzt wurden. Die Besatzung war zwar für die Menschen nicht so traumatisch wie die während des Dreißigjährigen Krieges, da die meisten Truppen nun disziplinierter waren und von ihren Staaten versorgt wurden, aber die lokale Bevölkerung litt dennoch. Die eindringenden Armeen erpressten Geld und Vorräte, und es gab auch Fälle von Kriegsgräueln wie Plünderungen, Mord und Vergewaltigung. Diese wurden meist von den irregulären „leichten Truppen" verübt, die sich aus Freiwilligen zusammensetzten und halbautonome Hilfstruppen der Hauptarmee waren.

Als wäre die direkte Gewalt nicht schon genug, litten die besetzten Länder auch noch unter Nahrungsmittelknappheit und, was noch schlimmer war, unter verschiedenen Epidemien, die die Armeen mitbrachten. Diese Krankheiten waren wahrscheinlich für den Großteil der Todesfälle unter der Zivilbevölkerung verantwortlich. Es ist wichtig zu wissen, dass die preußischen Armeen das gleiche Elend in die von ihnen besetzten feindlichen Länder brachten. Das gehörte im 18. Jahrhundert einfach zum Krieg dazu. Es war meist unvermeidlich, da Armeen auch auf ihrem eigenen Territorium eine Belastung darstellten. Dennoch: Zählt man die zivilen Opfer zusammen, so verlor Brandenburg-Preußen während des Krieges rund 400.000 Menschen. Das sind etwa 10 Prozent der Bevölkerung, ein schwerer Schlag für die

Demographie und damit auch für die Wirtschaft des Landes. Durch den Verlust von Menschenleben und die Zerstörungen und Plünderungen der Angreifer blieben viele Bauernhöfe verwaist, und es entstand ein erheblicher Schaden an Eigentum und Infrastruktur. Auch dies sollte bei der Beurteilung des Erfolgs der preußischen Beteiligung am Dritten Schlesischen Krieg berücksichtigt werden.

Am Ende hatte Preußen nicht nur seine Grenzen bewahrt und Hunderttausende von Menschenleben verloren, sondern auch etwas gewonnen, was seine Herrscher seit langem ersehnt hatten. Seine Stellung als Großmacht wurde von den anderen europäischen Nationen anerkannt, auch wenn es immer noch nicht auf der gleichen Stufe stand wie beispielsweise Frankreich oder Großbritannien. Durch die drei Kriege um Schlesien erlangte Friedrich schließlich genug Anerkennung und Ruhm für sich, den preußischen Staat und die Hohenzollern-Dynastie.

Kapitel 6 – Von Ruhm und Erniedrigung

Trotz des scheinbar überwältigenden Sieges war Friedrich der Große noch nicht dazu bereit, sich auszuruhen und die Früchte seiner Eroberungen zu genießen. Als scharfsinniger Staatsmann war sich der preußische König bewusst, dass Brandenburg-Preußen verwüstet, erholungsbedürftig und vor allem noch nicht sicher war.

Nach 1763 wandte sich Friedrich dem Wiederaufbau und der Wiederbesiedlung seines Landes zu. Wie seine Vorgänger lockte er Einwanderer in die entvölkerten Regionen und versprach ihnen Land zum Leben und Arbeiten. Er finanzierte auch den Bau eines Kanalsystems, das sumpfiges Land entwässerte, das zuvor für die Landwirtschaft nicht zur Verfügung stand. Diese Kanäle wiederum erleichterten die Integration der Märkte und die Versorgung der Schifffahrt. Während seiner Regierungszeit wurden in Preußen die Kartoffel und die Rübe als neue Kulturpflanzen eingeführt, die besser zur Bekämpfung von Hungersnöten geeignet waren. Zu diesem Zweck reorganisierte Friedrich auch das System der staatlichen Getreidemagazine und begann, die Einfuhr von Grundnahrungsmitteln aktiv über die Getreidesteuer zu beeinflussen. Mit Letzterem setzte er 1766 zunächst die Besteuerung sämtlicher Getreidearten aus, was billigere Importe aus Polen ermöglichte. Als sich die Lage dann besserte, führte er die Verbrauchssteuer auf Weizen ein, der zu dieser Zeit von den besser gestellten Schichten verwendet wurde. Auf diese Weise wurden diejenigen besteuert, die genug Geld hatten, um sie zu zahlen. Die Getreidelager nutzte Friedrich hauptsächlich, um in Zeiten der Hungersnot die eingelagerten Getreidevorräte freizugeben, was besonders in den Jahren 1771 und 1772 wichtig war, als es europaweit zu einer Knappheit kam.

Ein Portrait von Friedrich II aus den 1780er Jahren.
Quelle: https://commons.wikimedia.org/wiki/File:Friedrich_Zweite_Alt.jpg

Dies zeigt, dass Friedrich nach dem Krieg den sozialen Belangen mindestens genauso viel Aufmerksamkeit schenkte wie dem Militär, denn die Hauptaufgabe des Lagersystems bestand darin, Vorräte für die Armee zu lagern. In ähnlicher Weise zeigte der König auch eine erstaunliche Fürsorge für seine Veteranen. Er richtete eine Einrichtung zur Pflege von Invaliden ein, gewährte Geldzuschüsse für verarmte Soldaten und stellte denjenigen, die für ihn und den Staat kämpften, Niedriglohnjobs auf den untersten

Ebenen der Regierungsämter zur Verfügung. Auf diese Weise wollte er sich bei denen revanchieren, die alles für ihn riskiert hatten.

Neben der Wohlfahrt setzte Friedrich den Wiederaufbau und die Vergrößerung seiner Armee fort. Er war sich bewusst, dass die Sicherheit aller seiner Errungenschaften von der Stärke der preußischen Armee abhing. In den letzten Jahren seiner Herrschaft verfügte sein Militär über etwa 195.000 Soldaten und war damit offiziell die drittgrößte Armee Europas, obwohl es von der Bevölkerungszahl her nur der dreizehnte Staat war. Dies bedeutete, dass etwa 3,4 Prozent der Preußen im Dienst waren. Dies führte zu der verbreiteten Annahme, dass die preußische Monarchie ein Militär mit einem zugehörigen Staat sei und nicht umgekehrt, wie es eigentlich hätte sein sollen.

Dennoch setzte Friedrich seine Truppen nie wieder in einem ernsthaften Krieg ein. Das einzige Mal, dass sie in die Schlacht ritten, war im Bayerischen Erbfolgekrieg. Dieser entstand, als die Habsburger versuchten, Bayern nach dem Aussterben der Herrscherdynastie zu erobern. Preußen und Sachsen wehrten sich dagegen, und Mitte 1778 eskalierte die Situation zum Krieg. Friedrich führte seine Truppen erneut an und marschierte in das von den Habsburgern gehaltene Böhmen ein. Es kam jedoch zu keiner größeren Schlacht, da sich die beiden Armeen gegenseitig umgingen und größtenteils von Hunger und Krankheiten heimgesucht wurden. Weder Friedrich noch Maria Theresia, die nun gemeinsam mit ihrem Sohn Joseph regierte, wollten, dass es zu einem weiteren blutigen Konflikt kam, und so wurde der Krieg im Mai 1779 mit einem Friedensvertrag beendet. Der Vertrag wurde unter Vermittlung Russlands und Frankreichs geschlossen. Bayern wurde einem Nebenzweig der bisherigen Dynastie überlassen, während Österreich einen kleinen territorialen Ausgleich entlang seiner Grenze zu Bayern erhielt. Im Gegenzug erkannten die Habsburger den preußischen Anspruch auf die

Herzogtümer Ansbach und Bayreuth an, die allerdings erst einige Jahre später erworben werden sollten.

Der Bayerische Erbfolgekrieg bestätigte, dass das Heilige Römische Reich von mehr als einem König beeinflusst wurde. Es war nicht mehr allein die Spielwiese der Habsburger; sie mussten sich die Macht mit den Hohenzollern teilen. Die Krönung der Diplomatie und der Machtstellung Friedrichs war jedoch bereits einige Jahre zuvor erfolgt. In den späten 1760er Jahren führte Russland einen erfolgreichen Krieg gegen die Osmanen. Dies löste in Österreich Besorgnis aus, und es schien, dass sich ein weiterer großer Krieg anbahnte. Die Habsburger waren entschlossen, das vermeintliche Gleichgewicht der Kräfte aufrechtzuerhalten. Eine solche Entwicklung war für Friedrich ungünstig, da er 1764 ein Verbündeter Russlands geworden war. Also wandte er sich der Diplomatie zu, eine Maßnahme, die zeigte, dass Friedrichs politische Fähigkeiten seinen militärischen Fähigkeiten ebenbürtig waren. Er lenkte die Aufmerksamkeit sowohl Österreichs als auch Russlands auf Polen, das zu dieser Zeit offiziell noch die Polnisch-Litauische Gemeinschaft war. Polen befand sich seit geraumer Zeit in einer politischen, militärischen und wirtschaftlichen Abwärtsspirale. Es verlor seinen Status als „Großmacht" und geriet langsam in die Abhängigkeit von anderen Nationen, vor allem von Russland. Aus diesem Grund war es die perfekte Beute.

Friedrich nahm mit Hilfe seines Bruders Heinrich Verhandlungen mit Wien und Sankt Petersburg auf. Er schlug vor, dass die drei Staaten Polen unter Wahrung des Gleichgewichts der Kräfte aufteilen sollten, anstatt einen weiteren Krieg um die Gebiete zu führen, die Russland den Türken abnehmen würde. Die Gespräche dauerten etwa zwei Jahre, von 1770 bis 1772, bis sich die drei Seiten schließlich auf die so genannte Erste Teilung Polens einigten. Doch noch vor ihrem Ende begannen alle drei Seiten mit der Besetzung der von ihnen gewünschten Gebiete. Österreich erhielt den größten Anteil an der Teilung und besetzte die Provinzen Galizien und Lodomerien. Russland erhielt ein etwas größeres Gebiet, das sich größtenteils im heutigen Weißrussland und Lettland befand, allerdings mit einer geringeren Bevölkerungszahl. Preußen profitierte am wenigsten von der Teilung, zumindest was die reinen Zahlen angeht. Seine Gebietsgewinne machten 5 Prozent des Gesamtstaates aus, verglichen mit 12,7 Prozent für Russland und 11,8 Prozent für Österreich. Es gab etwa 600.000 neue Untertanen, verglichen mit 1,3 Millionen in Russland und 2,6 Millionen in Österreich. Es war jedoch der bei weitem wichtigste Zugewinn in strategischer Hinsicht, da es das so genannte Königliche Preußen ohne Danzig (Gdańsk) sowie zwei weitere Grenzbezirke umfasste. Diese Gebiete wurden als Westpreußen bekannt und verbanden schließlich Ostpreußen mit Brandenburg. Darüber hinaus besaß dieses Gebiet aufgrund seiner Häfen und entwickelten Handelsverbindungen einen bedeutenden wirtschaftlichen Wert.

Die Übernahme des königlichen Preußens und die Vereinigung der gesamten preußischen Länder unter der Herrschaft der Hohenzollern ermöglichte einen weniger greifbaren, aber nicht weniger wichtigen Akt. 1772 änderte Friedrich II. seinen Titel von „König in Preußen" in die gebräuchlichere monarchische Bezeichnung „König von Preußen". Dies geschah, weil zu diesem Zeitpunkt weder Polen noch die Habsburger Einspruch erheben konnten. Es versteht sich von selbst, dass Friedrich dies ohne Rücksprache mit dem Kaiser in Wien tat. Er ordnete außerdem auch an, dass dem Königstitel die Titel Herzog von Preußen und Kurfürst von Brandenburg beigefügt wurden. Dies war eine reine Demonstration der Souveränität und Autonomie des neu erstarkten preußischen Staates und seiner Gleichstellung mit anderen europäischen Mächten. Es trug auch dazu bei, den Prozess der „Preußisierung" des Hohenzollernstaates zu beschleunigen. Als sich das 18. Jahrhundert seinem Ende näherte, begannen die Zeitgenossen, die umständliche Bezeichnung „Brandenburg-Preußen" zu vermeiden und stattdessen den Begriff „Preußische Länder" oder einfach „Preußen" zu verwenden, obwohl letztere Bezeichnung erst in den frühen Jahren des 19. Jahrhunderts allgemein geläufig wurde.

Karte von Europa im Jahr 1786, mitsamt der preußischen Eroberungen aus der Regierungszeit Friedrichs.

So begannen die Länder der Hohenzollern während der Herrschaft Friedrichs II. ihren zweigleisigen Charakter abzulegen. Vom Beginn seiner Herrschaft an wäre es historisch korrekt gewesen, seine Ländereien als Preußen zu bezeichnen. Doch all dies war nur eine Frage des Titels und basierte auf politischen Feinheiten. Wichtiger war die Tatsache, dass seine Herrschaft auch zur Einigung des Volkes beitrug. Wie in vielen anderen europäischen Nationen zu dieser Zeit entstand ein Gefühl des Patriotismus, ein Vorläufer des Nationalismus des 19. Jahrhundert. In Preußen konzentrierte er sich weitgehend auf die Treue zum König, insbesondere zu Friedrich dem Großen. Ohne viel Hilfe durch sein persönliches Handeln entstand ein Personenkult, der nach seinem Tod noch zunahm. Dennoch begannen seine Untertanen, durch seine Persönlichkeit eine gemeinsame Identität unter dem Oberbegriff „Preußen" zu schaffen, durch die Menschen aller Klassen und Hintergründe einen verbindenden Faktor teilten. Die Loyalität gegenüber dem König ging dann in die

Loyalität gegenüber dem Staat über, da beide zu jener Zeit gewissermaßen Synonyme waren. Die Liebe und Ergebenheit gegenüber dem Staat wurde durch die Kriege und gemeinsamen Kämpfe nur noch verstärkt und trug dazu bei, das Ideal zu schaffen, für seine Nation sterben zu wollen. Natürlich schuf der Patriotismus, wie alle Gefühle dieser Art, Ressentiments und Abneigung gegenüber anderen Nationen. Im Falle Preußens waren das vor allem die Russen und Franzosen. Eine ähnliche Trennung zwischen „wir und sie" gab es jedoch auch bei anderen germanischen Staaten wie Österreich, Franken oder Bayern.

Was die Innenpolitik anbelangt, so agierte Friedrich II. als aufgeklärter Absolutist, gewissermaßen als eine Art Kombination aus den Ansätzen seines Vaters und seines Großvaters. Er modernisierte die Verwaltung des Staates weiter, wenn auch nicht in demselben Tempo wie unter Friedrich Wilhelm. Die langen Kriegszeiten behinderten solche Entwicklungen, aber nach 1763 gab es einige Maßnahmen in dieser Richtung. Trotz der Verachtung, die Friedrich II. für seinen Vater empfand, ging er schließlich einen Schritt weiter, obwohl er behauptete, der König sei nur der erste Diener des Staates. Während seiner langen Herrschaft drehte sich das gesamte bürokratische System um ihn, und er ließ die Minister und Direktoren dabei weitgehend außer Acht. Alle wichtigen Entscheidungen wurden vom König getroffen, und er arbeitete oft direkt mit den Beamten der Provinzen zusammen, was zu einer gewissen Dezentralisierung führte. Gemäß seiner Vorstellung von „Staatstreue" stellte Friedrich das Wohlergehen des Staates stets über seinen persönlichen Gewinn und setzte sich aktiv für den Schutz und die Entwicklung von Industrie und Wirtschaft ein. Doch Friedrichs Absolutismus nahm erst in seinen späteren Jahren zu, was Voltaire dazu veranlasste, ihn als aufgeklärten Philosophen zu denunzieren.

Dennoch behielt Friedrich einige zentrale Ideen der Aufklärung bei. Am bemerkenswertesten war seine Bereitschaft dazu, in Kunst und Wissenschaft zu investieren und einige der Universitäten, die sein Vater geschlossen hatte, wieder zu eröffnen. Er lud Philosophen, Künstler und andere Intellektuelle ein, nach Preußen zu kommen, in der Hoffnung, das Land kulturell aufwerten zu können. Darüber hinaus errichtete der König zahlreiche öffentliche Gebäude, die mit der Kultur in Verbindung standen, wie die Berliner Oper oder die Königliche Bibliothek, die beide noch heute in der deutschen Hauptstadt stehen. Dank Friedrichs religiöser Skepsis förderte er auch die religiöse Toleranz in einem weitaus größeren Maße als in den umliegenden Staaten. Allerdings bewahrte er sich ein gewisses Maß an Vorurteilen, insbesondere gegenüber den Juden, was jedoch nie zu Verfolgungen führte. Vielmehr arbeitete er hart daran, sie in die entstehende preußische Gesellschaft zu integrieren. Friedrich entwickelte die Ideen der Aufklärung weiter und gewährte seinen Untertanen ein hohes Maß an Meinungsfreiheit. Er arbeitete auch an einer Reform des Justizsystems, um Folter und Todesurteile abzuschaffen. Dies führte zu einer Neuordnung der Gerichte und Gesetze, und er schuf ein einheitliches Gesetzbuch, das vor allem dem Staat dienen sollte. Das allgemeine Preußische Gesetzbuch wurde jedoch erst 1794, mehrere Jahre nach seinem Tod, fertiggestellt. All diese Fakten bestätigen, dass Friedrich der Große trotz seines Absolutismus einigen Idealen der Aufklärung bis zu seinen letzten Tagen im Jahr 1786 treu blieb.

Der Nachfolger von Friedrichs II., sein Neffe Friedrich Wilhelm II., der Sohn seines jüngeren Bruders, Prinz Augustus Wilhelm (August Wilhelm), welcher im Jahr 1758 starb, übernahm die Führung direkt nach Friedrichs Tod. Der neue König war seinem berühmten Onkel sehr ähnlich. Friedrich Wilhelm war ebenfalls sehr an den Künsten interessiert, spielte Cello und zeigte Anzeichen eines fähigen Intellekts. Allerdings hatte er große Fußstapfen zu füllen, und es fehlte ihm an einer angemessenen Ausbildung in Staatsangelegenheiten. Erschwerend kam für Friedrich Wilhelm II. hinzu, dass Europa angesichts der Französischen Revolution und den anschließenden

Napoleonischen Kriegen in eine seiner turbulentesten Zeiten eintrat. In solch schwierigen Zeiten reichten die durchschnittlichen Fähigkeiten Friedrich Wilhelms einfach nicht aus. Um sich im Vergleich zu Friedrich II. zu beweisen, versuchte der neue König, die Besteuerung und die Belastungen für das Volk zu lockern, wodurch er zwar etwas an Popularität gewann, aber die wirtschaftliche Stabilität des Landes verlor. Darüber hinaus baute er zwar die preußische Armee weiter aus, überließ sie aber nicht mehr persönlich der Obersten Heeresleitung, sondern dem Obersten Kriegskollegium. Dies führte zu einer Verschlechterung der preußischen Militärmacht, da die quantitativen Zuwächse mit einer Verschlechterung der Qualität der Truppen einhergingen.

Ein Portrait von Friedrich Wilhelm II.
Quelle: https://commons.wikimedia.org/wiki/File:Anton_Graff_-_Frederick_William_II_of_Prussia.png

Trotzdem scheint Friedrich Wilhelm versucht zu haben, den Status Preußens als europäische Großmacht zu erhalten. Zunächst intervenierte er 1787 in den Niederlanden und unterstützte die dortige Regierungspartei in einem Bürgerkrieg. Es war ein unauffälliges Abenteuer, das nur Kosten verursachte, aber keine greifbaren Vorteile brachte. Dann richtete sich sein Blick nach Süden zu den Habsburgern, die auf dem Balkan einen neuen Krieg gegen das Osmanische Reich begannen. Da die Türken bereits in einen Konflikt mit den Russen verwickelt waren, befanden sich die Habsburger in einer sehr guten Position, um neue Gebiete zu erwerben und ihre dominante Stellung in der germanischen Welt wiederherzustellen. Friedrich Wilhelm war davon natürlich nicht begeistert, und als 1789 eine Kette von Aufständen in der Habsburgermonarchie ausbrach, ermutigten die Preußen die Aufständischen und nahmen sogar Gespräche über deren Unterstützung auf. Etwa zur gleichen Zeit wurde Frankreich von der ersten Welle seiner Revolution erfasst. Während die meisten europäischen Monarchien die Revolution verurteilten, blieb Preußen neutral und unterstützte sie sogar ein wenig. Dies geschah, weil es eine gewisse liberale Unterstützung für die gegen den „Despotismus" in Paris aufbegehrenden Revolutionäre gab, aber vor allem auch, weil sie die habsburgisch-bourbonische Allianz störte. Österreich verlor seinen wichtigsten Verbündeten, wodurch Preußens Position deutlich verbessert wurde.

In diesem Moment begann sich die Außenpolitik Preußens zu ändern. Zunächst wandte sich der österreichische Herrscher an Friedrich Wilhelm. Der habsburgische Kaiser fürchtete die Möglichkeit eines von Preußen unterstützten Aufstands in Ungarn und schlug vor, eine gemeinsame Verhandlungsbasis zu finden. Nach langen Verhandlungen einigten sich beide Seiten Mitte 1790 darauf, dass Österreich alle von den Osmanen eroberten Gebiete aufgeben würde, während die Preußen aufhören sollten, Aufstände in den habsburgischen Gebieten zu unterstützen. Dies war der Beginn der österreichisch-preußischen Annäherung, da sich beide Seiten langsam gegen die immer radikaler werdenden französischen Revolutionäre wandten. Mitte 1791 waren die Habsburger und die Hohenzollern Verbündete geworden und kündigten ihre Unterstützung für den bourbonischen König an. Die Verbündeten fuhren fort, die Einzelheiten ihres Vorgehens gegen die Revolutionäre abzustimmen, was von den üblichen politischen Verhandlungen über Gewinne und Territorien begleitet wurde. Doch noch bevor sie sich auf ein Vorgehen einigen konnten, erklärte das revolutionäre Frankreich Anfang 1792 Österreich den Krieg. Im Sommer marschierten die gemeinsamen österreichisch-preußischen Streitkräfte auf Frankreich zu.

Wie bei den vorangegangenen ähnlichen Offensiven hatten die germanischen Truppen Schwierigkeiten, ihre Pläne an der westlichen Peripherie des Heiligen Römischen Reiches zu koordinieren und auszuführen. Ihre Effektivität wurde nur durch den Unmut der örtlichen Franzosen gemindert. Der gemeinsamen Truppe gelang es, die Grenzfestungen Longwy und Verdun unter ihre Kontrolle zu bringen, während sie sich langsam auf Paris zubewegte. Ende September stößt die österreichisch-preußische Invasion bei Valmy auf den ersten echten Widerstand der Revolutionäre. Zwei etwa gleich große Armeen mit jeweils rund 35.000 Mann standen sich gegenüber, was technisch gesehen mit einem taktischen Unentschieden endete. Beide Seiten tauschten Artilleriefeuer aus, bevor sich die germanischen Truppen zurückzogen. Der Grund dafür ist unklar, aber es scheint, dass die Preußen keine Lust dazu hatten, gegen die gut positionierten französischen Verteidiger zu kämpfen. Möglicherweise schonten sie ihre Truppen für die neuen Unruhen, die sich im Osten in Polen zusammenbrauten. Wie auch immer, die Revolutionäre spürten den Wind in den Segeln, als sich die gemeinsame Truppe zurückzog. Nach der Schlacht von Valmy beteiligte sich Preußen nur noch minimal am Krieg gegen Frankreich, obwohl einige seiner Truppen weiterhin daran teilnahmen.

Preußens Hauptinteresse galt nun wieder Polen, wo eine neue Regierung versuchte, Reformen durchzuführen und das Land zu stabilisieren. Die Möglichkeit eines erneuten polnisch-litauischen Commonwealth war sowohl für die Preußen als auch für die

Russen unannehmbar. Da die preußischen Streitkräfte in Frankreich gebunden waren, intervenierte Russland in Polen. Dieses Vorgehen beunruhigte Friedrich Wilhelm II. natürlich, da es die Möglichkeit einer russischen Expansion eröffnete und eine Bedrohung für Preußen darstellte. Zunächst dachte er darüber nach, die Polen zu unterstützen, aber er fand es viel einfacher, mit den Russen eine gemeinsame Basis zu finden. Nach einigen Diskussionen einigten sich die beiden Nationen Anfang 1793 auf eine weitere Teilung Polens. Die Russen nahmen fast die Hälfte der polnischen Gebiete im Osten ein, etwa 97.000 Quadratmeilen (250.000 Quadratkilometer), während der preußischen Krone 22.000 Quadratmeilen (58.000 Quadratkilometer) zugesprochen wurden, weil sie nicht gegen sie vorging. Die Habsburger reagierten nicht, da sie zu sehr mit den Franzosen beschäftigt waren; außerdem war in ihrem Bündnis mit Friedrich Wilhelm die Unterstützung einer weiteren Expansion in Polen vorgesehen. So erhielt Preußen die Städte Danzig (Gdańsk) und Thorn (Toruń), die wichtige Wirtschaftszentren waren. Außerdem war es mehr Land, als der König sich erhofft hatte.

Nur ein Jahr nach der zweiten Teilung Polens rebellierten die Polen gegen die stationierten russischen Truppen und den polnischen Adel, der loyal zu Sankt Petersburg stand. Dabei ließen sie sich teilweise von der Französischen Revolution inspirieren. Diesmal waren die Preußen die Ersten, die handelten, doch ihre Streitkräfte waren zu dünn gesät. Die Russen und Österreicher kamen bald zu Hilfe und ließen den Polen keine Chance. Ende 1794 wurden sie vernichtend geschlagen. Den drei siegreichen Nationen blieb nichts anderes übrig, als sich auf die dritte und letzte Teilung Polens zu einigen. Friedrich Wilhelm war sich bewusst, dass neue Gebiete eine weitere Belastung für die Staatsverwaltung bedeuten würden und dass die preußische Staatskasse und Armee erschöpft waren, und schloss Anfang 1795 einen Friedensvertrag mit den Franzosen. Da sich Preußen als Erste der Monarchien der nach Valmy gegründeten Französischen

Republik beugte, wurde dies als Verrat und Feigheit der ehemaligen Verbündeten gewertet. Nichtsdestotrotz sicherte sich Preußen bis Oktober desselben Jahres durch Verhandlungen mit Russland und Österreich rund 21.000 Quadratmeilen (55.000 Quadratkilometer) polnischer Gebiete um Warschau.

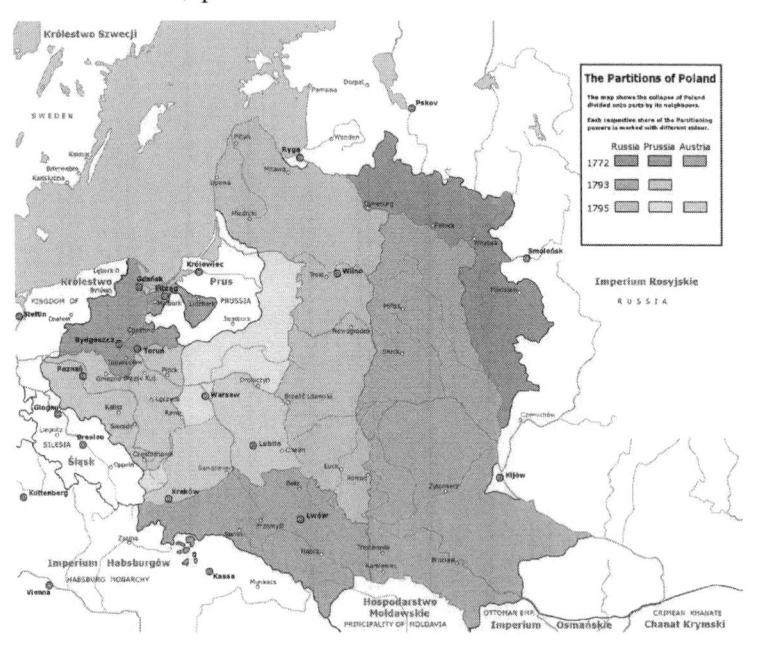

Karte der drei Teilungen Polens, auf der Preußens Landgewinn in Blau gekennzeichnet ist.

Von da an blieb Preußen jedoch isoliert und allein. Friedrich Wilhelm II. schaffte es, sich mit allen europäischen Großmächten zu verbünden und sie dann im Stich zu lassen, was dazu führte, dass seine chaotische Doppeldiplomatie an den meisten Höfen unerwünscht war. Die Österreicher starteten Propagandaangriffe, in denen sie die Preußen als Feiglinge und Bösewichte bezeichneten, und ähnliche Töne klangen auch in den späteren Schilderungen von Historikern nach. Doch wenn man die Realität einmal ernsthaft betrachtet, schien dies für Preußen die beste Vorgehensweise zu sein. Die neuen Länder waren rebellisch, und die preußische Armee und Verwaltung waren überfordert und erschöpft. Ein Kampf gegen Frankreich, das zu dieser Zeit wenig Boshaftigkeit gegenüber Preußen gezeigt hatte, schien störend und unnötig. Der Separatfrieden schuf, zumindest auf dem Papier, auch eine neutrale Zone in den nordgermanischen Ländern und lenkte die Aufmerksamkeit der Franzosen auf Preußens traditionellen Gegner: die Habsburger. Aus dieser Perspektive erschien der Separatfrieden vernünftig, doch seine Folgen zeigten, dass Friedrich Wilhelm nicht so vorausschauend war wie die meisten seiner Vorgänger.

Abgesehen davon, dass Preußen ohne Verbündete und Freunde dastand, signalisierte das Verhalten Preußens gegenüber Frankreich, dass Berlin dem Schicksal des Heiligen Römischen Reiches gleichgültig gegenüberstand, was den letzten Riss im institutionellen Gefüge des Reiches verursachte. In dem Bestreben, den Frieden zu erhalten und seine Macht zu vergrößern, versuchte Friedrich Wilhelm II. andere germanische Fürsten dahingehend zu beeinflussen, diesem Beispiel zu folgen. Bald nahmen auch die Habsburger eine solche Haltung ein, wobei sie mehr auf ihren persönlichen Vorteil als auf das Schicksal des Reiches bedacht waren. Ein zusätzliches Problem für Preußen war, dass es mit der Zerstörung Polens seinen einzigen Pufferstaat gegen die Russen im Osten verlor. Seine Zukunft war untrennbar mit seinem mächtigeren östlichen Nachbarn verbunden. Dennoch schien es für kurze Zeit, dass es Preußen gut gehen könnte. Als einer der am wenigsten beeindruckenden Herrscher der Hohenzollern-Dynastie seit dem 16. Jahrhundert gelang es Friedrich Wilhelm II dennoch, seinen Staat um ein Drittel zu vergrößern und die Zahl seiner Untertanen von 5,5 auf 8,7 Millionen zu erhöhen. Er starb Ende 1797, bevor er die volle Wirkung seiner unklugen Diplomatie erleben konnte.

Friedrich Wilhelm II. wurde von seinem Sohn, dem siebenundzwanzigjährigen Friedrich Wilhelm III. abgelöst. Er war eher introvertiert und schüchtern, etwas melancholisch, aber auch fromm und ehrlich. Wie die meisten seiner Vorgänger aus dem

Hause Hohenzollern hatte er ein gestörtes Verhältnis zu seinem Vater. Friedrich Wilhelm III. fühlte sich von seinem Vater vernachlässigt. Er wurde von Vormündern und Erziehern erzogen und litt deshalb sein ganzes Leben lang unter einem Minderwertigkeitskomplex. Der neue König fühlte sich auch vom Hof seines Vaters angewidert, an dem es Cliquen, Intrigen und Ehebrüche gab. Im Gegensatz dazu war Friedrich Wilhelm III. seiner Frau treu ergeben und arbeitete daran, die Moral am preußischen Hof wiederherzustellen und die Ausgaben zu senken. Allerdings legte er auch ein unnatürliches Misstrauen gegenüber seinen Ministern und Abgeordneten an den Tag. Der junge König wollte die Staatsgeschäfte selbst in die Hand nehmen, doch fehlten ihm die Fähigkeiten seines Großonkels Friedrich II. Aus diesem Grund mangelte es seiner Herrschaft an Konsistenz und Effizienz.

Wie sein Vater war auch der neue König ein durchschnittlicher Herrscher, der in eine der chaotischsten Perioden der europäischen Geschichte hineingeworfen wurde. Zunächst versuchte Friedrich Wilhelm, neutral zu bleiben und sich aus dem Zweiten und Dritten Koalitionskrieg gegen Frankreich herauszuhalten. Dabei war er bereit, innerhalb der Grenzen des zerfallenden Heiligen Römischen Reiches Gebietsabtretungen vorzunehmen, ebenso wie andere Fürsten und sogar das Habsburger Reich. Bei diesen Geschäften gab Friedrich Wilhelm III. etwa 1.000 Quadratmeilen (2.600 Quadratkilometer) und etwa 125.000 Untertanen im Gegenzug für 5.000 Quadratmeilen (13.000 Quadratkilometer) und fast 500.000 Menschen ab. So schrumpfte die Zahl der Gliedstaaten des Reiches, während die Habsburger ihren Kampf gegen die Franzosen fortsetzten, die sich unter Napoleon Bonaparte langsam zu einer Monarchie zurückentwickelten. Diese Tendenz bestätigte sich 1804, als Napoleon zum Kaiser ernannt wurde. Gleichzeitig krönte sich der habsburgische Kaiser zum „Kaiser von Österreich". Nach Beendigung des Dritten Koalitionskriegs wurde das Heilige Römische Reich aufgelöst. An seiner Stelle schuf Napoleon den

Rheinbund, ein Bündnis französischer Klientelstaaten, das sowohl Preußen als auch Österreich ausschloss.

Friedrich Wilhelm III

Quelle: https://commons.wikimedia.org/wiki/File:Friedrich_Wilhelm_III_of_Prussia_-_Lawrence_1814-18.jpg

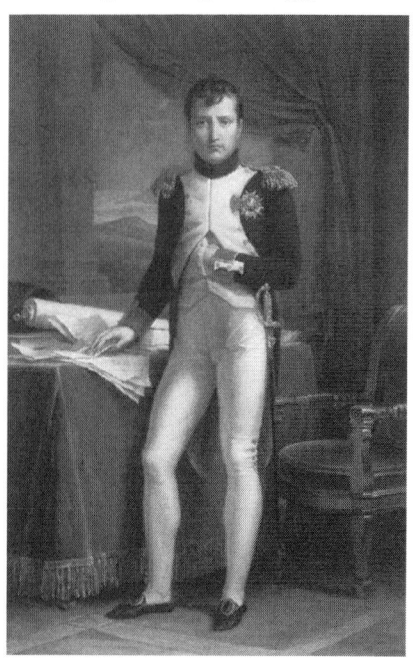

Napoleon Bonaparte

Quelle: https://commons.wikimedia.org/wiki/File:Gerard_-_Napoleon_Ier_en_uniforme_de_colonel.jpg

Dies war das letzte Zeichen dafür, dass Preußen nicht nur durch die Tinte auf dem Papier gesichert sein sollte. In den Jahren bis zur Gründung der Konföderation wurde deutlich, dass Preußen für die Franzosen, insbesondere für Napoleon, lediglich eine zweitrangige Macht war. Die vermeintliche preußische Vorherrschaft über die nordgermanischen Staaten, die aufgrund eines Vertrags von 1795 bestanden hatte, wurde umgangen, da Frankreich tat, was es wollte. Die Besetzung des von den Briten gehaltenen Hannover im Jahr 1803 ist wohl das beste Beispiel dafür. Darüber hinaus wurde nicht nur die nordgermanische Neutralität missachtet, sondern auch die preußische Unbeteiligtheit. Sowohl die russische als auch die französische Armee durchquerten preußisches Territorium, wenn sie es brauchten. Im Jahr 1805 befand sich Friedrich Wilhelm III. in einer prekären Lage. Er musste sich für eine Seite entscheiden, um nicht geschluckt zu werden. Zunächst versuchte er, sich im Dritten Koalitionskrieg mit Russland und Österreich zu verbünden, doch beide Reiche unterlagen Frankreich, bevor er sich anschließen konnte. So musste sich Preußen wieder auf die Seite der Franzosen schlagen und wurde eher zu einem Klientenstaat als zu einem gleichberechtigten Partner.

Als Napoleon anstelle des Heiligen Römischen Reiches eine neue Konföderation schuf, zwang er Friedrich Wilhelm schließlich zum Handeln. Er schloss Preußen aus der germanischen Welt aus und konsolidierte gleichzeitig seine Klientelstaaten und verlieh ihnen höhere Titel. Bei all diesen Maßnahmen wurde keine Rücksicht auf den König von Preußen genommen, d. h. er wurde wie jeder andere germanische Klientelstaat behandelt. Für die Preußen war das alles zu viel, selbst für die Franzosen am Hof, so dass Friedrich Wilhelm ein Bündnis mit Russland und Sachsen anstrebte. Zu dieser Zeit kämpften Schweden und Großbritannien bereits gegen Frankreich und bildeten die Basis der Vierten Koalition, während sich die Österreicher von ihrer vorherigen Niederlage erholten. Die preußische Beteiligung begann mit einem

Ultimatum an Napoleon, sich hinter den Rhein zurückzuziehen oder die Konsequenzen zu tragen. Das Ultimatum wurde am 1. Oktober 1806 gestellt und gab den Franzosen eine Woche Zeit, es zu erfüllen. Dies führte dazu, dass Preußen einen Tag nach Ablauf der Frist den Krieg erklärte, da Napoleon das Ultimatum erwartungsgemäß ablehnte.

Die französische Armee war bereits in den südlichen germanischen Staaten stationiert worden und marschierte daher schneller ein, als die Preußen erwartet hatten. Napoleons Armee durchbrach die anfänglichen preußischen Verteidigungsanlagen an den Grenzen zu Bayern und marschierte auf Berlin zu. Am 14. Oktober 1806 trafen die preußischen Hauptkräfte in einer Doppelschlacht bei Jena-Auerstedt im heutigen Thüringen auf die Franzosen. Bei Jena hatten beide Seiten ungefähr die gleiche Truppenstärke, jeweils etwa fünfzigtausend bis fünfundfünfzigtausend Mann. In Auerstedt stand eine ähnlich große preußische Armee einem doppelt so kleinen französischen Regiment gegenüber. Trotzdem endeten beide Schlachten mit einer vernichtenden preußischen Niederlage. Die preußische Armee verlor etwa vierzigtausend Mann, während viele andere kapitulierten. Die gesamte von den Vorgängern Friedrich Wilhelms im 18. Jahrhundert aufgebaute Streitmacht wurde mit einem Schlag vernichtet. Der königliche Hof floh nach Ostpreußen und in die Sicherheit von Königsberg, während der Rest des Königreichs bis zum Ende des Monats überrannt wurde. Erst dann gelang es den Russen, von Osten her in den Konflikt einzugreifen.

Eine spätere Illustration der preußischen Soldaten beim Rückzug nach der Schlacht bei Jena-Auerstedt.

Quelle: https://commons.wikimedia.org/wiki/File:Doppelschlacht _bei_Jena_und_Auerstadt.jpg

In den folgenden Monaten versuchten Friedrich Wilhelm und Napoleon vergebens, einen Friedensvertrag auszuhandeln. Napoleon schien jedoch wild entschlossen, die Preußen zu demütigen, obwohl er Friedrich dem Großen im besetzten Berlin großen Respekt zollte. Die Preußen hofften die ganze Zeit, dass das kaiserliche Russland der französischen Armee einen vernichtenden Schlag versetzen konnte. Trotz einiger Erfolge verlor der russische Zar schließlich den Kampfeswillen und willigte im Juli 1807 in Friedensverhandlungen ein. Die beiden Kaiser trafen sich in der Nähe von Tilsit (dem heutigen Sovetsk) auf einem Floß in der Mitte des Flusses Niemen, wobei Friedrich Wilhelm als Beobachter am Ufer zurückblieb, was seine Demütigung nur noch vergrößerte. Frankreich und Russland schlossen den Vertrag von Tilsit, und Preußen musste die Bedingungen ohne Verhandlungen akzeptieren. Napoleon halbierte Preußen, sowohl in der Größe als auch in der Bevölkerung. Fast alle Gebiete, die bei der zweiten und dritten Teilung Polens gewonnen worden waren, gingen an einen neuen französisch-polnischen Satellitenstaat verloren. Gleichzeitig wurden alle preußischen Besitzungen westlich der Elbe an die französischen Verbündeten abgetreten. Darüber hinaus musste Preußen eine immense Entschädigung zahlen, die etwa fünfzehn Jahren seiner jährlichen Staatseinnahmen von vor 1806 entsprach. Die preußische Armee wurde auf nur noch zweiundvierzigtausend Mann reduziert. Schließlich musste das verbliebene Preußen rund 150 000 französische Besatzungssoldaten beherbergen und verpflegen.

Mit dem Vertrag von Tilsit wurde Preußen schließlich auf die gleiche Stufe wie alle anderen germanischen Fürstentümer gestellt und war nur noch ein Klientelstaat unter vielen in Europa. Die Hohenzollern-Monarchie hatte sich seit dem Dreißigjährigen Krieg zu Beginn des 17. Jahrhunderts nicht mehr in einer solchen Lage befunden, und diese Zeit sollte im Bewusstsein der Menschen einen ähnlich traumatischen Eindruck hinterlassen.

Kapitel 7 – Erholung durch Reformen

Mit einem einzigen Schlag hatten Napoleon und die Franzosen Preußen mehr oder weniger um beinahe ein Jahrhundert zurückgeworfen, wenn nicht um eine noch längere Zeit. Sein Territorium wurde verkleinert, seine diplomatische Position geschwächt, sein Militär verkrüppelt und seine Wirtschaft gelähmt. Preußen war in seiner Existenz bedroht, denn der französische Kaiser hatte offenbar nur Verachtung für die Preußen übrig. Die Hohenzollernmonarchie wurde verschont, weil Napoleon nicht wusste, was er mit ihr machen sollte, während die Russen sich bei den Friedensverhandlungen für ihr Überleben eingesetzt hatten.

Friedrich Wilhelm III. und dem preußischen Staat standen zwei Wege offen. Entweder sie akzeptierten ihr Schicksal und hofften auf eine bessere Zukunft, oder sie arbeiteten daran, ihre Situation zu verbessern. Der König und vor allem seine engsten Berater entschieden sich für letzteren Weg, was in den folgenden Jahren zu einer Reihe von Reformen führte. Diese Änderungen wurden hauptsächlich von Heinrich Friedrich Karl vom Stein und Karl August von Hardenberg durchgeführt, zwei erfahrenen Staatsmännern, deren Karriere bis in die Zeit Friedrichs des Großen zurückreichte. Ihre Reformen werden oft nur als Antwort auf die preußische Staatskrise nach Tilsit dargestellt; dieses Debakel gab jedoch nur den Anstoß zu Veränderungen, die sich langsam hinter der politischen Bühne zusammenbrauten. Ihre wahren Wurzeln liegen in der preußischen Aufklärung, die von Friedrich II. nach Kräften gefördert wurde. Während seiner langen Regierungszeit setzte sich der große Preußenkönig für Bildung, Debatten, freies Denken und andere Ausdrucksformen der Kultur ein. Er arbeitete hart daran, einige der bemerkenswertesten Denker in den germanischen Ländern und darüber hinaus zu versammeln. Es sollte dabei genügen, zu erwähnen, dass einer der berühmtesten Philosophen aller Zeiten, Immanuel Kant, eine der vielen Persönlichkeiten war, die auf dem fruchtbaren intellektuellen Boden der preußischen Aufklärung gediehen.

Die Aufklärung wurde jedoch während der Regierungszeit Friedrich Wilhelms II. etwas zurückgedrängt. Er sah sich mehr im Einklang mit dem traditionellen Absolutismus als mit der aufgeklärten Form seines Onkels. Dennoch überlebten viele der Ideen und Gedanken, und einige gingen sogar auf seinen Sohn, Friedrich Wilhelm III. über. Seine Rolle bei den Reformen, die von seinen Bürokraten durchgeführt wurden, wird manchmal heruntergespielt, doch tatsächlich war es der Monarch, der ihnen die Position und die Unterstützung gab, die sie brauchten, um diese dringend benötigten Änderungen durchzusetzen. Dies war von entscheidender Bedeutung, zumal die meisten Adligen gegen jede Änderung des bestehenden Systems zu sein schienen. Noch wichtiger war es dabei, dass der König selbst mit Reformideen liebäugelte und vor der Niederlage eine Umgestaltung des Strafvollzugssystems und der Staatsfinanzen in Erwägung zog. Er machte einen Rückzieher, zum Teil, weil er bei seinen Beamten auf erbitterten Widerstand stieß, vor allem aber, weil er sie als nicht ausreichend vorteilhaft bewertete. Sein mangelndes Selbstvertrauen war darauf zurückzuführen, dass sein Vater ihn nicht auf die Rolle des Monarchen vorbereitet hatte, obwohl der König selbst auch mit seiner eher zurückhaltenden Persönlichkeit zu kämpfen hatte. Dennoch führte diese vernichtende Niederlage zu einem Stimmungsumschwung am Hof, und Preußen bot erneut einen fruchtbaren Boden für Reformen.

Bevor wir uns mit den Einzelheiten der preußischen Reformen befassen, müssen wir betonen, dass sie zunächst unter Steins Anleitung begannen. Er war der Kanzler des Königs, doch Ende 1808 wurde er Napoleon ein Dorn im Auge, als französische Spione Steins Brief abfingen, der voller antifranzösischer Äußerungen war. Er setzte Friedrich Wilhelm unter Druck und bat ihn darum, Stein zu entlassen. Eine Zeit lang widersetzte sich der preußische König. Doch 1809 floh Stein ins Exil, und seine Arbeit wurde von Hardenberg fortgesetzt, mit dem Stein während dessen Amtszeit eng zusammengearbeitet hatte. Hardenberg führte Steins Ideen in den folgenden Jahren nicht nur weiter, sondern baute sie auch aus, wenn auch nicht immer zu Steins Zufriedenheit. Es ist erwähnenswert, dass diese Reformen nicht allein das Ergebnis von Steins und Hardenbergs Bemühungen waren. Sie arbeiteten mit einer Reihe von Gelehrten, Ökonomen und Staatsmännern zusammen, um all das zu erreichen, was sie planten und erreichen wollten. Zu diesen Männern gehörten Heinrich Theodor von Schön, Wilhelm von Humboldt und Carl von Clausewitz, um nur einige zu nennen. In Wirklichkeit wurden die Veränderungen durch die Zusammenarbeit einer Gruppe von Gleichgesinnten im Dienste und mit Unterstützung des Königs herbeigeführt.

Stein

*Quelle: https://commons.wikimedia.org/wiki/File:Portr%C3%A4t_des_Freiherrn
_Karl_vom_und_zum_Stein_als_preu%C3%9Fischer_Minister.jpg*

Hardenberg.

Quelle: https://commons.wikimedia.org/wiki/File:F%C3%BCrst_Hardenberg.jpg

Die erste Aufgabe der Reformer war die Vereinfachung der Verwaltung. Bis zu diesem Zeitpunkt war die staatliche Bürokratie in der alten Doppelstruktur mit sich überschneidenden Zuständigkeiten zwischen der zentralen und der lokalen Verwaltung verhaftet. Die erste Aufgabe bestand darin, das alte Generaldirektorium durch das Staatsministerium zu ersetzen. Das Direktorium bestand aus fünf Ministern, deren Befugnisse nicht mehr mit bestimmten Aufgaben und Gebieten verbunden waren; stattdessen wurde den Ministern ein einziger Regierungsbereich zugewiesen. So gab es ein Innen-, Außen-, Finanz-, Kriegs- und Justizministerium. Der ursprüngliche kollegiale Charakter des *Staatsministeriums* wurde mit der Einführung des *Staatskanzlers* im Jahr 1810 geändert, ein Amt, das zunächst an Hardenberg vergeben wurde. Auf lokaler Ebene schuf Preußen schließlich ein integriertes Provinzialsystem, welches die letzten Spuren der historischen herzoglichen Verwaltung beseitigte. Jede Provinz verfügte über eine eigene lokale Regierungsbehörde mit einer der Zentralverwaltung ähnlichen Ministerialabteilung und einem *Oberpräsidenten*, der dem Staatsministerium direkt unterstellt war und es formal vertrat. Die Provinzen wurden verwaltungstechnisch in Bezirke und Gemeinden unterteilt und erhielten zudem lokal gewählte Landtage, um den Gedanken der Selbstverwaltung zu stärken.

Eine solche regionale Autonomie schien eines der Hauptziele der Reformer zu sein, denn auch Stein hatte die Städte in ähnlicher Weise reorganisiert. Er unterstellte alle Städte der gleichen Verwaltungsbürokratie mit gleichen Rechten und Pflichten. Anschließend gab er die Regierungsrechte von der zentralen an die lokale Verwaltung zurück und zwang gleichzeitig auch die Bürger zur Beteiligung an der Verwaltung. 1810 versuchten die Reformer außerdem, die Idee der Selbstverwaltung auf die staatliche Ebene zu übertragen, als Hardenberg den *Staatsrat* gründete, der gewissermaßen der Vorläufer der Nationalversammlung war. Er sollte den Staat vor einem Rückfall in den Absolutismus bewahren, da der Staatsrat ein Mitspracherecht bei Gesetzen und Verwaltungsverfahren haben sollte. Dieser Rat konnte sich jedoch nie wirklich durchsetzen, und Preußen blieb bis 1848 ohne Parlament.

Friedrich Wilhelm war nicht nur ein passiver Zuschauer, wenn es um die Bürokratisierung des Staates ging. Irgendwann wollte Stein die Autorität der Krone einschränken, indem er einen königlichen Erlass nur dann für gültig erklärte, wenn er zuvor von allen fünf Ministern unterschrieben worden war. Natürlich weigerte sich der König, und Stein verlor für kurze Zeit Friedrich Wilhelms Gunst. Unabhängig davon befreite das neue System den Staat trotzdem vom Absolutismus und seiner Abhängigkeit von den Fähigkeiten einer einzelnen Person und machte das Regieren im gesamten Land viel effizienter.

Die zweite Aufgabe, die sich die Reformer stellten, war die der Rationalisierung der Wirtschaft, genauer gesagt der Staatseinnahmen. Dies war in gewisser Weise das Hauptziel der Reformer, denn die Entschädigungszahlungen an Frankreich waren das Einzige, was Preußen tun konnte, um sich am Leben zu erhalten und gegen weitere Konflikte zu schützen. So arbeitete Hardenberg an der Vereinheitlichung der Steuern und ersetzte eine Vielzahl lokaler und kleinerer Steuern durch eine landesweit einheitliche Besteuerung. Außerdem wurden die Verbrauchssteuern über die Städte hinaus ausgeweitet, allerdings auf eine geringere Anzahl von Produkten wie beispielsweise Luxusgüter, Alkohol und Tabak. Die Besteuerung des Handels und der Industrie wurde ebenfalls neu organisiert, wobei die Gewerbesteuer schrittweise ausgeweitet wurde. Es wurden auch neue Steuern auf Einkommen und Vermögen eingeführt, die jedoch nur wenig erfolgreich waren, da der Adel einen Weg fand, die Vermögenssteuern zu umgehen, was zu einer Klassensteuer führte, einer Zwischenstufe zwischen der Kopfsteuer und der Einkommenssteuer. Neben der Besteuerung wurden auch die Zölle reformiert. Dieser Prozess wurde jedoch erst nach dem Sieg über Napoleon abgeschlossen. Die Binnenzölle wurden aufgehoben, ebenso wie die von Friedrich II. erlassenen Ausfuhrverbote. Die Einfuhrzölle auf Produkte wurden erhöht, die mit der lokalen Industrie konkurrierten, deren Hersteller aber wirtschaftlich noch zu schwach waren, um sich selbst zu versorgen. Außerdem wurden Transportzölle eingeführt, die zusätzliche Staatseinnahmen brachten.

Insgesamt versuchten die Reformer, die Wirtschaft durch eine progressivere Besteuerung anzukurbeln, mit der Absicht, dem Adel und den Reichen den Großteil der Last aufzubürden. Diese Pläne scheiterten, vor allem an der Idee der gleichen Besteuerung aller Bürger, gegen die der Adel protestierte. In dieser Hinsicht befanden sich die Reformer in einem Kampf mit der schwindenden Schicht der Aristokratie. Das größte Problem für den Adel war jedoch die Abschaffung der Leibeigenschaft, die mit dem Oktoberedikt von 1807 vollzogen wurde, gefolgt von mehreren weiteren Verordnungen und Edikten zur weiteren Klärung und Regelung dieser Angelegenheiten. Dazu gehörten die Probleme der Fronarbeit, die zunächst bestehen blieb, sowie die Fragen des Landbesitzes und der Entschädigung. Doch der Adel wandte sich schnell ab und akzeptierte das neue System, da er erkannte, dass er durch die neue Landverteilung mehr gewann, während die Bauern wenig davon hatten. Die meisten Bauern waren nicht dazu in der Lage, für ihr Land zu bezahlen, so dass es an den Adel zurückfiel, der die Bauern als billige Arbeitskräfte anstellte. Letztendlich gelang es den Agrarreformen nicht, die Gesellschaft gleich zu machen, und in gewissem Maße wurde sogar die Konzentration des Reichtums gefördert.

Edict

den

erleichterten Besitz

und

den freien Gebrauch des Grund-Eigenthums,

so wie die persönlichen Verhältnisse

der

Land-Bewohner

betreffend.

Memel, den 9ten October 1807.

Berlin,
gedruckt bey Georg Decker, Königl. Geheimen Ober-Hofbuchdrucker.

Das Oktoberedikt von 1807
Quelle: https://commons.wikimedia.org/wiki/File:Oktoberedikt.jpg

Humboldt
Quelle: https://commons.wikimedia.org/wiki/File:W.v.Humboldt.jpg

Das wichtigste Nebenprodukt der Abschaffung der Leibeigenschaft war die plötzliche Freiheit der Bauern und Bäuerinnen. Nach 1807 durften sie sich frei bewegen und mit ihrem Leben machen, was sie wollten, ohne an das Land oder ihre Herren gebunden zu sein. Dies ermöglichte einen dringend benötigten Zustrom von Arbeitskräften in die Städte und gab der preußischen Industrie einen deutlichen Boost. Glücklicherweise waren sich die Reformer der Bedeutung der Industrie bewusst. So führten sie eine Politik der Industriefreiheit ein, bei der der Markt bestimmte, wie sich die Industrie entwickeln sollte. Die Zünfte verloren ihre Monopole, und die Mitgliedschaft wurde freiwillig. Jeder konnte einen Industriebetrieb gründen, wo und wie er wollte, solange er eine staatliche Lizenz erwarb. Darüber hinaus wurden die rechtlichen Unterschiede zwischen Stadt und Land in Bezug auf industrielle Unternehmungen aufgehoben. Die Grundprinzipien der Industrie waren nun der freie Wettbewerb und die freie Berufswahl. Die einzige Ausnahme bildete der

Bergbau, der bis in die 1860er Jahre ein staatliches Monopol blieb. Die Liberalisierung der Industrie führte zu ihrem Aufschwung, der wiederum die Grundlage für die wirtschaftliche Wiedergeburt Preußens bildete.

Ein weiterer wichtiger Teil der Reformen war auch die Veränderung der preußischen Gesellschaft. Dies wurde zum Teil durch die Ausweitung des Staatsbürgerschaftsrechts erreicht. Diese Bezeichnung beschränkte sich nicht nur auf die Angehörigen der privilegierten städtischen Schichten, sondern umfasste auch alle Personen, die ein Haus besaßen, in seltenen Fällen auch alleinstehende Frauen. Damit war das Wahlrecht in den Städten breiter gefächert als je zuvor, wenn auch immer noch auf die kommunale Ebene beschränkt. Es folgte die weitere Eingliederung der Juden in die preußische Gesellschaft. Mit dem Emanzipationsedikt von 1812 erhielten sie die gleichen Freiheiten, Rechte und Pflichten wie alle anderen Bürger auch. Allerdings konnten Juden nach wie vor keine militärischen Ränge und hohe Positionen in der staatlichen Verwaltung erreichen. Natürlich war dies zumindest teilweise durch wirtschaftliche Notwendigkeiten bedingt, da Juden zuvor vom Ergreifen von bestimmten Berufen ausgeschlossen worden waren. Dieser Prozess war jedoch eher eine Folge der Aufklärung, in deren Verlauf die jüdische Gesellschaft aus ihrer Isolation heraustrat und mit der preußischen Elite in Kontakt kam. Tatsächlich war Hardenberg häufig zu Gast in jüdischen Häusern und zählte viele von ihnen zu seinen Freunden. Dennoch gelang die vollständige Integration der Juden nicht sofort, denn viele Preußen hielten an ihren falschen Vorstellungen und Vorurteilen gegenüber den Juden fest.

Zu den gesellschaftlichen Veränderungen gehörten auch Bildungsreformen, die vor allem von Humboldt vorangetrieben wurden. Wie bei den anderen Reformen ging es zunächst um die Vereinheitlichung des Bildungswesens. Aus einer Vielzahl von privaten, kirchlichen und städtischen Bildungseinrichtungen wurde ein dreistufiges Schulsystem geformt, beginnend mit der

Volksschule, der *Elementarstufe*, über die *Gymnasien* bis hin zu den *Universitäten*. Ihr Hauptziel war es, die Kinder nicht mehr nur in bestimmten Fächern zu unterrichten, sondern sie zu selbständigen, lernfähigen Menschen zu erziehen. Humboldt eröffnete daraufhin Schulen für Lehrer und trug zur Vereinheitlichung dieses Systems bei, das vollständig unter staatlicher Kontrolle stand. Der Unterricht war obligatorisch, und der Staat gab alle Lehrpläne heraus und erstellte Prüfungen. Darüber hinaus wurde für jede Stelle im öffentlichen Dienst ein bestimmtes Bildungsniveau vorausgesetzt, und die Leistung ersetzte die soziale Herkunft als Hauptqualifikationsmerkmal. Ferner brachten Humboldts Reformen auch humanistische Ideen in die Bildung mit ein, die es den Schulen ermöglichten, sich von der rein utilitaristischen Form der Aufklärung zu lösen. Ihm schwebte auch die Autonomie der Universitäten und der Wissenschaft vor. Der Staat und die Politik sollten sich aus ihren Angelegenheiten heraushalten, damit die Universitäten nach der wissenschaftlichen Methode höhere geistige Ziele verfolgen konnten. So brachte Humboldts Bildungssystem in der Theorie gebildete und gesellschaftlich interessierte Bürger hervor, die zur Selbstverwaltung fähig waren.

Natürlich gab es auch andere Menschen, die der Meinung waren, dass Humboldt in bestimmten Bereichen falschlag. Sein humanistischer Individualismus wurde oft am meisten angegriffen. Viele waren der Meinung, dass die Bildung dazu dienen sollte, die Menschen für die Bedürfnisse des Staates und vor allem der Nation zu formen, insbesondere als eine Form des Widerstands gegen Napoleon. In dieser Hinsicht waren jedoch die militärischen Reformen wichtiger. Wie andere Änderungen wurden auch diese in Zusammenarbeit mehrerer Offiziere durchgeführt, wobei Clausewitz wohl der berühmteste der Gruppe war, obwohl er gleichzeitig auch der Jüngste war. Eine ihrer Hauptbeschwerden war, dass es der preußischen Armee an Motivation fehlte und dass der Patriotismus die Hauptmotivation für die Soldaten sein sollte.

Im Gegenzug sollte der Dienst in der Armee den Soldaten nationalistische Gefühle einflößen, was einen Kreislauf in Gang setzte, da diese Gedanken dann an ihre Söhne und Nachbarn weitergegeben werden würden. Dies wurde durch die Umstrukturierung der Armee noch gefördert, die darauf abzielte, die Soldaten besser zu behandeln, d. h. mehr als Menschen und nicht als bloße Objekte. Die härtesten körperlichen Strafen wurden abgeschafft, und zusätzliche Loyalität wurde auch dadurch geschaffen, dass die Offiziersränge für den Nichtadel geöffnet wurden und Beförderungen stärker auf Verdiensten als auf der Herkunft beruhten.

Abgesehen von der Wiederbelebung der Volksmoral wurde die Armee, ähnlich wie die Regierungsorganisation, grundlegend umstrukturiert, wodurch sie wesentlich straffer wurde. Darüber hinaus wurde das Kriegsministerium als Vorläufer des Generalstabschefs eingerichtet, und die Armee modernisierte sowohl ihre Ausrüstung als auch ihre Ausbildung und schuf mobilere und flexiblere Einheiten. Das bestehende Offizierskorps wurde entschlackt, und die Taktiken wurden modernisiert. Schließlich wurde die allgemeine Wehrpflicht eingeführt, die alle erwachsenen Männer im Bedarfsfall zum Dienst verpflichtete. Damit wurde das alte System ersetzt, das schon während der Regierungszeit Friedrichs II. zu einem Haufen ausländischer Söldner im Dienste der preußischen Krone degradiert worden war. Darüber hinaus wurde 1813 ein System lokaler Milizen eingerichtet, das den ersten Keim der späteren *Landwehr* bildete. Sie sollte ausschließlich der Verteidigung des preußischen Bodens dienen und war nicht Teil der regulären Armee, aber spätere Reformen sollten dies ändern. Die Militärreformer fanden auch einen Weg, neue Soldaten auszubilden und gleichzeitig den Vertrag von Tilsit einzuhalten. Sie ließen sie rotieren, so dass nie mehr als zweiundvierzigtausend Soldaten gleichzeitig aktiv waren.

Insgesamt bereitete sich der gesamte Staat darauf vor, sich gegen Napoleon zu behaupten. Die militärischen Veränderungen zielten darauf ab, die Chancen auf dem Schlachtfeld auszugleichen. Die wirtschaftlichen Reformen stärkten die Heimatfront und verschafften gleichzeitig Zeit durch die Zahlung der finanziellen Entschädigungen. Die neue Verwaltung sorgte für eine bessere Organisation des ganzen Staatssystems. Die Reformen brachten den Preußen ein neues Gefühl der Einheit und des Patriotismus. Trotzdem war Friedrich Wilhelm III. vorsichtig und vermied es, die Franzosen zu provozieren. Während die Reformen noch im Gange waren, wurde mehrfach von Aufständen und dem Wiedereintritt in den Krieg gegen Napoleon gesprochen, doch der König beschloss, nicht zu handeln. Viele an seinem Hof drängten ihn dazu, etwas zu unternehmen, da das demütigende Gefühl, unter dem Stiefel Frankreichs zu stehen, nur noch zunahm. Doch Friedrich Wilhelm war sich bewusst, dass Preußen untergehen könnte, wenn es sich zu früh erhob. So vergingen die Jahre, während der Unmut wuchs. Er gipfelte 1812, als Napoleon Berlin zu einem Militärpakt gegen Russland zwang. Preußen sollte seine Festungen öffnen und die französische Grande Armee (La Grande Armée) auf ihrem Weg nach Osten einquartieren sowie zwölftausend preußische Soldaten in den Dienst der Sache stellen. Einigen, wie Clausewitz, war das zu viel, und eine Reihe von Offizieren lief zum russischen Zaren über, wo sie auf den bereits verbannten Heinrich Friedrich Karl von Stein trafen.

Die Einquartierung von 300.000 Mann der Großen Armee ließ die Erinnerung an den Dreißigjährigen Krieg und die von fremden Armeen verursachten Zerstörungen wieder aufleben. Es zeigte sich auch, dass selbst das neue preußische System nicht in der Lage war, eine solche Masse an Menschen effektiv unterzubringen und zu versorgen. Dennoch stand der preußische König schweigend da. Als die ersten Nachrichten von den französischen Niederlagen bei Moskau Preußen erreichten, flammten rebellische Gefühle auf, doch Friedrich Wilhelm war sich immer noch nicht sicher, ob er handeln sollte. Im Dezember 1812 blieb er untätig, aber seine Untergebenen begannen damit, sich an seiner Stelle zu entscheiden. Zunächst gelang es Clausewitz, den preußischen Teil der Großen Armee davon zu überzeugen, sich der russischen Sache anzuschließen und den Rückzug der Franzosen nicht mehr zu unterstützen. Im Laufe des Januars distanzierte sich die preußische Regierung langsam von Frankreich, und der König floh aus Berlin. Anfang Februar 1813 marschierte Stein in Ostpreußen ein, das sich im Grunde nicht mehr um Berlin scherte und sich auf einen Krieg gegen Napoleon vorbereitete. Die Aufstandsstimmung breitete sich in den übrigen preußischen Ländern aus, und Ende Februar beschloss Friedrich Wilhelm schließlich, sich auf die Seite des russischen Reiches zu stellen. Anfang März erklärte er den Krieg und rief sein Volk zur Unterstützung in diesem Kampf auf.

Das Frühjahr diente auf beiden Seiten vor allem der Vorbereitung, und im Mai kam es zu den ersten größeren Gefechten. Diese endeten mit taktischen Siegen der Franzosen, die jedoch mit einer großen Zahl von Opfern auf beiden Seiten einhergingen und so für beide Seiten sehr kostspielig waren. Im Juni wurde ein kurzer Waffenstillstand vereinbart, der den gegnerischen Seiten eine gewisse Verschnaufpause ermöglichte. Zu diesem Zeitpunkt beschlossen Großbritannien, Schweden und Österreich, der neuen Koalition offiziell beizutreten. Die beiden letztgenannten Länder stellten Armeen zur Verfügung, während Großbritannien dringend benötigte finanzielle Unterstützung leistete. Im August endete der Waffenstillstand, und die Feindseligkeiten wurden wieder aufgenommen. Napoleon gelang es, mehr als 400.000 Mann zu versammeln, aber viele von ihnen waren nicht ausreichend ausgebildet. Ihnen stand eine Koalitionsarmee von etwa 500.000 Soldaten gegenüber, von denen etwa die Hälfte Preußen waren. Die Militärreformen ermöglichten es Preußen, 6 Prozent der Gesamtbevölkerung zu rekrutieren, was bedeutete, dass es trotz seiner misslichen Lage die größte Armee unter den Verbündeten hatte. Es ist außerdem wichtig zu erwähnen, dass diese Aussage nur für den Fall der deutschen Front zutraf, denn die Napoleonischen Kriege wurden in ganz Europa und der Welt ausgetragen. Sobald die Kämpfe wieder aufgenommen wurden, kam es zu Schlachten mit unterschiedlichen Ergebnissen. Mehrere kleinere Siege der Koalition wurden durch einen einzigen großen französischen Sieg zunichte gemacht. Dennoch verlor die Große Armee langsam den Boden unter den Füßen, und Napoleon brauchte einen entscheidenden Triumph.

Es gelang ihm nicht, die verbündete Armee zu trennen, um sie zu besiegen, und er manövrierte sich langsam in eine Sackgasse. Die Franzosen waren nicht mehr dazu in der Lage, sich zurückzuziehen, und Napoleon beschloss, sich auf eine große Schlacht bei Leipzig einzulassen. Die beiden Seiten trafen in der größten Schlacht des Krieges aufeinander. Der Kampf wurde als Völkerschlacht bekannt, an der etwa 600.000 Soldaten aus Frankreich, verschiedenen germanischen Staaten (einschließlich Preußen), Russland, Schweden, Österreich und all seinen ungarischen und balkanischen Gebieten, Polen und Italien teilnahmen. Es war sogar eine einzige britische Brigade anwesend. Auf dem Höhepunkt des Kampfes hatten die Franzosen etwa 225.000 Mann gegenüber 380.000 Soldaten der Koalition und waren somit im Nachteil. Dennoch dauerte die Schlacht vom 16. bis 19. Oktober 1813 an. Sie endete mit einer entscheidenden französischen Niederlage. Napoleon verlor etwa dreiundsiebzigtausend Mann, während die Koalition etwa vierundfünfzigtausend Tote zu beklagen hatte, darunter sechzehntausend Preußen. Am Ende war die Große Armee gezwungen, sich nach Frankreich zurückzuziehen, während die meisten der germanischen Verbündeten Napoleons ihn im Stich ließen. Seine Armeen und Unterstützer an anderen Fronten verloren ebenfalls, doch er lehnte den großzügigen Friedensvertrag ab, den ihm die Verbündeten, vor allem die Österreicher, angeboten hatten. Diese Oppositionsmächte wollten ein starkes Frankreich als Gegengewicht zu Russland erhalten.

Ein Gemälde von der Schlacht von Leipzig.

Quelle: https://commons.wikimedia.org/wiki/File:MoshkovVI_SrazhLeypcigomGRM.jpg

Ende 1813 und Anfang 1814 waren die Koalitionsstreitkräfte in Frankreich eingedrungen. Napoleon gelang es, einige kleinere Siege zu erringen, aber er verfügte schon lange nicht mehr über eine Armee, die dazu in der Lage war, den zahlenmäßig überlegenen Verbündeten uneingeschränkten Widerstand zu leisten. Der Krieg endete im April 1814, als der französische Senat ihn absetzte. Der abgesetzte Kaiser wurde ins Exil geschickt, und die Bourbonen wurden in Paris wieder eingesetzt. Im Herbst 1814 trafen sich die Großmächte, darunter auch das besiegte Frankreich, auf dem Wiener Kongress, um die durch die Kriege entstandenen territorialen und politischen Probleme zu lösen. Im März 1815 gelang es Napoleon jedoch, nach Frankreich zurückzukehren und einige loyale Veteranen um sich zu scharen, um seinen Thron zurückzuerobern. Erstaunlicherweise versammelte er mehr als 250 000 Soldaten, aber er sah sich drei- bis viermal so vielen verbündeten Truppen gegenüber. Am Ende erlitt Napoleon bei Waterloo in Belgien seine endgültige Niederlage. Seine 70 000 Mann standen und rund 170 000 alliierten Soldaten gegenüber. Die 50 000 Preußen, unter der Führung von General Gebhard Leberecht von Blücher, spielten eine entscheidende Rolle, da sie die Briten vor dem Zusammenbruch bewahrten und es dem Herzog von Wellington ermöglichten, die Schlacht zu wenden. Dafür wurde Blücher die Ehrendoktorwürde von Oxford verliehen. Am Ende war Napoleon ein für alle Mal besiegt, und die Preußen hatten ihr Können in der Schlacht bewiesen. So konnten sie ihr militärisches Ansehen langsam wieder aufbauen.

Während sich die letzte Koalition mit Napoleons Wiederaufstiegsversuch befasste, ging der Wiener Kongress weiter. Er versammelte rund zweihundert Diplomaten und Staatsmänner aus allen europäischen Nationen, darunter auch Vertreter des bourbonischen Frankreichs. Die Zukunft Europas wurde jedoch mehr oder weniger von fünf Großmächten entschieden: Großbritannien, Russland, Österreich, Preußen und Frankreich, trotz seiner Niederlage. Für Preußen, das durch Hardenberg und Humboldt vertreten wurde, war dies eine wichtige Anerkennung. Der Wiener Kongress zeigte jedoch, dass die anderen Großmächte Preußen nicht in vollem Umfang als gleichberechtigtes Mitglied ansahen. Seine Vertreter erwarben die Errungenschaften nicht, wie man es ihnen ursprünglich aufgetragen hatte, sondern waren auf Vereinbarungen mit anderen Mächten angewiesen. Ihr Hauptziel war es, Sachsen zu annektieren, aber die Politik der Großmächte mischte sich ein. Preußen erhielt etwa 60 Prozent seines Territoriums zurück. Außerdem erhielt Preußen das Herzogtum Posen in Polen, um die russische Expansion zu blockieren. Der Rest der polnischen Gebiete, die in der zweiten und dritten Teilung Polens gewonnen worden waren, wurde noch vor dem Kongress bereitwillig an Russland abgetreten. Preußen gewann auch seinen westlichen Besitz zurück, während Großbritannien für seine weitere Expansion im Rheinland eintrat, um Frankreich in Zukunft kontrollieren zu können.

Die Probleme der preußischen Diplomatie fielen noch deutlicher auf, als sich die Frage nach der germanischen Zukunft stellte. Preußen plädierte für ein starkes, doppelt zentralisiertes Gebilde unter einer gemeinsamen österreichisch-preußischen Hegemonie, gewissermaßen ein reformiertes Heiliges Römisches Reich mit neuen Macht- und Einflussverhältnissen. Österreich hingegen wollte einen lockeren Zusammenschluss freier Staaten mit einem einzigen zentralisierten Organ, das nichts anderes als eine ständige Versammlung diplomatischer Vertreter war. Am Ende setzte sich der österreichische Plan durch, und der Deutsche Bund wurde gegründet. Er umfasste achtunddreißig germanische Staaten, wobei jedoch nicht alle österreichischen und preußischen Gebiete dazugehörten. Für Letztere blieben Posen sowie West- und Ostpreußen außerhalb der Konföderation bestehen. Dennoch gab es auch in der neu gegründeten Konföderation ein klares Gefühl des Dualismus zwischen Berlin und Wien.

Trotz des Beinahe-Scheiterns der Diplomatie auf dem Wiener Kongress stand Preußen am Ende auf solidem Boden. Es hatte bedeutende Territorien erworben, und die Hohenzollern besaßen zum ersten Mal mehr germanische Gebiete als ihre traditionellen habsburgischen Feinde. Ihre alte Konkurrenz sollte wieder aufflammen.

Kapitel 8 - Expandierende Macht über die germanische Welt

Die Französische Revolution und die anschließenden Napoleonischen Kriege hatten ganz Europa zutiefst erschüttert. Auf dem gesamten Kontinent wurden ganze politische und soziale Systeme umgestürzt. Nach einem recht turbulenten Jahrzehnt fand sich Preußen nach seiner Rückkehr vom Rande der Zerstörung an einer Art Neuanfang wieder.

In geopolitischer Hinsicht scheint Preußens Hauptanliegen die Sicherung seiner Vormachtstellung im Deutschen Bund gewesen zu sein, der im Grunde ein Ersatz für Preußens früher bereits verhasste Einigung des Heiligen Römischen Reiches war. Dies machte Österreich zu seinem politischen Hauptgegner. Seine Minister konzentrierten sich hauptsächlich auf zwei große Fragen: die gemeinsame Sicherheit der germanischen Staaten und die wirtschaftliche Zusammenarbeit. Letzteres geschah durch die Gründung des Deutschen *Zollvereins* im Jahr 1834, dem fast alle germanischen Staaten außer Österreich angehörten. Der gesamte Prozess verlief langsam, und die preußischen Politiker waren anfangs nicht für solche Pläne zu haben. Deren Verwirklichung begann erst 1827, als Preußen einen Zollvertrag mit Hessen abschloss und dann langsam die übrigen Staaten in den Bund lockte, erpresste oder zwang. Es war ein wichtiger Schritt in Richtung Vorherrschaft, der sich jedoch als zu oberflächlich erwies, da so keine wirkliche Loyalität erreicht wurde. Zudem blieb auch der wirtschaftliche Nutzen weitgehend begrenzt.

Eine Karte des Deutschen Bundes, auf der Preußen in Blau markiert ist (das hellere Blau zeigt Territorien außerhalb der Konföderation).

Quelle: https://commons.wikimedia.org/wiki/File:Deutscher_Bund.png ziegelbrenner, CC BY-SA 3.0 <http://creativecommons.org/licenses/by-sa/3.0/>, via Wikimedia Commons

Die Frage der föderalen Sicherheit war im Wesentlichen ein Versuch, eine einheitliche germanische Armee zu schaffen, die alle Staaten verteidigen sollte. Die Preußen versuchten, eine solche Organisation zu schaffen, sowohl 1818, als die Besetzung durch Napoleon noch ein offenes Problem war, als auch 1830, als Frankreich eine weitere Revolution erlebte und ein Zweig der

Bourbonen durch einen anderen ersetzt wurde. In beiden Fällen wurde die ausländische Bedrohung als das geringere Übel angesehen. Die Frage eines gemeinsamen Militärs wurde 1840 erneut aufgeworfen, als eine neue französische Regierung die Wiederherstellung der französischen Grenzen am Rhein forderte. Die Frage wurde friedlich gelöst, da keine der beiden Seiten wirklich einen neuen Krieg riskieren wollte, aber der Deutsche Bund sah sich einer direkteren Bedrohung gegenüber: seiner eigenen militärischen Schwäche. Er reagierte darauf mit der Errichtung einer Reihe von Bundesfestungen, vor allem in Richtung von Frankreich, sowie mit weiteren Schritten zur Integration der verschiedenen germanischen Armeen. Diese Maßnahmen führten jedoch nie zur Gründung einer echten Kampftruppe, da Bürokratie und Diplomatie den Prozess sehr ineffizient und langsam machten.

Letztendlich brachten weder der Zollverein noch die Bundesarmee Preußen der Vorherrschaft in den germanischen Ländern näher. Es war nach wie vor notwendig, anständige Beziehungen zu Österreich zu unterhalten und in bestimmten Punkten sogar mit ihm zu kooperieren, wie zum Beispiel im Falle um die Zustimmung zu einer militärischen Union im Falle eines französischen Angriffs während der Rheinkrise von 1840. Dennoch verschafften solche Aktionen Preußen einigen Respekt, zumal es fast immer fortschrittlicher und liberaler erschien als Österreich. Dennoch blieben die meisten Staaten gegenüber Berlins Ansprüchen misstrauisch. Insbesondere die Regierungen waren sehr skeptisch.

Die nationalistischen Vorstellungen des einfachen Volkes von einem geeinten deutschen Volk begannen sich zu entwickeln, vor allem als Reaktion auf die Besetzung durch Napoleon und die darauf folgenden nationalistischen Anwandlungen Frankreichs. Da Preußen die Hauptlast des Kampfes gegen die Franzosen trug, gewann es auch in solchen Kreisen etwas an Attraktivität. Dies zeigt sich vor allem im Feldzug von 1813, der als „Befreiungskrieg" bekannt wurde, was auf seinen „pangermanischen" Charakter hinweist. Während der Regierungszeit Friedrich Wilhelms III. waren diese Ausbrüche des deutschen Nationalismus jedoch selten, da der Nationalismus selbst noch in den Kinderschuhen steckte und weit von der politischen und ideologischen Triebkraft entfernt war, die er später werden sollte.

Innenpolitisch war Preußen mit einem eigenen Dualismus konfrontiert. Einerseits gab es aufgrund der vermeintlich „gefährlichen" Folgen der Französischen Revolution einen wachsenden konservativen politischen Flügel. Seine Vertreter arbeiteten hart, vor allem gegen jede Art von populistischen Gruppierungen, sowie gegen fortschrittliche Politiker, die Preußen in eine parlamentarische Monarchie umwandeln wollten. Diese Kräfte setzten sich am Ende durch, und viele Progressive verloren ihre Ämter, darunter auch Humboldt. Der liberale Traum von einer Nationalversammlung wurde für eine Weile im Keim erstickt. Darüber hinaus reduzierten die Konservativen die lokalen Landtage eher zu einem beratenden Gremium als zu einer echten politischen Vertretung. Die liberale Vision wurde nicht verwirklicht, was zumindest teilweise auf die internen Streitigkeiten zwischen den Liberalen zurückzuführen war, aber auch darauf, dass Friedrich Wilhelm III. versuchte, die Russen zu besänftigen, die immer noch stark zum Absolutismus neigten. Der preußische König verheiratete sogar eine seiner Töchter mit dem russischen Zaren, wodurch diese Verbindungen eine Zeit lang noch enger wurden.

Unabhängig davon blieb der fortschrittliche Geist erhalten. Dies zeigte sich vor allem im Bildungssystem, das mit einer Schulbildung von etwa 80 % der Kinder weiterhin zu den besten der Welt gehörte. Es brachte weiterhin Bürger hervor, die zumindest lesen konnten, in vielen Fällen aber noch fortgeschrittenere Fähigkeiten besaßen. Dies ging Hand in Hand mit der wachsenden Wirtschaft und der sich beschleunigenden Industrialisierung. Es ermöglichte nicht nur die Ausbildung von mehr Fachkräften, sondern der Staat eröffnete auch technische Institute und importierte das Wissen und die Technologie, die für den Beginn der preußischen industriellen Revolution erforderlich waren. Erleichtert wurde diese Modernisierung durch die Tatsache, dass die rheinischen Gebiete bereits recht städtisch und reich an Kohle waren. Das Ruhrgebiet zeichnete sich durch diese Art von Naturreichtum aus. So wuchs auch die Wirtschaft in Richtung einer fortschrittlichen industriellen Zukunft, aber es ist zu beachten, dass sie noch nicht boomte. Ende der 1830er Jahre brachte die erste Eisenbahn, die Berlin und Potsdam miteinander verband, eine deutliche Verbesserung mit sich. Diese neue Transporttechnologie sollte sich bald auf das gesamte Königreich ausweiten.

Ein weiterer Aspekt der späteren Herrschaft Friedrich Wilhelms III. war die Herstellung einer gewissen bürokratischen und nationalen Einheit. Nach 1815 gewann Preußen verschiedene neue Territorien und musste neue Systeme und Nationalitäten in den Staat einbinden. Dies geschah auf unterschiedliche Weise, aber besonders schwierig war es mit den neuen polnischen Untertanen in Posen. Sie gehörten zu den wenigen nicht-germanischen Nationen innerhalb Preußens, und sie waren sicherlich die größte nicht-deutschsprachige Minderheit. Hinzu kam, dass sie sich nie mit dem Verlust ihrer Heimat abfinden konnten. Bis zu einem gewissen Grad durchliefen sie und andere Minderheiten einen Germanisierungsprozess, aber nie vollständig oder zu aggressiv. Außerdem waren die städtischeren westlichen Provinzen eine Hochburg fortschrittlicher bürgerlicher Ideen, die ein gewisses Gegengewicht zu den konservativeren östlichen Ländern bildeten.

Ein weiteres Ungleichgewicht war in den Gesetzen zu finden. Während der Staat daran arbeitete, das gesamte System wieder anzugleichen, waren die Ergebnisse unterschiedlich. Einige neue Provinzen übernahmen das preußische System vollständig, andere teilweise, und wieder andere erkannten es nur auf dem Papier an.

In dieser Hinsicht war der wohl bemerkenswerteste Unterschied, dass das Emanzipationsedikt nur in den „alten" preußischen Ländern in Kraft blieb und nur Teile Preußens für Juden zugänglich machte. Abgesehen davon versuchte Friedrich Wilhelm III. auch, alle protestantischen Konfessionen in Preußen in der so genannten Union der evangelischen Kirchen miteinander zu vereinen. Sie sollte sowohl die Lutheraner als auch die Calvinisten vereinen, ohne ihre religiösen Praktiken und Überzeugungen zu ändern. Trotzdem verlief die religiöse Vereinigung nicht ganz reibungslos, da sie einige Zwangsmaßnahmen und lokale Spaltungen mit sich brachte.

Schließlich beendete Friedrich Wilhelm III. seine Herrschaft im Juni 1840 friedlich. Seine Herrschaft war von großen Unruhen geprägt, was unser Bild von seinen Fähigkeiten etwas verzerrt, aber es gelang ihm, Preußen über Wasser zu halten. Ungeachtet dessen war es klar, dass mit seiner Herrschaft die Vorstellungen von einem starken und unabhängigen Hohenzollernmonarchen zu Ende gingen. Er war der erste König, dessen Herrschaft stark von seinen Ministern abhing und dessen Macht nicht mehr uneingeschränkt war. Sein Nachfolger wurde sein ältester Sohn, der als König Friedrich Wilhelm IV. bekannt wurde. Der neue König war in verschiedenen Bereichen gut ausgebildet, zeigte aber keine besonderen Talente, außer im Zeichnen. Seit seiner Kindheit schien er eher ein Tagträumer zu sein; so entwickelte er sich zu einem begeisterten Romantiker. Außerdem war Friedrich Wilhelm IV. ein tief religiöser und frommer Mensch. All das machte ihn zu einer Person, die in das romantische Bild des mittelalterlichen Deutschlands verliebt war, was seine Politik während seiner gesamten Regierungszeit bestimmte.

Diese Art von idealisierter Vision von Politik und Monarchie macht es schwer, Friedrich Wilhelm IV. eindeutig einzuordnen. Er schwankte zwischen den Liberalen und den Konservativen, wobei er sich von Thema zu Thema der einen oder anderen Seite zuneigte. Auf der einen Seite setzte er sich für eine liberalere

Politik ein, wie z. B. eine geringere Zensur und Toleranz gegenüber religiösen Schismatikern und den Polen. Der neue König veranlasste auch, dass die lokalen Landtage regelmäßiger zusammentraten und rehabilitierte einige frühere Reformer, die zuvor in Ungnade gefallen waren. Im Gegensatz dazu lehnte er jedoch Ideen wie die einer Verfassung oder einer Nationalversammlung ab und behielt auch eine gewisse konservative Haltung in Bezug auf die Fragen der sozialen Klassen bei.

Dies bedeutet jedoch nicht, dass Friedrich Wilhelm einer der beiden Seiten vollständig zustimmte; vielmehr wollte er eine Art Versöhnung zwischen den beiden politischen Kräften herbeiführen, in der Hoffnung, das Vertrauen der preußischen Untertanen in die Monarchie wiederherzustellen und eine Art mittelalterliche Lehnstreue wiederzubeleben. Einige seiner romantischen Ansichten entsprangen seiner Religiosität, da er das Königtum als göttliches Recht ansah, das ihm eine heilige Einsicht in die Bedürfnisse seiner Untertanen verlieh. Eine solche Politik widersprach den liberalen konstitutionell-parlamentarischen Ideen, aber sie gefiel auch den konservativen Kreisen nicht, da es den Anschein hatte, er wolle den mittelalterlichen Staat wiederherstellen. Für fast alle in der Regierung schien es, als würde er die Realität ignorieren.

Ein Foto von Friedrich Wilhelm IV aus dem Jahre 1847.
*Quelle: https://commons.wikimedia.org/wiki/File:Friedrich_*
Wilhelm_IV_of_Prussia_(1847).jpg

Trotz seines politischen Anachronismus zeigte Friedrich Wilhelm eine beeindruckende wirtschaftliche Fortschrittlichkeit. Seit seiner Jugend verfolgte er die Idee, Preußen von einem Agrar- in einen Industriestaat umzuwandeln, und unterstützte den Import ausländischer Technologien und Expertise. Um diese Entwicklung zu unterstützen, förderten der König und der Staat den Ausbau der Infrastruktur, allen voran das Eisenbahnnetz. Im Gegensatz zu seinem Vorgänger unterstützte Friedrich Wilhelm IV. den Ausbau der Eisenbahn nicht nur nachdrücklich, sondern machte sie auch zu seinem bevorzugten Transportmittel. So nahmen unter seiner Herrschaft die preußische Textilindustrie, der Kohlebergbau und der Maschinenbau Fahrt auf. Diese Industriezweige konzentrierten sich im Ruhrgebiet und in Schlesien, den traditionellen Zentren des verarbeitenden Gewerbes, sowie in der Umgebung von Berlin. Die Industrie- und Wirtschaftsleistung wuchs langsam und wirkte sich insgesamt positiv auf den Wohlstand des Staates aus. Dies führte jedoch gleichzeitig zu neuen sozialen Problemen, da die neue städtische Arbeiterklasse Anzeichen von Unzufriedenheit mit dem politischen System sowie ihren Arbeits- und Lebensbedingungen zeigte. So wurde Preußen immer wieder von kleineren Arbeiterrevolten und Streiks heimgesucht, wobei der berühmteste der schlesische Weberaufstand von 1844 war, bei dem Friedrich Wilhelm IV. zum Ziel eines fehlgeschlagenen Attentats eines verärgerten ehemaligen Beamten wurde.

Ein Gemälde zeigt die Industrie in der Entwicklung, in der Nähe von Berlin.

Quelle: https://commons.wikimedia.org/wiki/File:Maschinenbau-Anstalt_Borsig,_Berlin_Chausseestra%C3%9Fe,_1847,_Karl_Eduard_Biermann.jpg

Die Reaktion des Königs auf diese Frage war wieder einmal etwas paradox. Er spendete persönlich Geld an die Vereine der Arbeiterklasse. Gleichzeitig erließ er jedoch die Allgemeine Preußische Gewerbeordnung von 1845, die Streiks verbot und mit Haftstrafen belegte. Es scheint, dass Friedrich Wilhelm Mitgefühl für seine Untertanen empfand, denn er versuchte nie, ihre Aufstände zu hart zu unterdrücken, sondern wollte verhindern, dass sich die „dritte Klasse" erhob und das soziale Gleichgewicht störte. Er erkannte jedoch nicht, dass das Gleichgewicht bereits gestört war. In den 1840er Jahren kam es zu einer spürbaren Verarmung der unteren Schichten, gefolgt von gelegentlichen Lebensmittelknappheiten. Diese Probleme erwiesen sich als die häufigsten Beweggründe für die Proteste, die vor allem lokal begrenzt blieben. Einige Wissenschaftler versuchten, die Probleme mit der malthusianischen Idee in Verbindung zu bringen, dass die Bevölkerung über das Nahrungsangebot hinauswächst, was jedoch nicht zutraf. Ähnlich wie die Industrie entwickelte sich auch die Landwirtschaft dank neuer Technologien wie Kunstdünger, die die Nahrungsmittelproduktion erheblich steigerten. Dennoch machten diese Fortschritte die Landwirtschaft nicht resistent gegen natürliche und biologische Unglücksfälle, die zu kurzfristigen Engpässen führten. Der offensichtlichere Grund liegt in der hohen Zahl von Menschen, die auf der Suche nach Arbeit in die Städte zogen, was ungelernte Arbeitskräfte recht billig machte.

Abgesehen davon verlor auch der Adel langsam an Boden. Seit den napoleonischen Kriegen verloren die Adeligen über Jahrzehnte langsam ihre Ländereien, ein Trend, der in ganz Europa zu beobachten war. In den 1850er Jahren besaßen sie in bestimmten Gebieten Preußens nur noch etwa 50 Prozent ihrer Ländereien vom Beginn des 19. Jahrhunderts. Damit verlor der Adel langsam seinen materiellen Einfluss zu Gunsten der „Neureichen", der Industriellen und der Kaufleute. Dennoch behielt der Adel einen starken Einfluss auf die Politik, und den beiden Oberschichten gelang es oft, gemeinsame Interessen zu finden. Der letzte Aspekt der sich verändernden sozialen und politischen Szene war die Entwicklung hin zur so genannten „Volkspolitik". Mit der zunehmenden Alphabetisierung der Massen wurden politische Debatten durch Zeitungen und Flugblätter angeheizt. Diese wurden oft mit verschiedenen Karikaturen illustriert, um die Botschaft visuell zu verdeutlichen und leichter verständlich zu machen. Lieder und kleinere Theaterstücke auf Karnevalsveranstaltungen waren ebenfalls beliebte Mittel der politischen Agitation und Meinungsäußerung. Insgesamt war es eine fortschreitende Politisierung der Populärkultur, die die Politik zu einem Teil des täglichen Lebens machte. Noch wichtiger ist jedoch, dass die Politik immer breitere Kreise der Gesellschaft erreichte, d. h. sie war nicht mehr auf die höheren Klassen beschränkt.

Inmitten dieser Veränderungen wollte Friedrich Wilhelm IV. das Eisenbahnnetz ausbauen, um Brandenburg direkt mit den Rheinprovinzen zu verbinden. Dies geschah zum Teil aus wirtschaftlicher Notwendigkeit, aber noch mehr aus dem Bedürfnis nach militärischen Transporten und einer stärkeren politischen Verbindung heraus. Eine solche Investition erforderte jedoch beträchtliche Mittel, so dass sich die Regierung um einen Kredit bemühte. Das einzige Problem bestand darin, dass ein Gesetz aus der Zeit Hardenbergs den Staat daran hinderte, ohne die Zustimmung der Nationalversammlung einen Kredit aufzunehmen. Die Nationalversammlung war im Grunde eine Zusammenlegung aller Landtage zu einem einzigen Gremium, das lediglich die Aufgabe hatte, den Staatskredit zu genehmigen. Oberflächlich betrachtet schien es ein Gesetz zu sein, das den Staat vor einer Schuldenspirale bewahren sollte, aber in Wirklichkeit war es ein künftiges Druckmittel, um den König zu liberalen Reformen zu bewegen. Trotzdem spielte Friedrich Wilhelm die möglichen Komplikationen herunter und berief den Vereinigten Landtag im April 1847 ein. Das Thema wurde sofort kontrovers diskutiert, da die Liberalen darin eine mögliche politische Plattform sahen. Dennoch warnte der König sie in seiner Eröffnungsrede, dass keine irdische Macht ihn dazu zwingen könne, seine göttlich-monarchischen Bande mit seinen Untertanen für ein Blatt Papier, eine Metapher für eine Verfassung, zu lösen.

Zum Unglück für ihn und seine konservativen Anhänger verhallte diese Warnung ungehört. Liberale aller Couleur schlossen sich zusammen und blockierten das Vorhaben. Sie verlangten, dass der Vereinigte Reichstag in ein ordentliches gesetzgebendes Organ umgewandelt wurde. Ihre konservativen Gegner hingegen waren nicht in der Lage, zusammenzuarbeiten, da ihre Politik für die Autonomie der Provinzen eintrat, so dass sie sich nur in der Defensive befanden. Im Juni wurde der Landtag vertagt, ohne das Darlehen zu genehmigen. Es war ein enttäuschendes Ende, aber es signalisierte, dass die sozialen Unruhen zunahmen und dass das preußische Volk der absoluten Monarchie durch die Schaffung einer Verfassung und eines Parlaments endlich ein Ende setzen wollte. Es war ein Pulverfass, das nur darauf wartete zu explodieren. Die Regierung spürte diesen Druck, vor allem der König, der zur Hauptzielscheibe von Karikaturen und politischen Angriffen wurde. Als Reaktion darauf wurde die Zensur etwas verschärft, ebenso wie die polizeiliche Kontrolle und Überwachung. Der Staat griff wieder auf die politische und soziale Unterdrückung zurück.

Der soziale Sturm braute sich zusammen, aber er war nicht nur auf Preußen oder die germanischen Staaten beschränkt. In ganz Europa begannen die Menschen, ihren Unmut über den vorherrschenden Konservativismus zu äußern und forderten eine liberalere und demokratischere Politik. Aufstände, Revolten und Revolutionen breiteten sich über den ganzen Kontinent aus, angefangen mit der Schweiz Ende 1847 und den italienischen Staaten Anfang 1848. Der richtige revolutionäre Eifer setzte sich jedoch erst nach der Februarrevolution 1848 in Frankreich durch. Sie wurde von nationalistischen und republikanischen Idealen getragen, die sich im ohnehin sozial instabilen Preußen und in anderen Staaten des Deutschen Bundes schnell durchsetzten. Der erste große Protest in Berlin begann Anfang März. Es kam zu Zusammenstößen zwischen Demonstranten und der Polizei, bei denen es einige Verletzte gab. Das Gericht war sich nicht sicher, wie es weiter vorgehen sollte. Einige hawkistische Elemente, darunter der jüngere Bruder des Königs, Prinz Wilhelm, wollten den Aufstand durch das Militär niederschlagen lassen. Andere sprachen sich für eine mildere Haltung oder gar einen

Kompromiss aus. Erst nach dem Sturz der konservativen Regierung in Wien beschloss Friedrich Wilhelm, einzulenken und weitere Konfrontationen zu vermeiden. Anstatt die Revolution zu bekämpfen, wollte er sie anführen.

Am 18. März versammelte sich die Öffentlichkeit vor dem Palast Friedrich Wilhelms, wo er versuchte, öffentlich die Einberufung des Vereinigten Landtags und die Ausarbeitung der Verfassung zu verkünden. Die Anwesenheit bewaffneter Truppen löste jedoch Panik unter den Demonstranten aus, und aufgrund dieser Verwirrung kam es zu einem massiven Zusammenstoß zwischen den Demonstranten und den Wachen. Erneut entschied sich Friedrich Wilhelm für eine Deeskalation der Situation. Anstatt die Armee auf die Demonstranten loszulassen, zog er sie aus der Stadt ab und blieb selbst in der Stadt. Dies entsetzte viele, da die Untertanen darin einen Eingriff in die Rechte des Monarchen sahen. Es führte sogar zur kurzzeitigen Verbannung des Prinzen Wilhelm, der seinen Unmut über diesen Akt zum Ausdruck brachte. Dennoch blieb der König standhaft und erlaubte die Bildung einer Nationalversammlung, die mit der Ausarbeitung einer Verfassung beauftragt wurde. Doch sobald die Macht übertragen worden war, zersplitterten die Demonstranten. Es waren verschiedene liberale und demokratische Ideale im Spiel, aber vor allem gab es einen starken radikalen Flügel, der sozusagen zu beinahe marxistischen Ideen tendierte. Ihre Anwesenheit drängte viele in die liberale Mitte und schwächte den revolutionären Geist der Versammlung.

Ein Holzschnitt aus einer Sitzung im Vereinten Haus.

Quelle: https://commons.wikimedia.org/wiki/File:Sing-Akademie-,_Preu%C3%9F.Nationalversamml.jpg

Während der ganzen Zeit verhandelte Friedrich Wilhelm mit den Abgeordneten über die Verfassung, aber es war schwierig, eine gemeinsame Basis zu finden. Ende November rief die Versammlung, die mit der Gesamtentwicklung der Änderungen unzufrieden war, zu einem Steuerstreik auf. Dem König ging dies zu weit, so dass er das Kriegsrecht verhängte und die Demonstranten auseinander trieb. Zu diesem Zeitpunkt war der revolutionäre Eifer weitgehend erloschen, und die Regierung konnte einen leichten und schnellen Sieg erringen. Der Vereinigte Reichstag wurde am 5. Dezember offiziell aufgelöst, aber Friedrich Wilhelm erließ daraufhin seine eigene Verfassung, die einen angenehmen Mittelweg darstellte und die Unterstützung der meisten Liberalen und gemäßigten Konservativen fand. Ein solcher politischer Ansatz entfremdete zudem die radikaleren Elemente auf beiden Seiten des politischen Spektrums, was es Friedrich Wilhelm ermöglichte, mit der Wiederherstellung der sozialen Einheit Preußens zu beginnen.

Die demokratischen und liberalen Ideen waren jedoch nur ein Aspekt der europäischen Revolutionen von 1848. Der andere wichtige Aspekt war der Nationalismus. In den germanischen Staaten stellte er die Frage nach der Vereinigung des deutschen Volkes in einem einzigen Staat. Der wichtigste Vertreter dieser Ideen war die Frankfurter Nationalversammlung, das erste gewählte Parlament des Deutschen Bundes. Ihr Hauptziel war es, zu formulieren, wie und auf welcher Grundlage sich Deutschland zu einem einzigen Staat vereinigen sollte. Die Versammlung nahm ihre Arbeit im Mai 1848 auf, wobei die Hauptfrage lautete, ob und in welchem Umfang Österreich in den neuen Staat aufgenommen werden sollte. Es ging auch um die Frage, ob der Staat einen König haben sollte und ob das Amt gewählt oder vererbt werden sollte. Auch die Idee einer Republik wurde ins Spiel gebracht. Während die anderen germanischen Staaten noch mit ihren eigenen inneren Umwälzungen kämpften, hatte Friedrich Wilhelm IV. die Idee der Einigung bereits akzeptiert, wenn auch nur vorsichtig. Er erklärte, dass Preußen ein Teil Deutschlands werden würde, weil man dort eine Armbinde mit den deutschen Nationalfarben trug: Rot, Schwarz und Gold (oder Gelb). Die Idee, das Deutsche Reich wiederherzustellen, entsprach im Wesentlichen seiner romantischen Geschichtsauffassung, aber der preußische König schien nicht zu glauben, dass dies der „richtige" Weg sei.

Eine Zeichnung von Friedrich Wilhelm IV auf einem Ritt durch Berlin, nachdem er das Ziel des deutschen Einheitsstaates unterstützt hatte.

Quelle: https://commons.wikimedia.org/wiki/File:Friedrich_Wilhelm_IV_1848.jpg

Noch bevor die Frankfurter Nationalversammlung zusammentrat, übernahmen Preußen und Friedrich Wilhelm die Rolle der Beschützer des Deutschen Reiches. Anfang 1848 gerieten sie mit dem Königreich Dänemark über die Zukunft der Provinzen Schleswig und Holstein aneinander. Diese Gebiete wurden in Personalunion vom dänischen König regiert, gehörten aber als eigenständige Gebilde weiterhin zum Deutschen Bund. Unter dem Druck von Erbschaftsfragen und einer Welle des Nationalismus versuchte der dänische König, die beiden Provinzen zu annektieren und in Dänemark zu integrieren. Dieser Schritt empörte die örtliche deutsche Bevölkerung und den Rest des Bundes. Daraufhin entsandte Preußen im April desselben Jahres einen Teil seiner Armee nach Schleswig und Holstein. Die Preußen drängten die dänischen Verteidiger schnell wieder nach Jütland zurück, was vom Deutschen Bund offiziell unterstützt wurde. Die anderen Großmächte reagierten jedoch schnell auf dieses Vorgehen. Vor allem Großbritannien und Russland warnten Friedrich Wilhelm, dass er zu weit gehe, und verlangten einen Rückzug und eine friedliche Schlichtung.

Dadurch geriet Preußen in die Zwickmühle zwischen der Frankfurter Nationalversammlung und der Gefahr einer weitaus größeren Konfrontation. Schließlich lenkte Friedrich Wilhelm ein und unterzeichnete im August 1848 einen Vertrag mit Dänemark. Ein Teil der deutschen Bundesarmee, die sich inzwischen zusammengefunden hatte, setzte jedoch den Kampf fort und behauptete, sie unterstehe der Nationalversammlung und nicht dem preußischen König. Der Separatfrieden wurde als Verrat Friedrich Wilhelms am deutschen Nationalismus gewertet, da er aus eigenem Antrieb gehandelt habe.

Dennoch war die Frankfurter Nationalversammlung dankbar für die Unterstützung der preußischen Truppen bei der Niederschlagung der radikalen Aufstände in Baden. Insgesamt agierte Preußen, wenn auch nicht erfolgreich, als Hüter des Deutschen Bundes. So beschloss die Frankfurter Nationalversammlung schließlich, einen Nationalstaat ohne Österreich zu schaffen, da es einen zu hohen Anteil an der nicht-deutschen Bevölkerung hatte. Im März 1849 unterbreitete man Friedrich Wilhelm ein offizielles Angebot für die Kaiserkrone. Überraschenderweise lehnte er das Angebot ab. Das lag nicht daran, dass er nicht davon träumte, ein deutscher Kaiser zu sein, sondern vielmehr daran, dass die Art und Weise, wie die Versammlung dies anstrebte, in seinen Augen falsch war. Erstens wollte er, dass Österreich weiterhin dazugehört. Zweitens war er der Meinung, dass ein Reichstag nicht das Recht habe, ihm etwas anzubieten; das könne nur die Institution der alten mittelalterlichen Kurfürsten. Friedrich Wilhelm entgegnete, dass die Versammlung ihn bitten könne, Kaiser zu werden, dass sie aber nicht das Recht habe, ihm eine Krone anzubieten.

Diese Ablehnung bedeutete das Ende der Frankfurter Nationalversammlung. Es war eine klare Niederlage für die nationalistischen Einigungsideen, zumindest für eine Weile. Gleichzeitig zeigte sie aber auch, dass Preußen zum einflussreichsten germanischen Staat geworden war. Zum ersten Mal in der Geschichte stellte es Österreich in den Schatten.

Kapitel 9 - Finale Entwicklungen auf dem Weg zum germanischen Reich

Die Ablehnung der Kaiserkrone durch die Nationalversammlung beendete zwar die revolutionären Ideen zur Einigung des deutschen Reiches, war aber nicht der letzte Versuch, dies durchzusetzten. Trotz der scheinbaren Niederlage des Nationalismus blieb der Wunsch nach einem geeinten Deutschland stark.

Der nächste Versuch, den Traum von Deutschland zu verwirklichen, kam von Friedrich Wilhelm IV. Nachdem er sich geweigert hatte, sich zum Kaiser krönen zu lassen, setzte er sich für die Gründung der so genannten Erfurter Union ein. Dabei handelte es sich um eine Föderation mit anderen germanischen Staaten, mit Ausnahme Österreichs, die auf Vereinbarungen mit deren Herrschern beruhte. Die anderen Monarchen bekundeten ein gewisses anfängliches Interesse daran und legten Mitte 1849 den Grundstein für das formale Bestehen der Union. Sie fand jedoch nie große öffentliche Unterstützung, und die Ausarbeitung genauer Vereinbarungen zwischen mehr als zwanzig souveränen Herrschern erwies sich als unmöglich. Ein weiteres Problem war die Haltung Österreichs. Anfangs zeigte Wien Interesse, da vorgeschlagen wurde, dass die Erfurter Union ihrerseits mit Österreich in einer breiteren Koalition oder Konföderation locker verbunden sein sollte. Doch Ende 1849 wendeten sich die Habsburger aggressiv dagegen, als die anderen germanischen Staaten ihre Zweifel zu äußern begannen und einige sogar den Bund verließen. Stattdessen begannen sie, für die Wiederauferstehung des inzwischen aufgelösten Deutschen Bundes zu plädieren.

Anfang 1850 sahen sich Berlin und Wien mit einem möglichen Konflikt konfrontiert. Während Preußen seine Bemühungen um die Verwirklichung der Erfurter Union fortsetzte, beteiligte sich Österreich an der Wiederbelebung der alten Konföderation. Im Herbst kam es zum Eklat, als der Herrscher von Hessen-Kassel den Deutschen Bund um militärische Hilfe bat. Da dieses Land zwischen preußischen Gebieten lag, führte dies zu weiteren Reibereien und beunruhigte Friedrich Wilhelm so sehr, dass er die volle Mobilmachung seines Militärs anordnete. Österreich wurde jedoch vom Russischen Reich unterstützt, so dass ein offener Krieg nicht zu gewinnen war, was Preußen zum Einlenken zwang. Ende November 1850 unterzeichneten die beiden germanischen Staaten die so genannte Olmützer Punktation, die Preußen mit dem Versprechen einiger Reformen zurück in den Bund zwang. Ein weiterer Punkt, der hinzugefügt wurde, war, dass die schleswig-holsteinische Frage vom Deutschen Bund als Ganzem behandelt werden sollte, da der Erste Schleswigsche Krieg noch andauerte, allerdings ohne direkte preußische Einmischung. Das Endergebnis des Olmützer Vertrages war eine weitere diplomatische Demütigung für Preußen, da der Deutsche Bund 1851 fast unverändert wiederhergestellt wurde und 1852 unter der Schirmherrschaft aller europäischen Großmächte der endgültige Frieden mit Dänemark geschlossen wurde. Schleswig und Holstein blieben unter dänischer Herrschaft, allerdings mit einigen verfassungsrechtlichen Einschränkungen.

Für viele in Preußen war die Olmützer Punktation eine weitere Demütigung, die zeigte, dass die meisten Großmächte immer noch auf das Land herabblickten. Doch Friedrich Wilhelm hatte dringendere Probleme zu bewältigen. Die Revolution wurde zwar gestoppt, aber es gab noch einige schwelende Überbleibsel, vor allem im Rheinland. Die meisten Proteste wurden von den radikaleren Linken angeführt, die von Karl Marx beeinflusst waren, und der König wusste, dass ihre Ideen unterdrückt werden mussten. Darüber hinaus musste der Staat im Sinne der neuen Verfassung reformiert werden. Die Niederschlagung der Rebellionen in den westlichen Provinzen erwies sich als relativ einfach, da die Radikalen nie eine breite Unterstützung genossen hatten. Die Reform des Staates erwies sich als etwas schwieriger, da das System einer gewissen Feinabstimmung bedurfte. Es wurde der *Preußische Landtag* gebildet, der in zwei Kammern unterteilt war. Die obere Kammer bestand ausschließlich aus Vertretern aus dem Adel, ähnlich wie beim britischen *House of Lords*. Ursprünglich sollten die Abgeordneten zumindest teilweise gewählt werden, aber ab 1853 wurden die Mitglieder nur noch vom König ernannt. Die untere Kammer war das Repräsentantenhaus, dessen Mitglieder gewählt wurden.

Das Wahlsystem basierte jedoch auf dem Dreiklassenwahlrecht. Das bedeutete, dass die Wähler je nach ihrem Einkommen in drei Klassen eingeteilt wurden, die alle die gleiche Anzahl von Vertretern wählten. Das bedeutete, dass die reichsten 4,7 Prozent der Bevölkerung das gleiche Stimmrecht hatten wie die 12,7 Prozent der zweiten Klasse und die 82,6 Prozent der dritten Klasse. Damit begünstigte das neue System die Reichen und den Adel. Außerdem waren die Minister nach der neuen Verfassung nur dem König unterstellt, der alle Exekutivbefugnisse und das Vetorecht behielt. Der Monarch behielt auch den Oberbefehl über die Armee sowie das Recht, Verträge zu unterzeichnen und Kriege zu erklären. Schließlich besaß der Herrscher das Recht, die Verfassung zu ändern, was Friedrich Wilhelm IV. bis 1857 mehrmals tat. Neben der Zentralregierung wurden auch die lokalen Regierungen und der rechtliche Rahmen auf das neue System abgestimmt, das wiederum auf die Gleichstellung und Funktionalität des Staates abzielte. Die letzte Änderung war die Einführung neuer Steuern, wobei auch alte Steuern reformiert wurden. Dadurch erhöhten sich die Staatseinnahmen, was es dem Staat wiederum ermöglichte, seine Investitionen zu erhöhen und die Entwicklung der Wirtschaft, insbesondere der Industrie, zu beschleunigen.

Währenddessen blieb Preußen in diplomatischen Angelegenheiten weitgehend untätig und neutral. Als die anderen europäischen Mächte im Krimkrieg (1854-1856) gegen Russland in den Krieg zogen, blieb Preußen daher außen vor. Dies bedeutete jedoch keinesfalls einen Bruch des russisch-österreichischen Bündnisses, einem Bund, der sich für Preußen als lebenswichtig erweisen sollte. Auch beim Ausbruch des Italienischen Krieges von 1859 blieb Berlin neutral. Dabei handelte es sich um einen Konflikt zwischen den Habsburgern und dem Königreich Sardinien, das von Frankreich unterstützt wurde und die italienische Einigung anstrebte. Die preußische Armee wurde mobilisiert, um ihre Westgrenzen zu sichern, doch die Bündnisverhandlungen mit Wien scheiterten. Am Ende siegte die italienisch-französische Allianz und schuf damit einen fruchtbaren Boden für die Ausrufung des Königreichs Italien im Jahr 1861.

In diesem Krieg traten mehrere wichtige internationale Faktoren zutage. Erstens waren die nationalistischen Ideale noch immer stark, und die Einigung Italiens ließ die Frage nach einem deutschen Nationalstaat wieder aufleben. Zweitens zeigte er den Verlust der österreichischen Macht und stärkte gleichzeitig das Ansehen des neuen französischen Kaiserreichs. Letzteres war 1852 durch einen Staatsstreich zu einer kaiserlichen Monarchie geworden und wurde von Kaiser Napoleon III, dem Neffen Napoleons, regiert. Schließlich wurde die relative Schwäche Preußens durch seine Untätigkeit hervorgehoben, was einige

Beobachter dazu veranlasste, seinen Status als Vertreter einer Großmacht in Frage zu stellen.

Dies verärgerte Prinz Wilhelm, der 1857 anstelle seines Bruders Regent wurde. Friedrich Wilhelm IV. hatte eine Reihe von Schlaganfällen erlitten, die ihn fast sprachlos und geistig behindert zurückließen. Da er keine Kinder hatte, übertrug er seinem jüngeren Bruder bereitwillig die Macht. Wilhelm war zu diesem Zeitpunkt sechzig Jahre alt, militärisch orientiert und ein ehemaliger überzeugter Konservativer, der sich schnell an das neue System anpasste. Die einzige Möglichkeit, Anerkennung und politischen Einfluss zu erlangen, bestand aus seiner Sicht in einer starken Armee. Schon zu Beginn der Regentschaft neigte er zu solchen Entwicklungen, aber erst nach dem Tod seines Bruders 1861 nahm er richtig Fahrt auf. Nachdem er König Wilhelm I. geworden war, drängte er sofort auf die Erneuerung der militärischen Stärke, die seit 1806 nicht wesentlich verbessert worden war, sondern sich sogar etwas verschlechtert hatte. Die von den Liberalen geführte Versammlung versuchte, Wilhelm zu blockieren, indem sie ihm die Finanzierung verweigerte, was ihn dazu veranlasste, Otto von Bismarck als Ministerpräsidenten einzusetzen. Bismarck, der ein gewiefter Politiker war, schaffte es, die Liberalen zu überlisten. Gemeinsam mit Kriegsminister Albrecht von Roon und Generalstabschef Helmuth von Moltke, einem berühmten Feldmarschall, begannen sie mit der Reformierung des Heeres.

Wilhelm I aus dem Jahr 1859

Illustration von Bismarck, Roon und Moltke aus dem Jahr 1860.

Moltkes Idee war es, die Zahl der aktiven Soldaten zu erhöhen, neue Waffentypen einzuführen, eine schnellere und bessere Mobilisierung zu bewältigen, die Kommunikation und den Einsatz durch moderne Technologien zu verbessern und ein professionelleres und besser ausgebildetes Offizierskorps zu schaffen. Während der Feldmarschall an diesen Aufgaben arbeitete, sicherte Bismarck seine politische Position und begann, den Weg zum Endziel seiner Regierung zu ebnen: der Einigung Deutschlands. Die erste Bewährungsprobe kam 1863, als die Situation in Schleswig-Holstein wieder aufflammte. Ein neuer dänischer König hatte versucht, Schleswig mit Dänemark zu verschmelzen und damit gegen den Vertrag von 1852 verstoßen. Natürlich reagierte der Deutsche Bund sofort. Ende 1863 rückte ein kleines Bundeskontingent in Holstein ein, bevor Österreich und Preußen im Januar des folgenden Jahres Dänemark gemeinsam den Krieg erklärten. Es war ein relativ kurzer Krieg, der nur ein paar Monate dauerte. Ein deutscher Sieg war von Anfang an so gut wie sicher, da die Dänen wegen des Bruchs eines internationalen Vertrags keine internationale Unterstützung erhielten. Er endete im August 1864 mit der offiziellen Abtretung beider Provinzen an den Deutschen Bund unter direkter und gemeinsamer Kontrolle von Österreich und Preußen.

Der Krieg und der Sieg machten zwei wichtige Dinge deutlich. Zum einen, dass die preußischen Militärreformen in die richtige Richtung gingen. Die Erfolge waren wirklich spektakulär, vor allem im Vergleich zu den Österreichern. Zum anderen zeigte der Krieg, dass die militärische Führung besser funktionierte, wenn sie unter dem Primat der politischen Führung stand. Bismarck war der Dirigent aller Aktivitäten, auch wenn seine Haltung einige der Generäle verärgerte. Währenddessen gab der alte Wilhelm I. die Zügel des Staates langsam an den Ministerpräsidenten ab, allerdings nicht ohne seinen Einfluss. Was daraufhin geschah, wurde oft als eine Art großer Masterplan Bismarcks dargestellt, doch in Wirklichkeit erwies er sich lediglich als anpassungsfähiger und gerissener Politiker. Die Situation in Schleswig und Holstein blieb ungelöst, gewissermaßen auf Pump, was zu wachsenden Spannungen zwischen Österreich und Preußen führte.

Während sich die Feindseligkeiten langsam aufheizten, schuf Bismarck einen fruchtbaren diplomatischen Boden für eine Konfrontation mit den Habsburgern. Zunächst schloss er ein Bündnis mit dem Königreich Italien, da Teile Italiens noch unter österreichischer Kontrolle standen. Dann sicherte er sich die russische Neutralität, die leicht zu erreichen war, denn Sankt Petersburg stand Wien immer noch feindlich gegenüber. Großbritannien war bereits nicht mehr an den deutschen Angelegenheiten interessiert, was bedeutete, dass der letzte Nagel im Sarg Frankreich war. Bismarck sorgte dafür, dass Paris sich nicht einmischte, indem er Napoleon III. ein vages, ungeschriebenes Versprechen gab, dass er im Gegenzug in Belgien und Luxemburg expandieren könne.

Im Sommer 1866 befanden sich Österreich und Preußen am Rande eines Krieges. Beide Seiten begannen eine Reihe lokaler und partieller Mobilisierungen. Österreich versuchte, den holsteinischen Landtag einstimmig einzuberufen, was Bismarck einen Vorwand lieferte, Truppen zu entsenden, um das Land zu besetzen, da Österreich die gemeinsame Souveränität verletzt habe. Daraufhin wandte sich Wien an die Bundesversammlung. Die meisten Mitglieder des Deutschen Bundes verurteilten den Einmarsch und stimmten für die Mobilisierung gegen Preußen. Der preußische Vertreter verließ schließlich die Versammlung und erklärte, dass für Berlin der Deutsche Bund aufgelöst sei. Der Krieg begann am 14. Juni, und Italien trat fünf Tage später bei. Auf der Seite Preußens standen eine Reihe kleinerer germanischer Staaten, während die meisten großen, wie Bayern, Sachsen und Hannover, auf der Seite Österreichs standen. Zu Beginn des Krieges rechneten die meisten Beobachter mit einem österreichischen Sieg, da sie die preußischen Streitkräfte immer noch als Außenseiter ansahen. Moltke und seine Reformen belehrten sie jedoch schnell eines Besseren.

Während der Großteil der preußischen Truppen ihre Offensive in Böhmen (der heutigen Tschechischen Republik) begann, kümmerten sich die nachgeordneten Truppen um die hannoverschen Truppen, die eine unmittelbare Bedrohung für Preußens Rücken darstellten. Demnach ersuchte die preußische Hauptarmee in Böhmen nach Moltkes großem Plan eine schnelle und entscheidende Schlacht. Etwas widerwillig trafen die Österreicher am 3. Juli 1866 in der Schlacht von Königgrätz (dem heutigen Sadová) auf die Invasionstruppen. Dort setzten sich die Preußen trotz ihrer unzureichenden Artillerie aufgrund ihrer überlegenen Ausbildung, der Führung durch die Offiziere und der innovativen Infanteriegewehre gegen die Österreicher durch. Obwohl die Preußen zahlenmäßig leicht unterlegen waren, gelang es ihnen, der österreichischen Armee etwa zweiundzwanzigtausend Tote und ebenso viele Gefangene zu bescheren. Während die Hauptstreitmacht weiter durch die Tschechische Republik und die Slowakei vorrückte, besiegten andere preußische Truppen die sächsischen und bayerischen Truppen. Die Österreicher, die wussten, dass ihnen eine totale Niederlage drohte, baten am 22. Juli um Frieden und beendeten den Krieg nach nur sieben Wochen.

Ein Gemälde von der Schlacht von Königgrätz.
Quelle: https://commons.wikimedia.org/wiki/File:Schlacht-bei-koeniggraetz-von-georg-bleibtreu.jpg

Bismarck war sehr daran interessiert, den Frieden zu akzeptieren, ohne den Krieg zu verlängern. Er befürchtete, dass die Großmächte sich für ein Eingreifen entscheiden könnten, und auch der wirtschaftliche Faktor spielt eine Rolle. Außerdem wollte der Ministerpräsident einen zu großen Revanchismus seitens Österreichs oder anderer germanischer Staaten vermeiden. Der Frieden wurde Ende August in Prag ratifiziert, allerdings nicht ohne französische Einmischung. Preußen annektierte Schleswig, Holstein, Hannover, Hessen-Kassel, Nassau und Frankfurt, während die übrigen nordgermanischen Staaten im Norddeutschen Bund organisiert wurden. Preußen kontrollierte im Wesentlichen die militärischen und außenpolitischen Beziehungen des Bundes; mit anderen Worten: Diese Staaten waren im Grunde nur einen Schritt von der Annexion entfernt.

Das Endergebnis des Krieges war der Ausschluss Österreichs aus den deutschen Angelegenheiten, vor allem in der Frage der Vereinigung. Der einzige Ausweg war ein Zusammenschluss ohne Österreich oder die anderen habsburgischen Länder - ein Zusammenschluss, der als *„Kleindeutschland"* bezeichnet wurde. Der Sieg von 1866 festigte auch Bismarcks Regierung, obwohl er immer noch mit einer starken Opposition konfrontiert war, und die nationalistische Begeisterung begann überzukochen. Es war nur eine Frage der Zeit, bis Preußen den letzten Schritt in Richtung eines deutschen Nationalstaates machen würde.

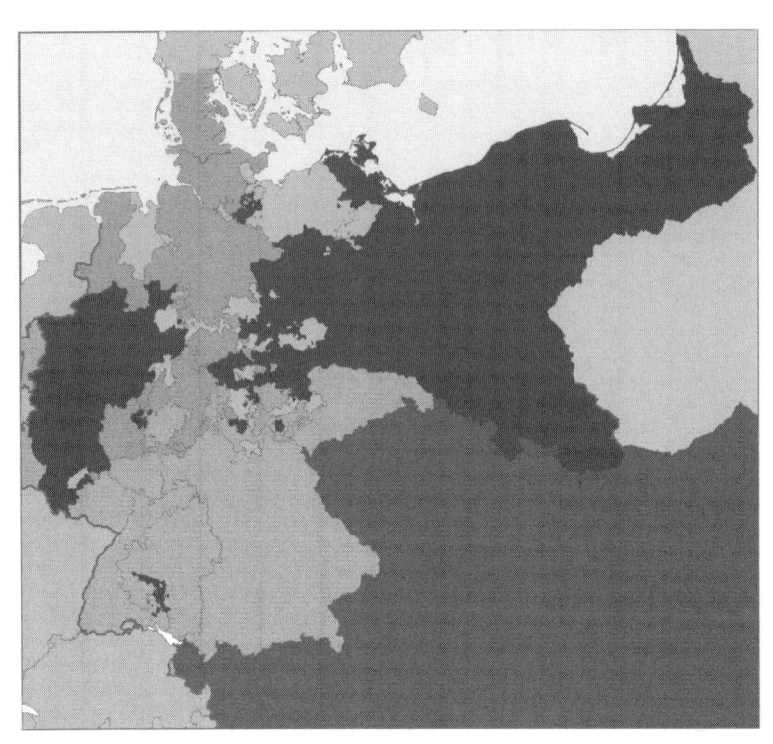

Karte des Österreich Preußischen Krieges um 1866 – Das österreichische Reich (rot), die Verbündeten Österreichs (pink), die preußischen Gebiete die erst neu erobert worden waren (cyan blau) und die neutralen Staaten (grün).

Anfangs hielt Bismarck eine friedliche Einigung für möglich, doch die südgermanischen Staaten blieben Preußen gegenüber recht misstrauisch. Er versuchte, dieses Problem 1868 durch die Bildung eines gesamtdeutschen *Zollparlaments* zu lösen, das die Beziehungen zwischen Preußen und den südlichen germanischen Staaten stärken sollte. Der Versuch scheiterte jedoch letztendlich. Zu diesem Zeitpunkt hatte Bismarck erkannt, dass Preußen einen äußeren Feind brauchte, der die gesamte deutsche Nation zusammenführen sollte. Frankreich erfüllte diese Rolle perfekt. Kaiser Napoleon III. war nach dem Österreichisch-Preußischen Krieg unzufrieden geblieben. Anstatt das deutsche Reich zersplittert und geschwächt zurückzulassen, wie Napoleon gehofft hatte, starrte Frankreich auf ein vergrößertes und gestärktes Preußen. 1867 versuchte Napoleon, Luxemburg zu kaufen, doch Bismarck verhinderte dies durch seine diplomatischen Bemühungen. Dies verstieß gegen die mündliche Vereinbarung und schürte den Unmut über die französisch-preußischen Beziehungen.

Wieder einmal stellen viele Historiker die aufkommende Reihe von Ereignissen, die mit der Luxemburg-Krise begann, als Teil von Bismarcks „großem Plan" dar. Doch einmal mehr bewies er lediglich sein politisches Geschick und seine Flexibilität, die sich ihm gebotenen Gelegenheiten bestmöglich zu nutzen. Auch das Zollparlament spielte eine doppelte Rolle: Es sollte nicht nur die Südstaaten beeinflussen, sondern auch die Franzosen verärgern, denn es war ein weiterer Schritt in Richtung Einigung. Aus der Sicht Napoleons war ein vereinigtes Deutschland das Letzte, was sich Frankreich leisten konnte, da es alle möglichen Bedrohungen darstellte, ganz abgesehen davon, dass es seine Pläne durchkreuzte. Bismarck war sich dessen bewusst, als er die Spannungen zwischen Paris und Berlin weiter ausbaute, während er sich gleichzeitig mit den Liberalen und den radikaleren Konservativen auseinandersetzte. Im Hintergrund vollendete Moltke seine Reformen, indem er ein neues Artilleriegeschütz einführte, um die Probleme des Österreichisch-Preußischen Krieges zu lösen, und sich gleichzeitig für eine bessere Ausbildung, den Ausbau der Armee und die Nutzung neuer Technologien wie Eisenbahn und Telegraf einsetzte.

Indem er weiterhin meisterhaft mit deutschen und französischen Nationalgefühlen spielte und ständig Öl ins Feuer goss, nutzte Bismarck jede Gelegenheit, um Napoleon zur Kriegserklärung zu provozieren. Damit seine Pläne funktionierten, musste sich Preußen in einer defensiven Position befinden. Unter vielen kleineren Anlässen begann ein besonders fruchtbares Ende 1869, als das spanische Parlament Wilhelms Cousin eine Krone anbot. Zunächst waren alle Mitglieder der Hohenzollern-Familie dagegen, doch Bismarck setzte sich dafür ein, dass der Cousin annahm. Während er daran arbeitete, löste er einige kleinere Provokationen aus, die jedoch erfolglos blieben. Im Frühjahr 1870 überredete er schließlich Wilhelms Cousin, den Thron anzunehmen, was in Paris eine sofortige Reaktion auslöste. Es schien alles nach Plan zu verlaufen, doch dann griff Wilhelm I. ein und beendete die spanische Affäre. Bismarck war niedergeschlagen und hätte beinahe aufgegeben, bevor die Franzosen einen entscheidenden Fehler machten. Ihr Botschafter versuchte, dem preußischen König weitere Zusagen und öffentliche Erklärungen abzuringen. Das war zu viel für Wilhelm, der sich einfach weigerte. Er schickte Bismarck eine Mitteilung über das Gespräch, die der Ministerpräsident nutzte, um eine abgewandelte Version zu erstellen, in der das Gespräch abrupter und unhöflicher erschien, um die glühenden Nationalisten auf beiden Seiten aufzurütteln. Die Nachricht, die so genannte Emser Depesche, wurde in allen europäischen Zeitungen verbreitet, auch in Frankreich.

Für Paris war diese Beleidigung das Tüpfelchen auf dem i, und es erklärte am 19. Juli 1870 den Krieg. Bismarcks Plan war endlich aufgegangen. Die südgermanischen Staaten schlossen sich Preußen sofort an, sowohl aufgrund bestehender Verträge als auch aus nationalistischem Eifer. Die Vorstellung, dass ein weiterer Napoleon das deutsche Reich verwüsten würde, war für die meisten unannehmbar. Das übrige Europa verhielt sich in diesem Konflikt dezidiert neutral. Einerseits hatte Napoleon keine Verbündeten oder Sympathien mehr, während Bismarck bereits mit Russland und Italien befreundet war. Österreich war noch dabei, sich zu erholen, und Großbritannien schien sich mit dem preußisch geführten Deutschland zu arrangieren. Dennoch rechneten alle Beobachter mit einem längeren Krieg und gaben den Franzosen leicht den Vorzug, da ihr Militär noch immer als eines der besten der Welt galt. Es war jedoch von Anfang an klar, dass sich die preußischen Militärreformen auszahlen würden. Die

Armee wurde schneller mobilisiert und stellte mehr Soldaten, obwohl Preußen weniger Bürger hatte. Anfang August kam es dann zu den ersten schweren Gefechten, vor allem bei Spicheren und Froeschwiller Wörth. All diese Schlachten endete mit preußischen Siegen.

Ein Gemälde von 1910 zeigt die preußische Infanterie während des Französisch-Preußischen Krieges.
Quelle: https://commons.wikimedia.org/wiki/File:Ernst_Zimmer_-_Das_Lauenburgische_J%C3%A4ger-Bataillon_Nr._9_bei_Gravelotte.jpg

Die preußische Armee rückte in drei Kolonnen durch das französische Gebiet vor und erringt eine Reihe von Siegen gegen die passiven französischen Verteidiger. Mitte August wurde die französische Hauptkampftruppe in Metz belagert, die aus ihren besten Truppen bestand. Napoleon III. sammelt die verbliebenen französischen Truppen und versucht, Metz zu befreien, wird aber von dort weggedrängt und begibt sich zur Festung von Sedan. Dort angekommen, wurde er in eine Schlacht gegen die zahlenmäßig überlegene preußische Armee und ihre Verbündeten gezwungen. Napoleon wurde besiegt und zusammen mit der gesamten Armee gefangen genommen. Bald darauf kapitulierte auch Metz, und der Rest der preußischen Streitkräfte zog zur Belagerung von Paris. Das französische kaiserliche Regime zerfiel und machte Platz für die Gründung einer weiteren Republik.

Trotzdem war Frankreich dazu entschlossen, zu kämpfen. Der Nationalismus des Volkes war zu stark. Die neue Regierung in

Paris versuchte, den Druck zu mindern, indem sie neue Armeen aufstellte, aber diese Ad-hoc-Regimenter waren den gut ausgebildeten Preußen nicht gewachsen. So wurde am 26. Januar ein Waffenstillstand unterzeichnet, der die Feindseligkeiten am 28. Januar 1871 offiziell beendete. Der gesamte Krieg dauerte etwa sechs Monate und erwies sich als reine Demonstration preußischer Macht. Frankreich erschien im Vergleich dazu wie ein drittklassiger Staat, was Europa völlig schockierte.

Zum Vergleich: Die verbündeten preußisch-deutschen Streitkräfte hatten etwa 140.000 Gefallene und gefangene Soldaten zu verzeichnen. Die gesamte französische Armee hatte 140.000 Tote und ebenso viele Verwundete zu beklagen, während weitere 750.000 Soldaten gefangen genommen wurden. Ein solch eindeutiger Sieg bewies schließlich den Wert von Moltkes Reformen, denn die Grundlage des preußischen Sieges lag in der Vergrößerung der Armee durch die allgemeine Wehrpflicht, besser ausgebildete Soldaten und Offiziere sowie neue Kommunikations- und Transporttechnologien. All dies wurde durch aggressive Strategien und einsatzorientierte Taktiken ergänzt, die eine flexiblere Armee ermöglichten. Das Militär blieb jedoch der Regierung unterstellt, woran Bismarck die militärischen Führer ständig erinnerte. Dies führte zu einigen Reibereien.

Noch während des Krieges begann Bismarck mit den süddeutschen Staaten über einen Beitritt zum neuen Bund zu verhandeln. Als diese zustimmten, schlug der preußische Ministerpräsident vor, einen Schritt weiterzugehen und das Deutsche Reich in Gänze wiederherzustellen. Dank seiner politischen Machenschaften, zu denen unter anderem auch Bestechung gehörte, gelang es ihm, in der Bundesversammlung genügend Stimmen zu sammeln, um am 18. Januar 1871 in Versailles die Gründung des *Deutschen Kaiserreichs* zu proklamieren. Dies war eine politische Doppeldeutigkeit, denn es war eine Demütigung für Frankreich und gleichzeitig der Jahrestag der formellen Amtseinführung der Hohenzollern als Könige in Preußen, die 1701 stattfand.

Eine spätere Darstellung der Verkündigung des Deutschen Reiches in Versailles.

Quelle: https://commons.wikimedia.org/wiki/File:A_v_Werner_-_Kaiserproklamation_am_18_Januar_1871_(3._Fassung_1885).jpg

Somit war die Einigung vollzogen. Der preußische König wurde nun zum deutschen Kaiser Wilhelm I., behielt aber seinen Titel des Königs bei. Dies wurde erst formalisiert, als die Franzosen in ihrem Friedensvertrag gezwungen wurden, das Reich anzuerkennen, und Bismarck sie weiter demütigte. Er annektierte das Gebiet des Elsass und Lothringen, Grenzgebiete in der Nähe Deutschlands, die lange Zeit auch industrielle Zentren für Frankreich waren. Außerdem zwang er den Verlierern eine hohe Entschädigungssumme auf. Dies war in gewisser Weise eine Revanche für das, was Napoleon Preußen und dem übrigen Deutschland angetan hatte, vor allem, wenn man bedenkt, dass die deutsche Besetzung Nordfrankreichs nicht leichtfertig erfolgt war. Auf diese Weise gelang es Preußen, das sich nun in das Deutsche Reich verwandelt hatte, seinen langjährigen Traum von der Vereinigung des deutschen Volkes zu verwirklichen und seine Position als Weltmacht zu festigen. Ein zusätzlicher Bonus war, dass seine blitzschnellen Siege auch einen Mythos der deutschen militärischen Überlegenheit schufen, der oft bis in die Zeit von Friedrich dem Großen zurückreichte. Zumindest eine Zeit lang schien die Zukunft Preußens und Deutschlands rosig zu sein.

Epilog

Das neu gegründete Deutsche Reich basierte auf der Verfassung des Norddeutschen Bundes. Formal gesehen handelte es sich also um einen engeren föderalen Zusammenschluss von sechsundzwanzig Einheiten, darunter auch das Königreich Preußen. In diesem Sinne könnte man sagen, dass Preußen die Vereinigung „überlebt" hat, ebenso wie die anderen germanischen Staaten. Ab 1871 wurde seine Geschichte jedoch eher ein Teil der deutschen Geschichte als eine eigene Geschichte. Unabhängig davon ist festzuhalten, dass Deutschland aufgrund seiner zentralen Rolle bei der deutschen Einigung und der Tatsache, dass die Hohenzollern-Dynastie das Reich regierte, sehr stark auf der preußischen Kultur, Tradition und Politik basierte. Andere Staaten wurden langsam an das preußische Staatssystem angepasst. In den meisten Fällen war dies keine große Veränderung, da viele germanische Staaten bereits dem erfolgreichen preußischen System folgten und auch ihre Volkswirtschaften seit Jahrzehnten miteinander verflochten waren.

In den nächsten rund vierzig Jahren wuchs das Deutsche Reich weiter und entwickelte sich zu einem Staat. Am bemerkenswertesten war der industrielle Aufschwung, der das Reich unter die drei größten Volkswirtschaften der Welt brachte. Politisch schwankte es weiterhin zwischen den Konservativen und den Liberalen, und das preußische Kulturmodell blieb am stärksten ausgeprägt. Kaiser Wilhelm I. regierte bis 1888 und wurde von seinem Sohn Friedrich III. abgelöst, der für kurze Zeit regierte, bevor sein eigener Sohn die Regierungspflichten übernahm. Unter Kaiser Wilhelm II. verlor Bismarck 1890 endgültig seinen Platz als Reichskanzler. Damit verfolgte das einst so zufriedene Deutsche Reich größere Ziele, indem es in den kolonialen Wettlauf einstieg und gleichzeitig versuchte, seinen Einfluss in Europa auszuweiten. Die Kombination aus Nationalismus und Machtpolitik trieb es auf eine Konfrontation mit den anderen Großmächten zu. Die langanhaltenden Spannungen und alten Bündnisse führten schließlich zum Beginn des Ersten Weltkriegs. Der Krieg brach 1914 aus, als Deutschland und Österreich gegen Russland, Großbritannien und Frankreich kämpften. Im Jahr 1918 wurde Deutschland besiegt und das Reich aufgelöst. Die Hohenzollern wurden zur Abdankung gezwungen.

Dennoch überlebte Preußen als „Freistaat" oder als eine der Teilrepubliken der Weimarer Republik. Die neue Regierung erwog, Preußen in kleinere Staaten aufzuteilen, da es etwa 60 Prozent des deutschen Territoriums umfasste, aber konservative Elemente bewahrten es in seiner Gesamtheit. In den 1920er Jahren und mehr noch in den 1930er Jahren erfasste eine neue Welle des modernen Nationalismus Europa und Deutschland, was zum Aufstieg der NSDAP und Adolf Hitlers führte. Das neue Regime hatte eine Art Hassliebe mit Bezug auf Preußen und dessen Kultur. Einerseits verherrlichten sie die Vergangenheit des Landes, vor allem Friedrich II. und seine Rolle bei der deutschen Einigung, und übernahmen das militärische und kulturelle Erbe. Andererseits mochten sie einige der traditionellen und konservativen Ideen des Landes nicht. Zu Beginn des Zweiten Weltkriegs machte sich die nationalsozialistische Propaganda die preußische Geschichte und den preußischen Mythos zu eigen und verzerrte sie so, dass sie in ihr Weltbild passten. Ihre Propaganda war so mächtig, dass die Alliierten nach der Niederlage des Dritten

Reiches die Nazis lediglich als das jüngste Beispiel für „militantes Preußentum" betrachteten. Dies führte schließlich zum Ende Preußens. Seine Territorien wurden aufgeteilt, wobei große Teile außerhalb der deutschen Grenzen verblieben, während der Rest der Gebiete seine vorpreußischen Namen zurückerhielt. So wurde die Region um Berlin beispielsweise wieder als Brandenburg bekannt. An dieser Stelle schließen wir das Buch über die Preußische Geschichte.

Fazit

Die Geschichte Preußens ist eine Geschichte des Auf und Ab, der Zerstörung und der Wiedergeburt, eine Geschichte des ständigen Wandels und der Reformen im Streben nach Überleben und Macht. Sie zeigt, wie ein kleiner und unbedeutender germanischer Staat allen Widrigkeiten trotzte und das gefährliche und zerstörerische Labyrinth der Geschichte durchquerte, um zu einer der mächtigsten Nationen der Welt zu werden. In manchen Momenten stand sein Schicksal auf der Kippe und hing allein von der Hartnäckigkeit seiner Anführer ab. Zu anderen Zeiten gelang es dem Land, dank der Genialität und der Weitsicht seiner Herrscher, große Fortschritte zu machen. In dieser Hinsicht zeigt die Geschichte des Landes, was mit harter Arbeit und etwas Glück alles erreicht werden kann. Die preußische Geschichte ist aber auch eine Erinnerung daran, dass keine Nation zu groß ist, um zu scheitern, und dass keine Idee zu rein ist, um verdorben zu werden. Eine Großmacht, die etwa drei Jahrhunderte brauchte, um zu ihrer vollen Macht aufzusteigen, wurde in nur wenigen Jahrzehnten gestürzt und nahm ihre Ideale mit sich in den Untergang. Als solche ist dies auch eine mahnende Geschichte, die uns daran erinnert, dass es eine Tugend ist, bescheiden zu bleiben, wenn man Großes erreichen will. Schließlich handelt es sich um eine Geschichte über die Verflechtung von Hybris und Demut, die das menschliche Leben auf all seinen Ebenen und in all seinen Facetten durchzieht.

Ich hoffe, dieser kurze Leitfaden hat Ihnen eine grundlegende Vorstellung davon vermittelt, wie sich die preußische Geschichte im Laufe der Jahrhunderte entwickelt hat. Ich hoffe, das Buch hat Ihnen gezeigt, dass wir Länder, Nationen und Menschen nicht einfach nur als „gut" oder „schlecht" beurteilen sollten. Die Geschichte, wie auch das heutige Leben beschreibt, ist selten so einfach zu interpretieren. Diesen Gedanken sollte man immer im Hinterkopf behalten, wenn man Einzelpersonen und Gruppen beurteilt. Eine weitere wichtige Moral der preußischen Geschichte ist, dass ständige Veränderungen und Anpassungsfähigkeit den Unterschied ausmachen, da man seine Chancen erkennen und nutzen sollte. Letztendlich sind es all diese Lektionen, die es wert machen, mehr über die Geschichte zu lesen und zu verstehen. Die Geschichte lehrt uns etwas über unsere Gegenwart und unser Leben. Sie vermittelt uns ein Gefühl von Kontext und einen Ansatz des Verständnisses eines großen Ganzen der menschlichen Geschichte, in dem alles miteinander zusammenhängt.

Teil 2: Der Deutsch-Französische Krieg

Ein fesselnder Leitfaden über den Krieg von 1870 und die Rolle Otto von Bismarcks bei der Vereinigung Deutschlands

Einführung

Wenn man über die europäische Geschichte des 19. Jahrhunderts spricht, richtet sich das Augenmerk häufig auf Napoleon Bonaparte und seine Kriege zu Beginn des 19. Jahrhunderts. Der Rest des Jahrhunderts wird irgendwie in einen Topf geworfen, gespickt mit Geschichten über industrielle Entwicklungen und soziale und kulturelle Veränderungen. Es ist fast so, als wäre diese Zeitspanne eine Verschnaufpause vor dem Großen Krieg von 1914. Ein solcher Ansatz hat seine Berechtigung, denn in der Tat wurde das 19. Jahrhundert weitgehend durch den technologischen Wandel infolge der Industriellen Revolution und durch neue Denkweisen geprägt, die durch die Französische Revolution und Napoleon hervorgerufen wurden. Ein wichtiger Punkt in der europäischen Geschichte, der es verdient, beachtet und besprochen zu werden, ist jedoch der Deutsch-Französische Krieg von 1870.

Der Krieg selbst war kurz und dauerte kaum sechs Monate. Dennoch hat er die Grundfesten Europas erschüttert. Er machte die Schwäche Frankreichs und die zunehmende Industrialisierung und Modernisierung Preußens deutlich. In gewisser Weise brachte dieser Konflikt das vermeintliche Gleichgewicht der Kräfte nach der Niederlage Napoleons ins Wanken. Nicht nur das, er führte auch zur Gründung des vereinigten Deutschen Reiches unter der eisernen Faust des Kanzlers Bismarck. Das vereinigte Deutschland wurde sofort zu einer politischen, wirtschaftlichen und militärischen Macht in Kontinentaleuropa und lag nur noch hinter dem britischen Empire zurück. Andererseits führte es zum Sturz des letzten monarchischen Regimes in Frankreich. Darüber hinaus zeigte sich, wie wichtig es war, die Modernisierungen in der Technologie und der Bürokratie innerhalb der Armee zu nutzen, da das preußische Militärmodell ein Vorreiter für die kommenden Veränderungen war.

Dennoch könnten die Ergebnisse und Auswirkungen des Krieges für sich genommen als eher unbedeutend angesehen werden, insbesondere wenn man sich nicht für Militärgeschichte interessiert. In seiner Gesamtheit kann er jedoch als der erste große Schritt zum „Krieg, der alle Kriege beenden sollte" angesehen werden, sowohl in Form des großen Spiels der nationalen Politik als auch in Form von Veränderungen auf dem Schlachtfeld. Als solcher hat der Deutsch-Französische Krieg in die Geschichte hineingewirkt und zu Recht unsere Aufmerksamkeit auf sich gezogen, um unsere gemeinsame Vergangenheit besser zu verstehen.

Kapitel 1 - Ein langer Weg zum Krieg: Eine kurze Geschichte der deutsch-französischen Beziehungen

Normalerweise beginnt die Geschichte des Deutsch-Französischen Krieges im Jahrzehnt vor dem Krieg, vor allem wegen Bismarcks Aufstieg zum preußischen Kanzler. Eine solche Einführung reicht zwar aus, um die unmittelbaren Ursachen des Krieges zu verstehen, doch um den größeren historischen Rahmen zu erfassen, wäre es besser, im Mittelalter zu beginnen.

Die meisten Menschen wissen, dass Karl der Große im frühen 9. Jahrhundert das fränkische Reich auf das heutige Frankreich, Deutschland, die Niederlande, die Schweiz, Teile Norditaliens und Österreichs sowie Teile des Balkans, Ungarns, der Tschechischen Republik und Spaniens ausdehnte. Der Papst krönte ihn im Jahr 800 zum Heiligen Römischen Kaiser. Nach dem Tod Karls des Großen konnten sich seine Erben jedoch nicht über die Thronfolge einigen. Mitte des 9. Jahrhunderts war das ehemalige Kaiserreich nach einem Bürgerkrieg unter seinen Enkeln in drei Teile gespalten worden. Nach dem Vertrag von Verdun im Jahr

843 bildeten die Enkel Karls des Großen Westfranken (den Kern des späteren Frankreichs), Ostfranken (den Kern des späteren Deutschlands) und Mittelfranken (das dazwischen liegende Gebiet einschließlich der Niederen Lande und Teile Norditaliens) unter einer provisorischen Einheit. Ein solch zerbrechlicher Staat löste sich schnell auf. Mittelfranken war der brüchigste Staat, da ihm jegliche geografische oder demografische Einheit fehlte, und am Ende des Jahrhunderts war er bereits zerbrochen. In der Zwischenzeit begannen Ost- und Westfranken um Teile ihrer Gebiete zu konkurrieren, vor allem um die Provinzen, die heute als Elsass und Lothringen bekannt sind.

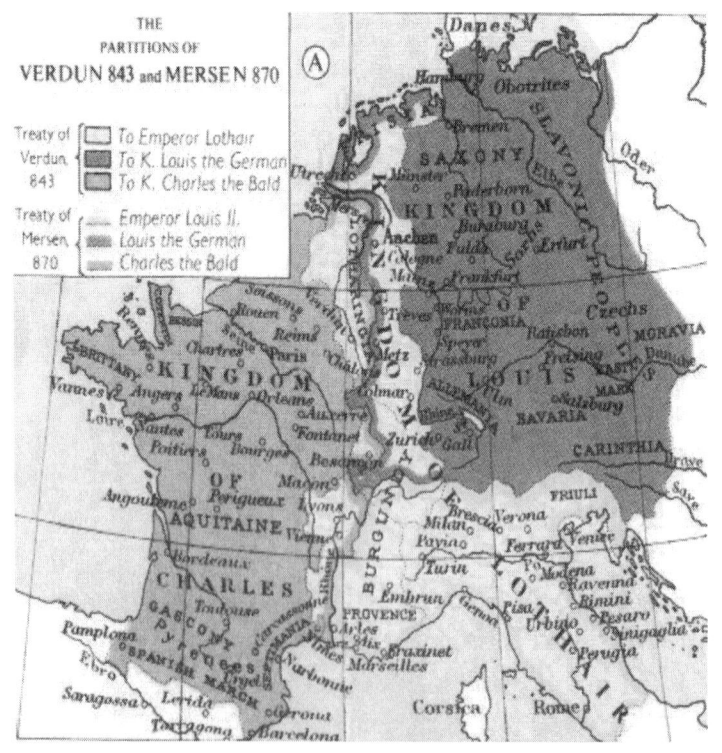

Karte der Aufteilung des fränkischen Reiches in das spätere Deutschland und Frankreich.

Quelle: https://en.wikipedia.org/wiki/File:843-870_Europe.jpg#file

Im Laufe der nächsten Jahrhunderte entwickelten sich die beiden verbleibenden fränkischen Staaten zu den bekannteren Formen von Frankreich und Deutschland. In Ostfranken kam diese Umwandlung etwas früher, da sich im frühen 10. Jahrhundert die Vorstellung durchsetzte, dass das Königreich zu den Germanen gehörte, da es aus mehreren germanischen Stämmen und Völkern bestand, wie z. B. Friesen, Thüringern und Sachsen. Ohne zu sehr auf die Herausbildung einer nationalen Identität eingehen zu wollen, war der offizielle Titel König der Deutschen bereits im frühen 11. Jahrhundert etabliert. Doch schon vorher gelang es Otto I., einem germanischen König aus Ostfrankenreich, der nicht von Karl dem Großen abstammte, 962 das Heilige Römische Reich wiederzubeleben. So wurde die deutsche Geschichte enger mit dem kaiserlichen Erbe verknüpft, zumal es Ende des 15. Jahrhunderts als Heiliges Römisches Reich Deutscher Nationen bekannt wurde. Unabhängig von der Bezeichnung ist es wichtig zu erwähnen, dass das Heilige Römische Reich nach 962 eine Wahlmonarchie war, in der mehrere Fürsten und Herzöge ihren neuen Herrscher nach dem Ableben des alten wählten. Daher war dieses Reich auch eine Art Konföderation, da es den Teilstaaten rechtlich eine gewisse Unabhängigkeit unter der Kaiserkrone zuerkannte.

Im Gegensatz dazu war die Umwandlung Westfrankreichs in Frankreich direkter und leichter nachvollziehbar. Mehrere Jahrhunderte lang trugen seine Herrscher den Titel König der Franken, was darauf hindeutete, dass sie die Herrscher des genannten Volkes waren. Zu Beginn des 12. Jahrhunderts ging der Trend unter den Herrschern jedoch dahin, sich als Herrscher über Länder und nicht über Völker zu präsentieren. So begannen die ostfränkischen Herrscher, den Titel König von Frankreich anzunehmen, was darauf hindeutete, dass sie über die fränkischen Gebiete herrschten. Im Laufe der Jahre wurden die Franken zu Franzosen, während ihre Nation zu Frankreich wurde. Diese Formulierung verfestigte sich im frühen 13. Jahrhundert. Ein weiterer Unterschied zwischen Frankreich und Deutschland besteht darin, dass Ersteres ein Königreich blieb, auch wenn viele die Idee, dass Deutschland genau das Heilige Römische Reich war, in Frage gestellt haben. Dennoch war das französische Königreich während des gesamten Mittelalters recht dezentralisiert, da die lokalen Herren gegenüber ihrem Herrscher große Freiheiten hatten. Wie im Deutschen Reich im Osten hing also die Stärke der Herrschaft eines Königs von seiner eigenen Kompetenz ab.

Die Geschichte dieser beiden Nationen ist sehr vereinfacht dargestellt, aber ihre Entwicklung verlief sehr unterschiedlich. Ab dem 12. Jahrhundert begannen die französischen Könige, ihre Herrschaft über das Land zu festigen und ihre Macht langsam zu zentralisieren. Mit vielen Höhen und Tiefen wandelten sie ihr Königreich bis zum 16. Jahrhundert langsam von einer Feudalmonarchie zu einer absoluten Monarchie um. Damit einher ging auch ein einheitlicheres Nationalgefühl, da sich die Franzosen allmählich mehr mit ihrem Land als mit ihren lokalen Identitäten identifizierten. Im Gegensatz dazu wurde das Heilige Römische Reich als Nation geschwächt. Lokale Herzöge, Könige und Fürsten gewannen an Stärke. Die Bevölkerung der germanischen Teilstaaten wiederum erkannte zwar ihre gemeinsame Abstammung, aber ihre Identitäten waren nicht so eng miteinander verbunden wie die der Franzosen. Trotzdem blieb das Heilige Römische Reich ein wichtiger politischer Faktor. Seit der Mitte des 15. Jahrhunderts wurde es fast ununterbrochen von der Dynastie der Habsburger regiert, obwohl das offizielle Wahlsystem noch in Kraft war.

Damit wurde das Heilige Römische Reich Teil eines viel größeren Konglomerats, das heute manchmal als Habsburger Monarchie bezeichnet wird. In seiner größten Ausdehnung umfasste dieses politische Gebilde der Habsburger zu Beginn des 16. Jahrhunderts neben dem Heiligen Römischen Reich das heutige Österreich, Ungarn, Teile Polens, der Tschechischen Republik, der Slowakei, Sloweniens, Kroatiens, Spaniens und Portugals sowie deren Kolonialreiche in der ganzen Welt. Damit wurde die Habsburgermonarchie und damit das Heilige Römische Reich zu einem der Hauptkonkurrenten Frankreichs. Dieses

Verhältnis ist vergleichbar mit den bekannteren anglo-französischen Beziehungen. Doch während das Habsburgerreich stark blieb, ging es mit Deutschland selbst immer weiter bergab. Die Habsburger konzentrierten ihre Herrschaft auf Österreich, während der Rest des Heiligen Römischen Reiches in kleinere und schwächere Herzogtümer und Provinzen zerbrach. Der einstige Ruhm wurde schließlich mit Füßen getreten, als Deutschland im Dreißigjährigen Krieg (1618-1648) zum Schlachtfeld Europas wurde. Zu diesem Zeitpunkt war das Heilige Römische Reich als Staat faktisch nicht mehr existent und nur noch ein Schatten seiner einstigen Pracht. Dennoch war der Titel für die Habsburger immer noch eine Quelle des Prestiges.

Im 17. Jahrhundert erlebte das Königreich Frankreich einen seiner Höhepunkte, vor allem während der Herrschaft des berühmten Ludwig XIV. (reg. 1643-1715), während Deutschland nur auf dem Papier ein einheitliches Gebilde war. Dennoch kollidierten die beiden mehrfach miteinander, als die Habsburger mit den Franzosen Krieg um ihren Einfluss auf Kontinentaleuropa führten, beispielsweise im Neunjährigen Krieg (1688-1697) oder im Spanischen Erbfolgekrieg (1701-1714). Insgesamt war Frankreich bestrebt, seine Macht und seinen Machtbereich in Europa auszuweiten. In diesem Sinne sah es ein schwaches Deutschland als einen günstigen östlichen Nachbarn an, da es eine geringere unmittelbare Bedrohung durch die Habsburger und weniger Widerstand im Allgemeinen darstellte. Darüber hinaus bedeutete es auch eine mögliche Route für die Expansion nach Osten, wie die häufigen Kämpfe um die Kontrolle über die Provinzen Elsass und Lothringen zeigten. Infolge zahlreicher Kriege im 17. und 18. Jahrhundert wurden diese beiden Regionen häufig zwischen den Franzosen und den Habsburgern ausgetauscht.

Nach dem Tod Ludwigs XIV. ging es mit Frankreich bergab, da sich seine Erben als weniger kompetent erwiesen und einige kostspielige Kriege verloren. Am bemerkenswertesten war der

Siebenjährige Krieg (1756-1763), den Frankreich hauptsächlich gegen die Briten führte. Der Beginn dieses Krieges stellte jedoch einen Wendepunkt in den deutsch-französischen Beziehungen dar. In diesem Konflikt verbündete sich Frankreich mit den Habsburgern, während Preußen, ein aufstrebender germanischer Staat im Osten, sich auf die Seite der Briten stellte. Die Ursprünge Preußens gehen auf die Deutschordensritter zurück, die ihr Reich um Königsberg (das heutige Kaliningrad) an der Ostsee gründeten. Während des größten Teils seiner Geschichte war es nur eines von vielen Herzogtümern in der Region, die entweder dem Heiligen Römischen Reich oder dem Königreich Polen unterstellt waren. Im 17. Jahrhundert erlangte es Macht, wobei der erste Schritt im Jahr 1619 erfolgte, als es in die Hände der Hohenzollern fiel.

Dies war insofern von Bedeutung, als die Hohenzollern auch andere Ländereien in Deutschland besaßen, vor allem Brandenburg und dessen Hauptstadt Berlin, während Preußen offiziell ein polnisches Lehen war. Die Zerstörungen des Dreißigjährigen Krieges veranlassten die Preußen zu Reformen und zur Stärkung ihres Militärs und ihrer Wirtschaft. Im Jahr 1657 erlangte das Herzogtum Preußen seine Unabhängigkeit von der polnischen Krone, wodurch die Hohenzollern zumindest in dieser Region freie Hand bekamen. Die immer stärker werdenden Herrscher Brandenburg-Preußens nutzten die rechtliche Unabhängigkeit Preußens, um sich 1701 zum König zu ernennen. Zu diesem Zeitpunkt gelang es König Friedrich I. von Preußen, den habsburgischen Kaiser Leopold I. davon zu überzeugen, seinen Titel zu bestätigen, allerdings mit der Formulierung „König in Preußen" und nicht „König von Preußen", da Leopold deutlich machen wollte, dass der Rest von Friedrichs Herrschaftsgebiet weiterhin unter kaiserlicher Herrschaft stand. In den folgenden Jahrzehnten baute Preußen, das den brandenburgischen Teil seines Namens ablegte, seine militärische Macht weiter aus. Ein französischer Politiker des späten 18. Jahrhunderts brachte dies am besten auf den Punkt: „Preußen ist kein Staat mit einer Armee, sondern eine Armee mit einem Staat."

Um 17407 waren die Preußen mächtig genug, um die Habsburger direkt herauszufordern. Unter der energischen Führung von Friedrich II. (auch bekannt als Friedrich der Große; reg. 1740-1786) führten sie zwei kurze Kriege gegen habsburgische Herrschaftsgebiete, die Teil des größeren europäischen Konflikts waren, der als Österreichischer Erbfolgekrieg (1740-1748) bekannt ist. In dieser Auseinandersetzung verbündeten sich die Preußen mit den Franzosen, während die Habsburger von den Briten unterstützt wurden, wobei es auf beiden Seiten noch weitere kleinere Verbündete gab. Zum ersten Mal konnte Preußen seine Macht unter Beweis stellen, indem es mehrere Siege errang und durch die Eroberung der reichen Provinz Schlesien, einer Region im heutigen Südwestpolen, eine bedeutende Expansion vornahm. Als der Siebenjährige Krieg begann, änderten sich die Allianzen. Preußen schlug sich auf die Seite der Briten, während sich die Habsburger Monarchie mit ihrem ehemaligen erbitterten Feind Frankreich verbündete. Diese Umkehrung der Rollen verdeutlicht einen bedeutenden Wandel in den deutsch-französischen Beziehungen. Von nun an war Preußen der dominierende deutsche Staat, der nun mit Frankreich um die Vorherrschaft in Europa konkurrierte. Darüber hinaus war der Einfluss der Habsburger auf das Heilige Römische Reich geschwächt. Sie stützten sich fast ausschließlich auf ihr österreichisches Herrschaftsgebiet und teilweise auf Böhmen (die heutige Tschechische Republik), während die anderen germanischen Staaten ein eher ungeordnetes Durcheinander blieben. Sie waren nur formell als eine Einheit vereint.

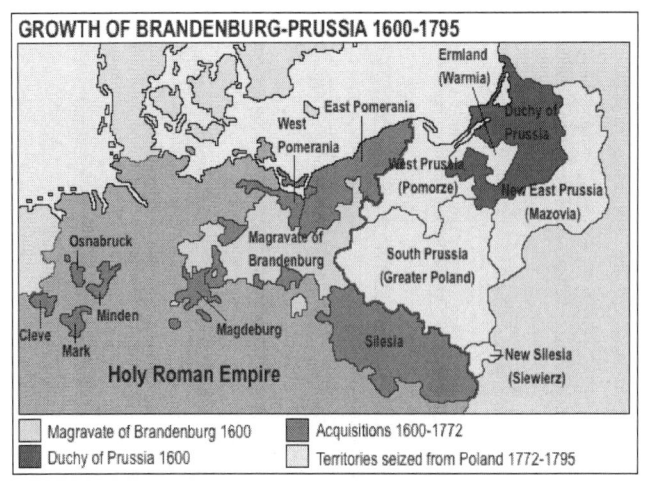

Karte der preußischen Expansion
Attribution-ShareAlike 3.0 Unported (CC BY-SA 3.0)
https://commons.wikimedia.org/wiki/File:Acprussiamap2.gif

Porträt von König Friedrich II
Quelle: https://en.wikipedia.org/wiki/File:Friedrich_Zweite_Alt.jpg

In den letzten Jahren des 18. Jahrhunderts zeigte sich einmal mehr, dass Frankreich und Deutschland, oder in diesem Fall Preußen, als Gegensätze miteinander verbunden waren. Während sich Frankreich in einer Abwärtsspirale befand und innere soziale Probleme das Land zerrissen, ging es in Preußen weiter aufwärts. In den 1770er Jahren nahm es zusammen mit Russland und den Habsburgern an der Ersten Teilung Polens teil und erhielt vor allem das so genannte Westpreußen an der Ostseeküste. Damit gelang es Preußen, seine brandenburgischen Provinzen mit dem eigentlichen Preußen zu verbinden. Um 1790 kam es zu den Zweiten und Dritten Teilungen, in deren Verlauf Polen alle seine Gebiete verlor. Allerdings erhielt Preußen die Kontrolle über die Provinzen Podlachien und Masowien, einschließlich Warschau, das südlich von Preußen lag. Während das Königreich Preußen expandierte, zerfiel die französische Monarchie 1789 infolge des Ausbruchs der Französischen Revolution, die 1792 in der Gründung der Ersten Französischen Republik gipfelte.

Die Französische Revolution und die Behandlung Ludwigs XVI. veranlassten sowohl die Habsburger als auch Preußen zu einer Reaktion, indem sie den Revolutionären gegenüber Drohungen aussprachen. Eine solche Reaktion war zu erwarten, da die Verbreitung revolutionärer Ideen eine Bedrohung für alle gekrönten Häupter in Europa darstellte. Frankreichs Antwort auf die Drohung war eine Kriegserklärung. In den folgenden drei Jahren wütete der Krieg mit wechselndem Ausgang weiter, während die Liste der französischen Feinde immer länger wurde und schließlich auch Spanien, Portugal und Großbritannien umfasste. Doch 1795 hatte Preußen genug von dem kostspieligen Krieg, der keine Vorteile brachte. So wurde ein Separatfrieden geschlossen, der es dem Land ermöglichte, sich auf die Dritte Teilung Polens zu konzentrieren. Die Habsburger setzten ihren Weg fort, dieses Mal im Bündnis mit den Briten. Die Hauptkonfrontationszonen waren Norditalien und die Länder des Heiligen Römischen Reiches. Nach mehrjährigen Kämpfen baten sowohl die Habsburger (1801) als auch die Briten (1802) um Frieden, während Frankreich aus dem jahrzehntelangen Krieg als Sieger hervorging. Das Endergebnis der Französischen Revolutionskriege war der Aufstieg Napoleons, der 1799 durch einen Staatsstreich die Kontrolle über die Republik erlangte.

Der Aufstieg Napoleons brachte einen Wandel in der französischen Politik mit sich, sowohl im Inneren als auch nach außen. Zunächst zeigte Napoleon schnell seine autokratischen Tendenzen und arbeitete sich langsam zum Kaiser im Jahr 1804 vor. Dennoch behielt Frankreich offiziell den Titel einer Republik, da die Nation bis 1809 als Republik bezeichnet wurde. Noch wichtiger ist, dass Napoleon ein ehrgeiziger und fähiger Feldherr war. Seine grandiosen Pläne sahen eine Ausweitung der französischen Macht vor, und so waren die Kriege, die er führte, keine Verteidigungskriege mehr, wie sie es zu Zeiten der Französischen Revolution gewesen waren. Er führte Frankreich zu einer europaweiten Offensive. Um ihn einzudämmen, bildeten andere europäische Mächte 1803 eine Koalition gegen Frankreich, der Großbritannien, Russland, die Habsburger, Neapel und Schweden angehörten. Während Großbritannien auf See einige Erfolge verbuchen konnte, darunter einen bemerkenswerten Sieg bei Trafalgar (1805), verlief der Krieg auf dem Kontinent zu Napoleons Gunsten. Am bemerkenswertesten war sein Sieg über die gemeinsamen russischen und österreichischen Truppen bei Austerlitz (1805). Dies zwang nicht nur die Habsburger, aus dem Bündnis auszusteigen und einen Separatfrieden anzustreben, sondern war auch der Moment, in dem der endgültige Niedergang des Heiligen Römischen Reiches begann.

Zunächst unterzeichnete Napoleon im Juli 1806 separate Verträge mit sechzehn germanischen Staaten, die Teil des Reiches waren. Sie traten formell aus dem Heiligen Römischen Reich aus und bildeten den Rheinbund. Die Habsburger waren darüber nicht erfreut, aber das Ultimatum Napoleons veranlasste Kaiser Franz II., im August 1806 die endgültige Auflösung des Heiligen Römischen Reiches zu verkünden und damit die fast tausendjährige Geschichte dieses Staates zu beenden. Franz wurde Kaiser von Österreich, während sich andere kleinere germanische Staaten dem Bund anschlossen. Napoleon schuf ihn vor allem als Militärbündnis und als Puffer gegen die Feinde Frankreichs im Osten. Dies signalisierte eine bedeutende Überschreitung der französischen Macht über Deutschland, da Frankreich tiefer als je zuvor in germanische Gebiete vordrang. Besonders schockierend war dies für die Preußen, die außerhalb des Bundes geblieben waren, da Frankreich ihnen nun die Führungsrolle unter den Deutschen streitig machte.

Gemälde von Napoleon
https://commons.wikimedia.org/wiki/File:Napoleon_in_1806.PNG

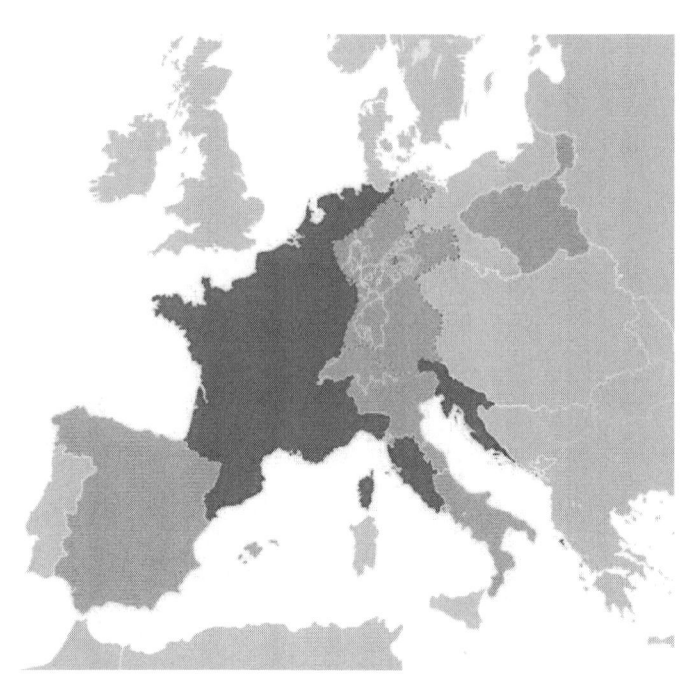

Eine Karte des französischen Reiches und seiner Satellitenstaaten im Jahr 1812,
einschließlich des neu gegründeten Rheinbundes (unten).
Quelle: TRAJAN 117 This W3C-unspecified vector image was created with Inkscape ., CC BY-SA
3.0 <https://creativecommons.org/licenses/by-sa/3.0>, via Wikimedia Commons
https://commons.wikimedia.org/wiki/File:French_Empire_(1812).svg

Die Napoleonischen Kriege wurden in den nächsten Jahren
fortgesetzt, wobei Preußen und Österreich mehrmals versuchten,
Frankreich herauszufordern. Sie wurden jedoch mehrfach besiegt
und verloren dadurch Teile ihrer Territorien. Die Franzosen
eroberten die westlichen Teile Preußens und bildeten das
Königreich Westfalen, während Österreich Kärnten, Krain, seine
Adriahäfen und Galizien verlor. Einige dieser Gebiete kamen
unter direkte französische Herrschaft, während andere an
französische Verbündete in Deutschland abgetreten wurden.
Nichtsdestotrotz begann die Herrschaft Napoleons die
einheimischen Deutschen zu verärgern, während der fortgesetzte
Kampf gegen die Franzosen die gemeinsame germanische Identität
der Bevölkerung weiter prägte. Es machte wenig aus, dass viele
Deutsche auf der anderen Seite des Schlachtfelds standen. Als die
französische Macht zu schwinden begann und Verluste erlitt,

begannen Napoleons germanische Verbündete ihn im Stich zu lassen. Nach der sogenannten Völkerschlacht (1813) verließen viele den Bund, und er zerfiel ohne französische Unterstützung. Bald darauf erlitt Napoleon 1814 und 1815 seine letzten Niederlagen. In Europa herrschte endlich Frieden.

Die Zukunft Europas wurde auf dem Wiener Kongress (1815) entschieden. Dort kamen alle großen Nationen, einschließlich des besiegten Frankreichs, das nun von der alten Bourbonendynastie regiert wurde, zusammen, um die politische Landschaft Europas nach Napoleons Niederlage neu zu gestalten. Natürlich verlor Frankreich die meisten seiner expansiven Errungenschaften, während viele Nationen gegründet und in andere Nationen eingegliedert wurden. So wurde beispielsweise das kurz zuvor wiedererstandene Herzogtum Warschau (Polen) erneut zwischen Russland und Preußen aufgeteilt. Noch wichtiger für die Geschichte der deutsch-französischen Beziehungen war das Schicksal der Region, die einst das Heilige Römische Reich war. Preußen gewann seine verlorenen Gebiete zurück und erhielt außerdem Schwedisch-Pommern, Sachsen und die Stadt Danzig. Die Habsburger erhielten die meisten ihrer verlorenen Gebiete zurück. Andere deutsche Kleinstaaten bekamen ihre Gebietsgewinne unter Napoleon offiziell anerkannt. Am wichtigsten war jedoch vielleicht die Tatsache, dass das Heilige Römische Reich nicht wiederbelebt wurde. Stattdessen wurde ein neuer Deutscher Bund gegründet, der den größten Teil des ehemaligen Heiligen Römischen Reiches umfasste. Er bestand aus mehr als vierzig unabhängigen Einheiten in einem losen Bündnis unter österreichischer Führung.

Von da an wurde die weitere Entwicklung der deutschen Nation von zwei wichtigen Faktoren beeinflusst. Aufgrund des aufkeimenden Nationalgefühls verbreitete sich der Gedanke der deutschen Einigung in den germanischen Staaten oder zumindest in deren Eliten. Dies war mit dem wachsenden Wettbewerb zwischen Preußen und Österreich um die Führungsrolle in der germanischen Welt verbunden. Die Preußen waren bestrebt, den Aufschwung dieser nationalistischen Einigungsideen zu nutzen, während die Österreicher dagegen waren. Die Habsburger erkannten, dass die Integration Österreichs in einen rein germanischen Staat mit ihrem Reich, das sich aus zahlreichen europäischen Nationen wie Ungarn, Tschechen, Serben und Kroaten zusammensetzte, weitgehend unvereinbar war. Die Preußen hingegen waren der Ansicht, dass die Einigung unter ihrer Führung erfolgen könnte. Der erste Schritt, den sie unternahmen, war die Gründung einer Zollunion (Zollverein) im Jahr 1818. Es handelte sich um ein Handelsbündnis, das das Wachstum der deutschen und preußischen Industrie und Wirtschaft förderte. Mitte der 1830er Jahre umfasste dieses Handelsbündnis die meisten germanischen Staaten, wobei die Preußen darauf achteten, die Österreicher davon auszuschließen.

Die Aufhebung der Handelsschranken stärkte nicht nur die wirtschaftliche Expansion der germanischen Staaten, die um 1840 eine rasche Industrialisierung begannen. Sie förderte auch das wachsende Gefühl einer gemeinsamen deutschen Identität. Frankreich durchlebte währenddessen eine Zeit des Auf und Ab. Seine Wirtschaft und seine Macht wuchsen, aber nicht so schnell wie in den germanischen Staaten, während sein politisches und soziales Leben, gelinde gesagt, instabil war. 1830 führte ein Staatsstreich zu einem Wechsel auf dem Thron. König Karl X. wurde durch Louis Philippe ersetzt, der einem Nebenzweig der bourbonischen Dynastie angehörte. Dieser Wechsel war eine Reaktion auf die unbeirrbare Autokratie Karls. Louis sollte ein „Bürgerkönig" werden, dessen Macht auf dem Bürgertum beruhte. Diese Änderung wurde dadurch deutlich, dass sein Titel „König der Franzosen" und nicht „König von Frankreich" lautete. Die französische Monarchie bekam die Auswirkungen der Revolution deutlich zu spüren.

Im Laufe der Zeit wandte sich dieser „Bürgerkönig" jedoch auch dem Autoritarismus zu, um seine Herrschaft zu erhalten, was

Frankreich in weitere Unruhen stürzte. Sie brachen 1848 aus, weil die Arbeiter und die unteren Klassen mit dem Regime unzufrieden waren. Mit einer neuen Revolution wurde die Monarchie erneut gestürzt, und die Zweite Republik wurde gegründet. Am Ende des Jahres wurde Louis Napoleon Bonaparte, der Neffe Napoleons, zum Präsidenten und Führer „des ganzen Volkes" ernannt. Während Frankreich eine weitere Revolution und interne Umwälzung erlebte, schwappte die rebellische Stimmung diesmal auch auf andere Nationen über. Diese Zeit wurde als „Frühling der Nationen" oder „Revolutionen von 1848" bekannt, da die Menschen in der ganzen Welt rebellierten. Sowohl Preußen als auch Österreich waren davon betroffen, allerdings auf sehr unterschiedliche Weise.

Die Preußen rebellierten gegen die absolute Monarchie von König Friedrich Wilhelm IV. (Friedrich Wilhelm; reg. 1840-1861), was zu einigen Zugeständnissen seinerseits führte. Trotzdem kam es zu großen Demonstrationen und sogar zu Todesopfern. Die meisten Proteste und Aufstände in Preußen und anderen germanischen Kleinstaaten zielten darauf ab, die deutsche Einigung zusammen mit Forderungen nach liberalen Reformen voranzutreiben, da dies als logischer nächster Schritt zu einem besseren Leben angesehen wurde. Dies führte zu einer Krise des Deutschen Bundes, da viele mehr direkte Wahlen und Mitbestimmung forderten. Der Umbruch gipfelte in einer neuen Nationalversammlung, die König Friedrich direkt die Krone des vereinigten Deutschlands anbot. Er lehnte ab, da ihm dieser Schritt zu radikal war. Ende 1849 wurde die revolutionäre Flut in Deutschland von den lokalen Fürsten und Herzögen gebrochen, oft unter Einsatz immenser Gewalt. Dennoch blieb die signalisierte Unterstützung für die deutsche Einheit nicht unbemerkt.

Eine Karte von Europa aus dem Jahr 1850.
Quelle: https://commons.wikimedia.org/wiki/File:1850_Mitchell_Map_of_Europe_-
Geographicus-_Europe-mitchell-1850.jpg

Weiter südlich sahen sich die österreichischen Habsburger mit einer noch größeren Bedrohung konfrontiert, da so gut wie alle nicht-germanischen Nationalitäten unter ihrer Herrschaft revoltierten und mehr Autonomie forderten. Die Krise war so heftig, dass Kaiser Ferdinand I. zugunsten seines liberaleren Neffen Franz Joseph abdankte. Noch schlimmer war, dass das Reich in einen bürgerkriegsähnlichen Konflikt verwickelt war, da die verschiedenen Rebellionen und Nationalitäten gegeneinander antraten, manchmal sogar zugunsten der Habsburger, da die Menschen hofften, eine gewisse Gunst zu erlangen. Schließlich wurde der Frieden wiederhergestellt, doch waren die Österreicher noch zu sehr mit ihren inneren Angelegenheiten beschäftigt, um die Angelegenheiten des Deutschen Bundes in nennenswertem Umfang zu beeinflussen. Als sich die Wogen geglättet hatten, kehrten die meisten germanischen Staaten, einschließlich Preußen und Österreich, zu ihren konservativen Gewohnheiten zurück, da sich die Ergebnisse der Aufstände als flüchtig erwiesen. Gleichzeitig lebte die österreichisch-preußische Rivalität wieder auf.

Die Französische Republik durchlief einen ähnlichen Weg. Louis Napoleon Bonaparte ordnete seine Positionen und seine Macht in aller Stille neu, während das Land langsam in eine neue Autokratie abglitt. Im Jahr 1852 beschloss er, sich vom Präsidenten zum Kaiser zu „befördern" und als Kaiser Napoleon III. bekannt zu werden, wodurch die Republik erneut in ein Kaiserreich verwandelt wurde. Diese Umwandlung blieb weitgehend unangefochten. Mit diesem Schritt wollte Frankreich einmal mehr seine Vormachtstellung in Europa unter Beweis stellen. Die Wiederbelebung einer solchen imperialen Politik brachte Frankreich auf Kollisionskurs mit Preußen, das seinen Aufstieg zur europäischen Macht und zum Zentrum der deutschen Einigung fortsetzte.

Kapitel 2 - Feinde an den Grenzen: Unmittelbare Ursachen des Krieges

Zwar gab es Feindschaften zwischen Franzosen und Deutschen, die mit ihrem langjährigen Kampf um die Vorherrschaft in Kontinentaleuropa zusammenhingen, doch waren dies nicht die unmittelbaren Ursachen für den Krieg zwischen Frankreich und Preußen. Sie begünstigten ihn in einer langen Kette von Ursachen und Wirkungen, aber der unmittelbare Ursprung des Konflikts begann erst in den 1850er Jahren zu entstehen.

Im Jahr 1852 hatte sich Napoleon III. als neuer französischer Kaiser etabliert und war von Großmachtträumen erfüllt. Während seiner Regierungszeit, vor allem in den ersten Jahren, zeichnete sich Frankreich durch innere Stabilität, wirtschaftliches Wachstum und eine allmähliche Industrialisierung aus. Eine solche Position erlaubte es ihm, seine Vorstellungen von Ruhm in der Außenpolitik zu verfolgen. Napoleon III. wollte Frankreich wieder an die Spitze der Weltmächte bringen und das gleiche Ansehen und Prestige erlangen, das sein Onkel genossen hatte. Es gelang ihm, das französische Kolonialgebiet in Indochina und Afrika zu erweitern, die französische Kontrolle über Algerien zu stärken und neben anderen Kolonialmächten in China Fuß zu fassen. Verglichen mit seinen Misserfolgen in Europa erscheinen diese Erfolge jedoch gering. Im Krimkrieg (1854-1856) schlug er sich auf die Seite der siegreichen britischen und osmanischen Truppen gegen das kaiserliche Russland, doch diese Expedition brachte nur Kosten, aber keine greifbaren Gewinne. Im Jahr 1859 wandte er sich dann dem eigenen Land zu und beschloss, das italienische Königreich Piemont in seinem Krieg zur Vertreibung der Österreicher von der Apennin-Halbinsel zu unterstützen. Sein Ziel war es, den französischen Einfluss auf eine lockere italienische Konföderation auszudehnen, die er sich erhoffte.

Ein Porträt von Napoleon III. aus dem Jahr 1855
https://commons.wikimedia.org/wiki/File:Franz_Xaver_Winterhalter_Napoleon_III.jpg

Eine Darstellung der französischen Präsenz in Algerien
https://commons.wikimedia.org/wiki/File:Arrival_of_Marshal_Randon_in_Algier-Ernest-Francis_Vacherot_mg_5120.jpg

Zunächst sah es so aus, als könnten Napoleons Pläne aufgehen, da die gemeinsamen italienisch-französischen Streitkräfte gegen die Habsburger siegten, was diese dazu veranlasste, innerhalb weniger Monate um Frieden zu bitten. Frankreich erhielt einige Gebiete in Norditalien, vor allem um Mailand. Diese wurden mit Piemont gegen Gebiete um Nizza und Savoyen getauscht. Trotz der Gebietsgewinne scheiterten die Pläne Napoleons bald. Nach zwei Jahren voller Konflikte und Kämpfe breitete sich Piemont über die gesamte Halbinsel aus und ließ nur das Papsttum in Rom und die Österreicher in Venedig zurück. Statt einer losen Konföderation hatte Frankreich Anfang 1861 ein geeintes Königreich Italien als südlichen Nachbarn gewonnen. Zu allem Überfluss musste Napoleon weitere diplomatische Misserfolge in Nordamerika hinnehmen. Seine Politik hätte Frankreich beinahe in den amerikanischen Bürgerkrieg (1861-1865) hineingezogen, und sein Versuch, Mexiko unter französischen Einfluss zu bringen, scheiterte kläglich. Die Expeditionsstreitkräfte, die 1861 zur Einsetzung eines Marionettenherrschers entsandt worden waren, kämpften sechs Jahre lang gegen die Mexikaner, bevor sie 1867 besiegt wurden. Der französische Herrscher in Mexiko wurde hingerichtet, Frankreich wurde gedemütigt, und Napoleon verlor viele seiner Anhänger. Statt Frieden und Wohlstand zu sichern, brachte er Kriege, die meist mit Verlusten oder leeren Siegen und finanziellen Debakeln endeten. Zu allem Übel entfremdete seine unberechenbare Außenpolitik die meisten französischen Verbündeten, so dass Frankreich auf der Weltbühne allein dastand.

Während sich Frankreich in einer Abwärtsspirale zu befinden schien, verlief das Schicksal Preußens in eine andere Richtung. Obwohl Napoleon III. einen vielversprechenden Start hatte, führte Friedrich Wilhelm IV. Preußen in den 1850er Jahren durch eine steinige Phase. Er musste die durch die Revolutionen von 1848 verursachte politische Instabilität beseitigen und gleichzeitig die Wirtschaft und Industrie weiter ausbauen. Die Schwäche Preußens, insbesondere auf diplomatischem Gebiet, wurde in diesem Jahrzehnt deutlich. Zunächst erlitt es im Ersten Schleswigschen Krieg (1848-1851) eine Niederlage gegen Dänemark, die eher auf internationalen Druck als auf Versäumnisse auf dem Schlachtfeld zurückzuführen war. Außerdem wurde Preußen im Krimkrieg (1854-1856) und im Italienischen Krieg (1859) von anderen Großmächten an den Rand gedrängt. Damit wurde sein Status als europäische Macht bis in die 1860er Jahre hinein zu einem Problem.

Solche Entwicklungen passten Friedrichs jüngerem Bruder Wilhelm nicht besonders gut, der nach einem Schlaganfall des Königs Regent wurde. Sein Plan, Preußen wieder zu altem Ruhm zu verhelfen, beruhte auf dem Ausbau der militärischen Macht des Landes. Wilhelm trat 1861 in Aktion, als er nach dem Tod seines älteren Bruders die Königswürde übernahm. Diese Ausgaben lösten unter den preußischen Politikern eine gewisse Gegenreaktion aus. Inmitten der Krise erwog König Wilhelm I., abzudanken, ernannte aber stattdessen im September 1862 Otto von Bismarck zum Ministerpräsidenten. Dies erwies sich als ein entscheidender Wendepunkt für Preußen. Zu dieser Zeit war Bismarck weder ein prominenter noch ein sehr erfahrener Politiker. Seine Karriere verlief hauptsächlich in der Außenpolitik, wo er zunächst als preußischer Vertreter in der Versammlung des Deutschen Bundes und dann als Botschafter in Russland und Frankreich tätig war. Wilhelm wählte ihn nur auf Anraten seines Kriegsministers Albrecht von Roon. Dennoch bewies Bismarck schnell seinen Wert, denn es gelang ihm, die Gegner der Militärreformen zu überlisten.

In der politischen und militärischen Führung Preußens bildete sich ein perfekter Sturm. König Wilhelm, ein alter General, der glaubte, dass die politische Macht im Militär der Nation lag, wurde von Bismarck unterstützt, der glaubte, dass Preußens oberstes Ziel die Einigung Deutschlands durch „Blut und Eisen" sein musste. Roon, der an die Notwendigkeit militärischer Reformen glaubte, schlug die Brücke zwischen Politik und Armee. Der preußische Generalstabschef war der berühmte Feldmarschall Helmuth von Moltke, der persönlich die Reorganisation und Umstrukturierung der preußischen Streitkräfte leitete. Moltke beobachtete die Fortschritte anderer europäischer Nationen in den 1850er Jahren und erkannte, dass das preußische Militär zahlenmäßig expandieren, neue Waffentypen einführen, eine schnellere und bessere Mobilisierung beherrschen, die Kommunikation und den Einsatz moderner Technologien verbessern und einen professionellen und gut ausgebildeten Offizierskörper schaffen musste. Im Jahr 1864 war Preußen unter Bismarcks Führung bereit, seine neu gewonnene Stärke unter Beweis zu stellen.

Der erste Gegner war Dänemark, ein perfektes Ziel, um die preußische Frustration aus dem Schleswigschen Krieg zu verarbeiten. Ein Wechsel auf dem dänischen Thron im Jahr 1863 eröffnete territoriale Streitigkeiten über die mehrheitlich von Deutschen bewohnten Provinzen Schleswig und Holstein. Sie waren offiziell Teil des Deutschen Bundes, standen aber unter dänischer Herrschaft. Der neue dänische Monarch erließ eine neue Verfassung, die Schleswig als integralen Bestandteil der dänischen Krone proklamierte und damit gegen den Friedensvertrag aus den 1850er Jahren verstieß. Das war für Bismarck ein ausreichender Vorwand, um einen Feldzug zu starten, der die deutsche Nationalstimmung nutzte, um den preußischen Angriff weiter zu legitimieren. Dies reichte aus, um den Rest des Staatenbundes, einschließlich Österreichs, dazu zu bringen, sich der Verteidigung des deutschen Volkes anzuschließen. Noch wichtiger war, dass andere Großmächte an dem Konflikt weitgehend uninteressiert blieben, lediglich Großbritannien zeigte den Dänen gegenüber eine leichte Unterstützung. Am Ende waren die vereinten Kräfte der deutschen Staaten den dänischen Streitkräften zahlen- und waffenmäßig überlegen und eroberten bis Mitte 1864 fast ganz Dänemark. Im Oktober wurde ein Friedensvertrag unterzeichnet. Österreich erhielt Holstein, während Preußen Schleswig und die Anerkennung seiner Stärke erhielt.

Ein Foto von Wilhelm I. aus dem Jahr 1857
https://en.wikipedia.org/wiki/File:Kaiser_Wilhelm_I_1857.jpg

Eine Illustration aus den 1860er Jahren mit Bismarck, Roon und Moltke in besagter Reihenfolge

https://commons.wikimedia.org/wiki/File:BismarckRoonMoltke.jpg

Nach dem schnellen Sieg einigten sich Österreich und Preußen darauf, die Souveränität über die beiden Provinzen gemeinsam auszuüben, da sie historisch als eine Einheit betrachtet wurden. Dies führte erwartungsgemäß zu zahlreichen Problemen zwischen den beiden Nationen, was einige Historiker zu der Annahme veranlasste, dass dies alles nach Bismarcks großem Plan geschah. Solche Behauptungen sind, gelinde gesagt, umstritten, doch Bismarcks Fähigkeit, sich auf neue Situationen einzustellen und sie zu seinem und Preußens Vorteil zu nutzen, ist unbestritten. Anfang 1866 waren die Spannungen so groß geworden, dass die Preußen den Österreichern vorwarfen, die gemeinsame Souveränität zu verletzen, indem sie Holstein erlaubten, eine Versammlung zu organisieren. Gegenseitige Anschuldigungen wurden ausgetauscht, was beide Seiten dazu veranlasste, nach Verbündeten zu suchen. Bismarck schloss ein Bündnis mit Italien, das Venedig von den

Habsburgern befreien wollte, während Österreich Unterstützung von den anderen deutschen Staaten erhielt, die die preußische Militärmacht fürchteten. Beide Seiten begannen, ihre Truppen an den Grenzen zu konzentrieren und Mobilisierungsbefehle zu erteilen. Ein Krieg stand offensichtlich unmittelbar bevor.

Auch Napoleon III. war an der Entwicklung der österreichisch-preußischen Krise interessiert. Ende 1865 traf er mit Bismarck zusammen und versicherte ihm, dass Frankreich im Falle eines Krieges neutral bleiben würde. Offenbar glaubte Napoleon, dass ein Konflikt zwischen den deutschen Staaten diese nur erschöpfen würde und er dadurch politische Zugeständnisse für Frankreich erreichen und es sogar vergrößern könnte. Bismarck und Preußen genügte jedoch die Neutralität. Im Mai 1866 waren beide Seiten für einen Krieg gerüstet. In den ersten Junitagen brachten die Österreicher die Fragen in die Versammlung des Deutschen Bundes ein und bereiteten gleichzeitig die Zusammenkunft des holsteinischen Landtags vor. Die Preußen erklärten daraufhin ihr Abkommen mit Österreich für ungültig und marschierten in Holstein ein, woraufhin der Deutsche Bund mit einer Teilmobilisierung reagierte. Anstatt sie einzuschüchtern, erklärten die Preußen daraufhin den Deutschen Bund für aufgelöst. Ihre Armee fiel in Sachsen, Hessen und Hannover ein, und Italien erklärte auch Österreich den Krieg.

Da die preußische Armee reformiert und modernisiert war, zerstörte sie schnell alle österreichischen Hoffnungen auf einen schnellen Sieg und brachte gleichzeitig alle Pläne Napoleons zum Scheitern. Preußen gelang es, die hannoverschen Truppen bis Ende Juni zu besiegen und Truppen in der Nähe von Mähren (der heutigen Tschechischen Republik) aufzustellen, wo die Österreicher ihre Kräfte sammelten. Am 3. Juli trafen die beiden großen Armeen in der Schlacht von Königgrätz (dem heutigen Sadová) aufeinander. Die Preußen erwiesen sich als technisch und taktisch überlegen und ließen die österreichische Armee in Scharen vom Schlachtfeld fliehen. Während sie weiter durch die

Tschechische Republik und die Slowakei vorstießen, besiegten andere preußische Truppen sächsische und bayerische Truppen. Die Österreicher, die wussten, dass ihnen eine totale Niederlage drohte, baten am 22. Juli um Frieden und beendeten den Krieg nach nur sieben Wochen. Wenige Tage später, am 12. August, waren auch die Italiener gezwungen, ihren Feldzug zu beenden, obwohl ihr Kampf etwas ausgeglichener schien, da beide Seiten einige Siege errangen.

Nachdem Moltke und die preußische Armee den Sieg auf dem Schlachtfeld errungen hatten, war es an Bismarck, daraus Kapital zu schlagen. Er war sogar dafür, eine schnelle Niederlage der Österreicher hinzunehmen, ohne weitere Siege anzustreben. Als scharfsinniger Politiker und Diplomat wusste Bismarck, dass, wenn Preußen zu weit ging, Russland oder Frankreich eingreifen könnten. Außerdem wollte er eine zu starke Revanche seitens Österreichs oder anderer germanischer Staaten vermeiden. Der Frieden wurde Ende August in Prag ratifiziert, allerdings nicht ohne französische Einmischung. Preußen annektierte Schleswig, Holstein, Hannover, Hessen-Kassel, Nassau und Frankfurt, während die übrigen nordgermanischen Staaten im Norddeutschen Bund organisiert wurden. Durch diese Konföderation kontrollierte Preußen im Wesentlichen ihre militärischen und außenpolitischen Beziehungen; diese Staaten waren im Grunde nur einen Schritt von der Annexion entfernt. Um die weitere Vereinigung der germanischen Staaten unter Preußen zu verhindern, verlangte Napoleon von Bismarck die Zusicherung der Unabhängigkeit Sachsens, Bayerns, Württembergs, Badens und Hessen-Darmstadts. Anfang Oktober gelang es Italien, sich Venedig zu sichern, obwohl es zunächst an Frankreich übergeben wurde, das es dann an Italien abtrat. Dies geschah, um das Gesicht der Österreicher zu wahren, denn sie behaupteten, den Krieg mit Italien gewonnen zu haben.

Der Prager Frieden bedeutete auch, dass die Habsburger von deutschen Angelegenheiten und Einigungsfragen ausgeschlossen wurden. Der Zusammenschluss sollte nur das so genannte „Kleindeutschland" umfassen, nicht aber Österreich oder andere habsburgische Länder. Trotzdem war Frankreich weiterhin bedroht. Statt einer losen Konföderation, die durch den Krieg erschöpft war, sah sich Napoleon mit dem starken Norddeutschen Bund konfrontiert, der im Grunde ein vergrößertes Preußen war. Er hatte dreißig Millionen Einwohner, verglichen mit den achtunddreißig Millionen in Frankreich, und verfügte über eine viel besser entwickelte Industrie. Außerdem verfügte Preußen aufgrund von Militärreformen über eine um ein Drittel größere Armee als Frankreich. Wenn sich Preußen auf die südlichen germanischen Staaten unterhalb des Mains ausbreitete, würde es nicht nur einen beträchtlichen Zuwachs an Bevölkerung und Wirtschaft erhalten, sondern auch einen strategischen Vorteil gegenüber den Franzosen. Ein Angriff auf der breiten Front von Luxemburg bis zur Schweiz würde es ihnen ermöglichen, die französischen Verteidigungsanlagen leicht zu umgehen. So wurde die Verhinderung der deutschen Einigung zu einem der wichtigsten Ziele der napoleonischen Politik.

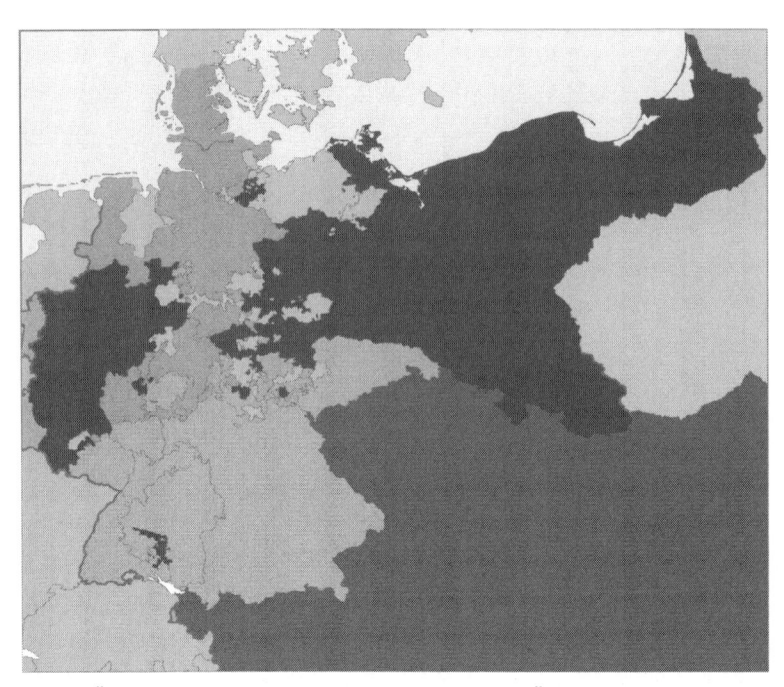

Karte des Österreichisch-Preußischen Krieges von 1866 - Österreichisches Kaiserreich (rot), österreichische Verbündete (rosa), preußische Verbündete (hellblau), Preußen (dunkelblau), preußische Übernahmen (cyan) und neutrale Staaten (grün).

Kurz nachdem sich die Wogen geglättet hatten, versuchte Napoleon, Luxemburg zu kaufen, das zu dieser Zeit in einer Personalunion mit den Niederlanden stand und von König Wilhelm III. regiert wurde. Wilhelm war verschuldet, und Napoleon wollte sowohl seine Position in Frankreich als auch Frankreichs Position in Europa verbessern. Ein zusätzlicher Vorteil war, dass Luxemburg eine strategisch wichtige Festung zwischen Frankreich und Preußen darstellte. Napoleon hoffte, dass Bismarck nichts dagegen haben würde, da dies angeblich Teil ihrer mündlichen Vereinbarung vor dem österreichisch-preußischen Krieg war. Es scheint, dass Bismarck angedeutet hat, dass er keine Einwände gegen die französische Hegemonie in Belgien und Luxemburg hatte, wenn Frankreich neutral bleibt. Anfang 1867 war Preußen jedoch in der Lage, sich der französischen Expansion zu widersetzen. Plötzlich spielte Bismarck nicht mehr die Rolle des gefügigen Schützlings Napoleons, der sich um die französischen Reaktionen sorgte. Stattdessen ging es ihm um Dominanz und Macht, und er drohte mit Krieg, falls Frankreich den Kauf durchführte. Anstelle eines Krieges wurde eine Konferenz der Großmächte in London abgehalten, deren Ergebnis die von diesen Nationen garantierte Unabhängigkeit Luxemburgs war.

Dennoch blieben die Spannungen hoch, da beide Seiten am Rande eines Krieges standen. Doch anscheinend war keine der beiden Seiten bereit, ein Risiko einzugehen. Napoleon erkannte, dass Frankreich sein Militär modernisieren musste, wenn es die Preußen auf dem Schlachtfeld herausfordern wollte. Bismarck befürchtete, dass ein weiterer Krieg die anderen Großmächte gegen Preußen vereinen könnte, da sie sich durch die wachsende Macht Preußens bedroht fühlten. Stattdessen beschloss er, seine Zeit abzuwarten und die Bühne für eine endgültige Abrechnung mit Frankreich vorzubereiten. Mit seinem ausgeprägten politischen Geschick machte sich Bismarck die Haltung Napoleons zunutze. Dies ließ Frankreich mächtiger erscheinen, als es war, und zeigte es gleichzeitig als eine mögliche Bedrohung, da es ein öffentliches Interesse daran hatte, die Kontrolle über Belgien, Luxemburg und sogar das Rheinland zu erlangen. In den Augen der anderen Mächte sah es so aus, als sei Frankreich eine viel größere Bedrohung als das vergrößerte Preußen. Das nutzte Bismarck aus und arbeitete daran, Frankreich von möglichen Verbündeten gegen Preußen zu isolieren.

Im Jahr 1868 verhöhnte Bismarck die Franzosen ein weiteres Mal. Er gründete ein gesamtdeutsches Zollparlament, das die Beziehungen Preußens zu den südlichen germanischen Staaten verstärkte. Das verärgerte Napoleon natürlich, und er erinnerte Preußen an seine früheren Forderungen nach der Unabhängigkeit dieser germanischen Länder. Er verlängerte sogar die militärischen Sommermanöver in der Hoffnung, ernster genommen zu werden. Für Bismarck war das ein Erfolg. Wieder einmal war es Frankreich, das bedrohlich wirkte, denn Preußen war bei weitem nicht in der Lage, die südlichen Staaten friedlich zu übernehmen. Deren Herrscher wollten ihre Souveränität behalten, obwohl sie einen erleichterten Handel mit Preußen wünschten. Auch innenpolitisch kam Bismarck die Haltung Napoleons zugute. Die mögliche französische Invasion heizte die deutschen Nationalgefühle nur noch mehr an, was besonders in den südlichen Staaten von Bedeutung war. Im Laufe der Zeit begannen die Bürger, trotz des Beharrens der Oberschicht auf der politischen Unabhängigkeit, langsam einen einheitlichen Nationalstaat zu befürworten. Dies war eine Realität, die nur durch Preußen erreicht werden konnte.

Während die beiden Nationen in einem Zustand verharrten, den man als diplomatisches Kräftemessen bezeichnen könnte, hatten sowohl Napoleon als auch Bismarck mit Problemen im eigenen Land zu kämpfen. Die Franzosen, oder zumindest die städtische Elite, begannen, ihren Unmut über die Politik des Kaisers zu äußern. Sie beklagten seine eher autoritäre Verfassung. Auch in der Wirtschaft zeigen sich erste Anzeichen von Misstrauen. Die Ausgaben für die verschiedenen Abenteuer Napoleons, von Mexiko bis Italien, begannen sich zu summieren, und selbst die jüngsten militärischen Reformen erforderten erhebliche Investitionen. Darüber hinaus verschlechterten sein extravaganter Lebensstil und seine schmarotzende Entourage das Image des Kaisers bei den Massen. Um seine angeschlagene Herrschaft zu sichern, rief Napoleon 1869 zu Neuwahlen auf und hoffte, dass seine Kandidaten durch politische Tricks gewinnen würden. Doch trotz Wahlmanipulationen, Wahlfälschungen und ähnlicher Taktiken gelang es der Opposition, 25 Prozent der Sitze in der Versammlung zu erringen. In Wirklichkeit lag die Opposition viel näher an 50 Prozent, was zu massiven Protesten und Demonstrationen führte. Städtische Fabrikarbeiter begannen sogar, eine „rote Revolution" und eine neue Republik zu fordern. Der Kaiser war bereit, diese Bestrebungen mit Gewalt zu unterdrücken, entschied sich jedoch für einen sanfteren Ansatz.

Um die Demonstranten zu besänftigen, lockerte er seine autoritäre Herrschaft und ernannte einen bedeutenden liberalen Reformer, Émile Ollivier, zum Premierminister. Trotzdem blieb Frankreich ziemlich gespalten und unruhig. Das Einzige, worauf sich alle Franzosen einigen konnten, war die Unterstützung des Konflikts mit Preußen, da dies eine Frage des Nationalstolzes war.

Auf der anderen Seite der Grenze hatte Bismarck ebenfalls mit innenpolitischen Problemen zu kämpfen. Im preußischen Landtag musste er sowohl gegen die Liberalen kämpfen, die den Umfang und die Ausgaben des Militärs reduzieren wollten, als auch gegen die Konservativen, die sich gegen neue Gesetze und Steuern aussprachen. Außerdem musste er sich mit anderen germanischen Regierungen und der Bundesversammlung herumschlagen. Erschwerend kam hinzu, dass Bismarck mit der aufstrebenden industriellen Arbeiterklasse konfrontiert war, die von sozialistischen Idealen durchdrungen war. Seine Einigungsbestrebungen wurden zusätzlich dadurch erschwert, dass sich die südlichen germanischen Staaten von Preußen abzuwenden begannen und sogar in Erwägung zogen, im Falle eines Krieges um französischen Schutz zu bitten. Auch die nördlichen Staaten begannen, die preußische Führung bis zu einem gewissen Grad in Frage zu stellen. Bismarcks Position wurde zudem durch zahlreiche lokale Nationalliberale erschüttert, die der Meinung waren, er lasse sich zu viel Zeit mit der Einigung der Staaten. Während die Eliten und Politiker auf der ganzen politischen Skala aufgereiht waren, begann die einfache Bevölkerung des komplizierten Systems sich überschneidender Versammlungen und ständiger Wahlen überdrüssig zu werden. Stagnation und Entmutigung machten sich breit, wenn es um die Einigung ging. Während also Napoleon den Krieg als Mittel zur Sicherung seiner Herrschaft favorisierte, sah Bismarck in dem Konflikt ein grobes Mittel, um die aufkommenden Hindernisse für den deutschen Zusammenschluss zu beseitigen.

Die Pulverfässer waren ausgerichtet, es fehlte nur noch der richtige Funke. Der erste kam Anfang 1870, als das Gerücht aufkam, die Versammlung des Norddeutschen Bundes biete König Wilhelm den Kaisertitel an. Sowohl Wilhelm als auch Bismarck schienen eine solche Entwicklung zu befürworten, doch Napoleon drohte lautstark mit einem Krieg. Letztendlich wurde die Angelegenheit nie weiterverfolgt. Bald darauf wurde von Bismarck absichtlich ein weiterer Funke gesetzt. Er, oder besser gesagt Preußen, investierte in eine Eisenbahnlinie durch die Schweiz, die Italien und die germanischen Staaten verbinden sollte. Als ein solcher subtiler Hinweis unbemerkt blieb, hielt Bismarck eine wohlüberlegte Rede. Ohne aggressiv oder bedrohlich zu klingen, deutete er die Existenz einer preußisch-italienischen Allianz gegen Frankreich an, die durch die besagte Eisenbahnverbindung erleichtert werden sollte. Die französische Öffentlichkeit schrie einmal mehr nach Blut, doch die Angelegenheit entwickelte sich nicht weiter. Napoleon und seine Regierung blieben erstaunlich passiv und untätig. Während Bismarck daran arbeitete, Frankreich zu isolieren, sah Napoleons Außenminister einfach nur zu. So empfand Italien 1870 keine Treue mehr zu Napoleon, obwohl Frankreich 1859 einen kostspieligen Krieg für das Land geführt hatte.

Napoleon III. erkannte, dass seine Regierung eine aktivere und energischere Diplomatie benötigte, und ernannte den Herzog Antoine Agénorde Gramont zu seinem Außenminister. Gramont sah sich als ebenbürtig mit Bismarck und versprach, einen Konflikt zu inszenieren, unter welchem Vorwand auch immer er zuerst auftauchen würde. Er wollte Preußen eine Lektion erteilen und seine 1866 errungene Position demontieren. Premierminister Ollivier stimmte dem zu und erklärte, dass die nächste respektlose Handlung von Bismarck und Preußen zum Krieg führen müsse. Zu diesem Zeitpunkt war der zweiundsechzigjährige Napoleon krank und nicht in der Lage, sich direkter in den Entscheidungsprozess einzuschalten, doch seine ernannten

Minister waren auf dem Kriegspfad. Sie ahnten nicht, dass sie geradewegs in eine Falle Bismarcks liefen, die dieser seit September 1869 vorbereitet hatte. Daraufhin bot das spanische Parlament Leopold von Hohenzollern, Wilhelms Cousin, die Krone an. Abgesehen von der Anerkennung des Aufstiegs Preußens durch eine solche Wahl hatte Leopold auch noch andere Vorteile. Er schien ein vielseitiger und angesehener Kandidat zu sein.

Obwohl sich das Angebot gut anhörte, lehnten sowohl Leopold als auch Wilhelm es zunächst ab. Spanien war instabil und suchte nach der Absetzung der alten Bourbonen-Dynastie im Jahr 1868 ein neues Königshaus. Sollte Leopold verjagt werden, würde dies Schande über die gesamte Hohenzollern-Dynastie bringen. Doch Bismarck sah darin eine Chance und verführte Leopolds Vater im Mai 1870 dazu, in seinem Namen anzunehmen. Einige Wochen später stimmte Leopold selbst zu. Anfang Juli erreichte die Nachricht Frankreich und löste sofort eine heftige Reaktion aus. Ganz Frankreich bereitete sich auf einen Krieg vor, denn wenn der spanische Thron an die Hohenzollern gehen würde, wären sie eingekesselt und ihre Position nachhaltig geschwächt. Es schien, als würden sowohl Bismarck als auch Gramont ihren Krieg bekommen. Doch Wilhelm war besorgt, dass er als Anstifter dastehen könnte. Ohne mit seinem Kanzler zu sprechen, überredete er Leopold und seinen Vater, das Angebot abzulehnen, was sie am 11. Juli taten. Es sah so aus, als würde die Krise abgewendet, was Gramont möglicherweise als Zeichen der Schwäche empfand.

Obwohl Gramont einen diplomatischen Sieg errungen hatte, war er nicht zufrieden. Da ihm die Möglichkeit verwehrt wurde, die Rechnung durch einen Krieg zu begleichen, wollte er die Preußen demütigen. Es ist auch wichtig zu erwähnen, dass er mit dieser Meinung nicht allein war, denn der Großteil der französischen Öffentlichkeit und der politischen Elite schien sich nach einem Krieg zu sehnen. In seinem Bestreben, sein Schicksal in die Hand zu nehmen, schickte Gramont ein Telegramm an den französischen Botschafter in Preußen, in dem er von Wilhelm I. eine öffentliche und schriftliche Verzichtserklärung sowie die Zusage verlangte, dass Preußen niemals nach der spanischen Krone greifen würde. Der Botschafter traf sich am 13. Juli mit dem König in Bad Ems, einem Kurort, in dem sich Wilhelm zur Sommerfrische aufhielt. Der preußische König hörte sich die Forderung an und ging dann abrupt und ohne ein Wort weg. Sofort schickte er eine Depesche an Bismarck in Berlin. Die Nachricht aus Ems traf ein, während der Kanzler verzweifelt über das Scheitern seiner Pläne grübelte. Als er von den Ereignissen in Ems las, sah Bismarcks kalkulierter und skrupelloser politischer Verstand sofort eine Chance.

Eine spätere Illustration des Emser Treffens zwischen König Wilhelm I. (links) und dem französischen Botschafter (rechts).
https://commons.wikimedia.org/wiki/File:Bad_Ems_001.jpg

Unter Beibehaltung der ursprünglichen Bedeutung der Botschaft formulierte Bismarck einen Teil so um, dass es so klang, als sei der König dem Botschafter gegenüber unhöflich gewesen, und betonte, dass er ihm nach dem ersten Gespräch eine Audienz verweigert habe. Gleichzeitig betonte er, dass die französische Forderung eine Beleidigung für Wilhelm sei. Dann verbreitete er die Botschaft über die Zeitungen in ganz Europa. Damit Bismarcks Plan funktionierte, musste Frankreich den ersten Schritt machen.

Die so genannte Emser Depesche wurde zur perfekten roten Fahne für den „gallischen Stier". Der undiplomatische Wortlaut des Treffens zwischen dem Botschafter und dem König wurde am 14. Juli veröffentlicht, was den französischen Nationalfeiertag, den Tag der Bastille, noch verschlimmerte. Für Gramont und die erregten Franzosen war dies ein Schlag ins Gesicht. Am nächsten Tag ordnete Frankreich die Mobilmachung an, gefolgt von den Preußen und anderen germanischen Staaten. Nach einigen Tagen, in denen die bürokratischen Notwendigkeiten erfüllt wurden, erklärte Frankreich am 19. Juli Preußen den Krieg. Endlich bekamen sowohl Bismarck als auch Gramont den Krieg, nach dem sie sich sehnten.

Im Großen und Ganzen begann der Deutsch-Französische Krieg aufgrund der langanhaltenden Konkurrenz zwischen den Franzosen und den Deutschen, da das europäische Gleichgewicht der Kräfte kippte. Die eine Seite wollte ihre Überlegenheit bewahren, während die andere zur dominierenden Macht werden wollte. Ein Höhepunkt dieses Kampfes war die Frage der deutschen Einigung, die zweifellos einen Wendepunkt in der Geschichte darstellte. Aus einer unmittelbareren und näheren historischen Perspektive betrachtet, handelte es sich jedoch um einen Krieg, der durch die politischen Bedürfnisse der führenden Politiker sowohl in Frankreich als auch in Preußen ausgelöst wurde. Beide Nationen hatten interne Probleme und Brüche, die ein Krieg durch die Kraft des vereinigenden Nationalismus beheben konnte. Schließlich war der Krieg vermeidbar, vor allem, wenn man bedenkt, dass die letzte Krise, die das Pulverfass entzündete, an sich schon ziemlich leichtsinnig war.

Kapitel 3 - Zwei Kämpfer im Ring: Preußische und französische Armeen, Taktik und Organisation

Um den Verlauf des Krieges zu verstehen, müssen wir uns zunächst mit dem Zustand sowohl der französischen als auch der preußischen Streitkräfte vertraut machen. Die gängigste Darstellung ist die der preußischen Überlegenheit: Die Deutschen waren Berufssoldaten, die mit modernen Waffen ausgerüstet waren, während die Franzosen aus einem zusammengewürfelten Haufen bestanden, der mit veralteten Waffen Krieg führte. Die Realität ist natürlich viel komplizierter.

Der erste Punkt, der angesprochen werden muss, ist die Frage der Zahlen, die den ersten von mehreren großen Unterschieden zwischen den beiden Kriegsparteien aufzeigt. Auf der einen Seite stand Frankreich, das über ein größeres stehendes Heer von etwa 400.000 Mann verfügte. Die vorgeschlagenen Reformen sollten diese Zahl auf etwa 800.000 erhöhen, aber sie waren bis 1870 noch nicht abgeschlossen. So rechnete das französische Hauptquartier am Rande des Krieges mit etwa 500.000 Mann, die in etwa drei

Wochen eingezogen wurden. Darüber hinaus sollten im Rahmen der vorgeschlagenen Reformen lokale Milizeinheiten mit der Bezeichnung Garde Mobile gebildet werden, eine territoriale Verteidigung, die sich aus nicht eingezogenen wehrfähigen Männern zusammensetzte, die eine begrenzte militärische Ausbildung erhielten. Diese Truppen waren 1870 mit nur etwa 100.000 Wehrpflichtigen noch gar nicht einsatzbereit, und ihre Kampffähigkeit und Einsatzgeschwindigkeit waren bestenfalls fragwürdig.

Die Preußen, genauer gesagt der Norddeutsche Bund als Ganzes, verfügten über ein kleineres stehendes Heer von etwa 300.000 Mann. Er verfügte jedoch über eine viel umfangreichere Reservearmee und seine eigene Miliz, die Landwehr, die seine Kampfkraft auf knapp eine Million Mann erhöhen würde. Darüber hinaus konnten die südgermanischen Staaten weitere 200.000 Mann mobilisieren. Das preußische Oberkommando ging jedoch davon aus, dass die südlichen Verbündeten trotz geheimer militärischer Vereinbarungen, die in den Jahren vor dem Krieg unterzeichnet worden waren, nicht mitziehen würden. Die Diskrepanzen in der Stärke der beiden Kriegsparteien sind vor allem auf die unterschiedlichen Organisationen und Einberufungssysteme der Armeen zurückzuführen, wobei Preußen eine breitere Wehrpflicht bevorzugte. Es ist jedoch auch wichtig zu erwähnen, dass Frankreich in der zweiten Hälfte des 19. Jahrhunderts eine ältere Nation mit einer niedrigeren Reproduktionsrate wurde. Dies bedeutete, dass jede Generation weniger Soldaten hervorbringen würde als die vorhergehende. Unabhängig davon war es klar, dass die Deutschen zumindest auf dem Papier zahlenmäßig überlegen waren, doch hingen diese Zahlen letztlich auch von der Geschwindigkeit der Mobilisierung und des Einsatzes ab.

Angesichts dieser groben Zahlen diktiert der gesunde Menschenverstand, dass die Franzosen sich mehr Sorgen um ihre Position auf dem Schlachtfeld hätten machen müssen. Dem war aber nicht so, was vor allem an der leichten Überheblichkeit der kommandierenden Offiziere lag. Viele von ihnen waren der Meinung, dass die Franzosen professioneller waren, da die einberufenen Soldaten mindestens sieben Jahre dienten und Anreize für eine erneute Einberufung erhielten. So war bis 1870 etwa die Hälfte der französischen Soldaten länger als sieben Jahre im aktiven Dienst. Im Vergleich dazu hatten die preußischen Soldaten drei Jahre aktiven Dienst, gefolgt von vier Jahren als Reservisten und weiteren fünf Jahren in der Landwehr. Zumindest auf dem Papier waren die Franzosen also Profis, während die preußische Armee aus Reservisten bestand. Die Realität sah jedoch ganz anders aus. Nach den Berichten einiger französischer Offiziere verfügten sie nicht über professionelle und erfahrene Truppen, sondern oft über Männer in den Fünfzigern oder Sechzigern, die abgestumpft und zynisch waren und sich oft mehr auf das Trinken in den Kasernen konzentrierten als auf die Ausübung ihrer militärischen Fähigkeiten. Erschwerend kam hinzu, dass die neuen Rekruten oft in die Gewohnheiten der Älteren hineingezogen wurden und schnell ihren Elan verloren.

Preußische Soldaten auf einem Marsch im Herbst 1870.
*https://commons.wikimedia.org/wiki/File:Troupes_allemandes_%C3%A0_Torcy_en_septembre_18
70.jpg*

Im Gegensatz dazu schien die preußische Armee fitter und besser ausgebildet zu sein, zumindest in der Theorie. Während ihrer dreijährigen Grundausbildung durchliefen sie ein strenges körperliches Training, verbunden mit zahlreichen theoretischen Vorträgen und Erzählungen von Veteranen. Außerdem wurde behauptet, dass die Preußen mehr Schießübungen machten als jede andere Armee in Europa. Doch die Ausbildung konzentrierte sich nicht nur auf militärische Fähigkeiten und Kenntnisse. Die Offiziere, die so ziemlich die einzigen Berufssoldaten in der Armee waren, arbeiteten auch daran, ihren Männern Ethik, Disziplin und Moral zu vermitteln und den Geist der Verteidigung des Vaterlandes zu fördern. Auf den ersten Blick scheint es, dass die Preußen in dieser Hinsicht mehr als überlegen waren, doch ihr System hatte auch erhebliche Nachteile. Trotz ihrer intensiven Ausbildung hatten bis 1870 nur wenige ihrer Truppen, selbst in der Reserve, jemals einen tatsächlichen Kampf erlebt. Die meisten französischen Soldaten hatten zumindest an einem Feldzug teilgenommen. Außerdem hatten auch sie den Wunsch, den Deutschen eine Lektion zu erteilen, was ihnen zumindest in den Kasernen viel Kampfgeist verlieh.

Ein weiterer auffälliger Unterschied zwischen den beiden Armeen bestand in der Ausbildung der Soldaten. Die Franzosen neigten dazu, ihre Gegner zu verunglimpfen und nannten die Preußen eine „Armee von Juristen". Auch wenn dies eine Beleidigung sein sollte, zeigt es doch, dass die meisten preußischen Soldaten dank der obligatorischen Grundschulen über eine gewisse Grundbildung verfügten und lesen und schreiben konnten. Dadurch konnten sie unter anderem Karten und komplizierte taktische Manöver viel besser verstehen. Wie im alltäglichen Leben bedeutete Bildung, dass man leichter verstand, was vor sich ging. Auf der anderen Seite waren die meisten französischen Soldaten ungebildet und Analphabeten. Das lag zum Teil an der fehlenden Schulpflicht, aber auch an der Funktionsweise des Wehrsystems. Anders als in Deutschland, wo so gut wie jeder

Wehrfähige eingezogen werden musste, wurde in Frankreich jedes Jahr ein Los gezogen. Allerdings war es möglich, sich für nur 2.400 Francs freizukaufen, was von einer bürgerlichen Elite leicht bezahlt werden konnte. Selbst arme Bauernfamilien waren manchmal in der Lage, diesen Betrag zusammenzukratzen, um ihre Männer zu Hause zu behalten. Da die Oberschicht den Dienst jedoch weitgehend mied, bestand ein Großteil der französischen Armee aus ungebildeter Landbevölkerung.

Das niedrige Bildungsniveau stellte ein weiteres Problem für das französische Militär dar, da die meisten Offiziere aus der Wehrpflicht stammten. Die niedrigen Löhne und Pensionen boten nicht einmal für die Mittelschicht einen Anreiz, geschweige denn für die Eliten. So gelangten dieselben Personen aus den unteren Gesellschaftsschichten, die auch die Rekruten stellten, in die Offiziersränge, zumindest in die unteren. Aufgrund ihrer mangelnden Ausbildung waren sie zwar perfekt für die Ausführung von Befehlen geeignet, aber nicht für das eigenständige Denken und die Übernahme von Verantwortung für die Führung ihrer Truppen. Noch schlimmer war, dass der Aufstieg in der französischen Armee nur langsam vonstatten ging und es manchmal ein ganzes Jahrzehnt dauerte, bis man einen Rang erreicht hatte, so dass viele der Nachwuchsoffiziere schon in den Fünfzigern oder sogar Sechzigern waren. Ein solches System führte dazu, dass die Offiziere der unteren Ränge oft intellektuell unbegabt, körperlich untauglich und von Apathie und Trägheit geplagt waren. Einem französischen Zeitzeugen zufolge waren sie am besten darin, den Mund zu halten und sich in einer Taverne oder einem Café zu betrinken. Das galt natürlich nicht für die höheren Ränge, die sich aus gebildeten Eliten zusammensetzten, aber sie waren stattdessen von kleinlichen Rivalitäten, Eifersucht und Günstlingswirtschaft geplagt.

Auch ihre preußischen Kollegen, wenn es um die höheren Offiziersränge ging, teilten oft diese Eigenschaften. Das war scheinbar unvermeidlich, denn diese Männer waren stolze

Mitglieder der Eliten, deren Egos groß genug waren, um einen ganzen Raum zu füllen. Doch im Gegensatz zu den Franzosen, die wenig gegen solche fehlerhaften Persönlichkeiten unternahmen, bekämpfte Moltke sie aktiv durch Versetzungen oder regelrechte Entlassungen. Seine Befehlshaber mussten zumindest bis zu einem gewissen Grad kooperativ sein. Der wahre Unterschied im Offizierskorps zeigte sich jedoch in den unteren Rängen. Die preußischen Offiziere rekrutierten sich häufig aus dem Bürgertum, verfügten also oft über mehr als nur eine Grundausbildung und wurden durch einen viel schnelleren Aufstieg in den Rängen zu einer militärischen Karriere verleitet. Dies bedeutete, dass die preußischen Nachwuchsoffiziere oft viel jünger, fitter und leistungsfähiger waren als ihre französischen Kollegen. Um sie noch mehr zum Verbleib in der Armee zu bewegen, wurden diesen Offizieren nach ihrem Ausscheiden aus der Armee eine staatliche Pfründe sowie eine hohe Pension angeboten. Dennoch blieben ihre aktiven Gehälter mittelmäßig.

Ein Bild von Moltke um 1870

https://commons.wikimedia.org/wiki/File:Helmuth_Karl_Bernhard_von_Moltke,_Count_von_Molt ke_by_Carl_G%C3%BCnther_circa_1870.png

Illustration der preußischen Offiziere, die ihre Fähigkeiten bei Kriegsspielen verbessern
https://commons.wikimedia.org/wiki/File:Joseph_Nash_Kriegsspiel.png

Diese Unterschiede führten auch zu einem Gegensatz in der Organisation der beiden Armeen. Im Laufe des 19. Jahrhunderts schufen die Preußen eine eher systematische und hierarchische Organisation ihrer Truppen, die sich zwischen Friedens- und Kriegszeiten nur geringfügig unterschied. Dies wurde durch den berühmten Generalstab verkörpert, ein hauptamtliches Gremium, das aktiv an der Aufrechterhaltung eines hohen Maßes an Vorbereitung arbeitete, Pläne für Feldzüge und Mobilisierungen erstellte und militärische Taktiken und Fähigkeiten durch Übungen wie Kriegsspiele verfeinerte. Auf diese Weise wurde die preußische Armee auf ein konstantes Fundament gebaut und war für alle Eventualitäten gerüstet. Die Qualität des Großen Generalstabs wurde noch dadurch erhöht, dass seine Mitglieder ausschließlich aufgrund ihrer Verdienste und Fähigkeiten ausgewählt wurden, ohne Rücksicht auf Dienstalter oder Verbindungen. Die Mitglieder dieses höchsten militärischen Gremiums wurden gemeinsam ausgebildet und lernten dieselbe Militärphilosophie, die damals auf Moltkes Vision der Armee beruhte. Das machte sie austauschbar und verlässlich. Eine solche Ausbildung schuf auch ein Gefühl der Kameradschaft zwischen ihnen. Insgesamt war der Generalstab, wie Moltke ihn selbst beschrieb, ein Nervensystem des preußischen Militärs, das ein starkes administratives Rückgrat schuf und dessen Funktionalität erhöhte.

Im Gegensatz dazu war das französische Militär viel weniger organisiert und verfügte in Friedenszeiten über keinen aktiven Stab. Zwar gab es keine aktiven Konflikte, aber die Organisation der Armee bestand fast ausschließlich auf der Ebene der Regimentseinheiten, deren Aufgabe es war, die Gruppenmoral in einer Einheit zu stärken. Und während die Deutschen ihre Einheiten und Rekruten territorial aufstellten, verteilten die Franzosen ihre Soldaten ohne Rücksicht auf ihre Herkunft. Über ihnen stand eine lose Organisation verschiedener Ausschüsse und Richtlinien, an deren Spitze das Kriegsministerium stand. Es ist erwähnenswert, dass die französische Armee nominell von Kaiser Napoleon III. selbst geführt wurde, im Gegensatz zu Moltkes Professionalität als Stabschef in Preußen. Wie bereits erwähnt, war das preußische Kommando auf die Beförderung fähiger Offiziere angewiesen, während das französische Oberkommando eine Organisation war, die sich nach dem Dienstalter richtete. Insgesamt war die französische Armee also viel zentralisierter und konservativer, in den Traditionen der alten Zeit verhaftet. In den Jahren vor dem Krieg wurden einige Schritte unternommen, um dies zu ändern, indem versucht wurde, territoriale Unterteilungen der Armee zu schaffen und Beförderungen auf der Grundlage der Entscheidungen des Kaisers vorzunehmen. Diese Militärreformen wurden jedoch entweder nicht zu Ende geführt oder Anfang der 1870er Jahre ganz aufgegeben.

Die Beschreibung der beiden Armeen deutet bisher darauf hin, dass die Preußen die überlegene militärische Kraft waren. Es ist jedoch wichtig, darauf hinzuweisen, dass die Unterschiede möglicherweise nicht so gravierend waren, wie es auf den ersten Blick scheinen mag. Bis zu diesem Zeitpunkt galten die Franzosen als die wichtigste Landstreitkraft in Europa, während die Briten die Meere beherrschten. Sie verfügten über eine lange Tradition und hatten sich in der Vergangenheit in zahlreichen Kriegen bewährt. Für viele waren sie tatsächlich der Favorit in einem Konflikt, der in den Augen vieler neutraler Beobachter unausweichlich schien.

Außerdem hätte sich das Kräfteverhältnis möglicherweise in die andere Richtung verlagert, wenn die geplanten Militärreformen in Frankreich genügend Zeit gehabt hätten, umgesetzt zu werden. Dennoch hatte das französische Militär einige Trümpfe im Ärmel, was die moderne Bewaffnung anging.

Bei Ausbruch des Krieges war die wichtigste preußische Waffe die Dreyse-Kanone, ein Repetiergewehr mit Hinterlader. Es wurde bereits 1841 in der preußischen Armee eingeführt und zeigte eine beeindruckende Leistung. Es hatte eine geschätzte Schussgeschwindigkeit von 5 bis 6 Schuss pro Minute und eine effektive Reichweite von etwa 400 bis 600 Yards (365 bis 550 Meter), während seine maximale Reichweite bis zu 750 Yards (685 Meter) reichte. Es übertraf fast alle anderen in Gebrauch befindlichen Geschütze und bewährte sich im Krieg mit Dänemark und den Habsburgern, die ihre Truppen damals noch mit Vorderladergewehren ausrüsteten. Der Hauptvorteil des Gewehrs lag in seiner schnellen Nachladezeit, denn ein preußischer Soldat gab bis zu fünf Schüsse ab, während ein Österreicher sein Gewehr nur einmal nachladen musste. Allerdings hatte es auch einige kritische Punkte. Ihre Reichweite war alles andere als wünschenswert, und ihr Verschlussmechanismus war nicht perfekt eingepasst, was dazu führte, dass das Gewehr den wichtigen Zünddruck verlor, was wiederum die Schusskraft erheblich beeinträchtigte. Es hieß, dass die Dreyse oft nur leichte Wunden verursachte und manchmal standen die Verwundeten sogar wieder auf und kämpften weiter.

Vor 1866 benutzte das französische Militär ein Vorderladergewehr, ähnlich dem der Österreicher. Als sie jedoch sahen, wie überlegen das Dreyse-Gewehr war, beschlossen sie, die Entwicklung eines neuen Gewehrs zu beschleunigen: das Chassepot Fusil modèle von 1866. Sein Entwurf wurde Ende 1866 fertiggestellt und 1867 in Dienst gestellt. Das Chassepot war in jeder Hinsicht ein überlegenes Gewehr. Seine effektive Reichweite lag bei etwa 915 Metern (1.000 Yards), die maximale Reichweite betrug angeblich 1.465 Meter (1.600 Yards). Die Feuerrate lag zwischen acht und fünfzehn Schuss pro Minute. Der Verschlussmechanismus des Chassepot war mit Gummidichtungen ausgestattet, was die Energieeinsparung deutlich erhöhte. Das Kaliber war etwas kleiner (11 Millimeter zu 15,4 Millimeter), aber die französischen Geschosse waren gefräst und mit Leinen statt mit Papier ummantelt und außerdem mit mehr Schießpulver gefüllt. All diese kleineren Vorteile führten zu höherer Mündungsgeschwindigkeit, größerer Reichweite, besserer Präzision und, was am beeindruckendsten war, zu hoher Durchschlagskraft. Französischen Tests aus der Vorkriegszeit zufolge war die Eintrittswunde zwar immer noch so groß wie eine einzelne Kugel, aber die Austrittswunden waren in der Regel sieben- bis dreizehnmal größer. Sie verursachten massive Schäden an inneren Organen, Knochen und Muskeln und machten jeden Treffer zu einem potenziell tödlichen. Damit nicht genug, war das Chassepot auch noch etwas kürzer und leichter, was ihren Transport und Einsatz erleichterte. Außerdem konnten die französischen Soldaten dank des kleineren Kalibers mehr Munition mit sich führen als ihre preußischen Kollegen - 105 Schuss im Vergleich zu 70.

Ein französischer Soldat mit einem Chassepot-Gewehr aus den 1870er Jahren

https://commons.wikimedia.org/wiki/File:Soldier-chassepot.jpg

Mitrailleuse-Besatzung aus dem Jahr 1870

https://commons.wikimedia.org/wiki/File:Mitrailleuse_bollee.jpg

Neben dem Standardgewehr entwickelten die Franzosen auch die Montigny-Reffye-Mitrailleuse, benannt nach dem Graphenschuss oder der Mitraille. Sie wurde ursprünglich von dem belgischen Ingenieur Joseph Montigny in den 1850er Jahren entwickelt, bevor Napoleon III. sein Interesse an dem Konzept bekundete. Montigny arbeitete 1865 zusammen mit Jean-Baptiste Verchère de Reffye an der Entwicklung der Mitrailleuse. Es handelte sich um eine frühe Form eines Maschinengewehrs, ähnlich dem heutigen Gatling-Geschütz, bei dem mehrere Gewehrläufe auf ein Artilleriegestell geschnallt waren. Die ursprüngliche Montigny-Konstruktion hatte siebenunddreißig Läufe, während die spätere Montigny-Reffye fünfundzwanzig Läufe hatte. Die Mitrailleuse wurde mit einer Handkurbel in ein Schnellfeuergewehr umgewandelt. Der Kurbelmechanismus gab ihr den Spitznamen moulin à café, „Kaffeemühle". Das Geschütz wurde über den Verschluss mit Patronen geladen, so dass die Feuergeschwindigkeit von der Geschicklichkeit der vierköpfigen Besatzung abhing, die es bediente. Mit durchschnittlich einhundert bis zweihundert Schuss pro Minute übertraf es jedoch jedes herkömmliche Gewehr. Außerdem hatte es eine effektive Reichweite von etwa 1.200 Yards (1.100 Metern), die bis zu einem Maximum von mindestens 2.000 Yards (1.830 Metern) reichte. Während der Tests gelang es einem verirrten Geschoss, Berichten zufolge, einen Dorfbewohner in einer Entfernung von 2.740 Metern zu töten. Darüber hinaus enthielt die 13-Millimeter-Munition die doppelte Menge an Schießpulver wie das Chassepot, was ihr eine hohe Mündungsgeschwindigkeit und Durchschlagskraft verlieh.

Diese neuartige Waffe wurde zunächst geheim gehalten, aber schließlich wurde ihre Existenz von den Preußen entdeckt. Dennoch hatten die deutschen Streitkräfte nichts Vergleichbares in ihrem Arsenal, und es gab auch keine Anzeichen dafür, dass sie versuchten, eine ähnliche Schnellfeuerwaffe zu entwickeln. Obwohl die preußischen Beobachter das verheerende Potenzial des Geschützes erkannten, stellten sie fest, dass es sehr verwundbar war, da es über keinerlei Schutzschilde oder Deckung verfügte und die Besatzung somit dem feindlichen Feuer ausgesetzt war. Seine Reichweite bedeutete, dass es sich im Gegensatz zu richtiger Artillerie auch relativ nah an der Front befinden musste. Trotzdem verschoben sowohl das Chassepot als auch die Mitrailleuse das Gleichgewicht der Feuerkraft auf die französische Seite, zumindest auf dem Papier. Die einzige Bewaffnung, bei der die Preußen die Oberhand hatten, war die Artillerie.

Die Franzosen setzten die sogenannten La Hitte-Kanonen ein, eine mündungsgeladene Bohrkanone, die 4 Kilogramm schwere Geschosse verschoss. Sie wurde 1858 entwickelt und im darauffolgenden Jahr eingeführt und erwies sich im Krieg gegen die Österreicher als leistungsstarke Neuheit. Zu dieser Zeit waren gebohrte Läufe eine neu eingeführte Technologie, die es dem Geschütz ermöglichte, schwerere Geschosse weiter zu verschießen. Die maximale Reichweite wurde mit etwa 3.280 Yards (3.000 Meter) angegeben. Die französischen Geschosse verwendeten jedoch Zeitzünder, die nur zwei Einstellungen hatten und entweder bei 1.200 Yards (1.100 Meter) oder bei 2.500 Yards (2.285 Meter) explodierten, wodurch die „Kill Zones" ziemlich begrenzt waren, zumindest wenn es sich um explosive Geschosse handelte. Dennoch schienen die Franzosen mit ihrer Artillerie zufrieden zu sein und waren überzeugt, dass sie auf dem Schlachtfeld von 1870 immer noch konkurrenzfähig war. Im Gegensatz dazu sahen sich die Preußen 1866 gegen die Österreicher mit einer ähnlichen Technologie konfrontiert und erkannten, dass ihre alten Kanonen mit glattem Lauf unzureichend waren. Daher investierten sie in die Entwicklung neuer Artillerietechnik und brachten den hochmodernen Krupp-Sechspfünder hervor.

Diese Kanone wurde zwischen zwei preußischen Kriegen eingeführt und verwendete nicht nur gebohrte Läufe, sondern auch die Hinterladertechnik. Außerdem wurde die Kanone selbst aus Stahl statt aus der von den Franzosen für ihre Geschütze verwendeten Bronze gefertigt. All dies führte dazu, dass die Krupp-Kanone präziser schoss, eine um mindestens ein Drittel größere Reichweite hatte und eine doppelt so hohe Feuergeschwindigkeit aufwies. Weitere Verbesserungen wurden im Bereich des Geschosses selbst vorgenommen. Trotz des Namens betrug das Gewicht der Krupp-Geschosse in Wirklichkeit 6 Kilogramm oder 13,2 Pfund. Das bedeutete natürlich auch eine höhere Zerstörungskraft. Außerdem waren die Geschosse mit Perkussionszündern ausgestattet, was ihre Reichweite im Vergleich zur französischen La Hitte deutlich erhöhte. Sowohl die Krupp als auch das Chassepot zeigen, dass sich beide Seiten auf den Krieg vorbereiteten und ihre vermeintlichen Schwachstellen in der Waffentechnik verbesserten. Der Mangel an Artillerie war jedoch ein erheblicher Fehler der Franzosen, denn die Krupp-Werke, ein unabhängiger deutscher Stahl- und Waffenhersteller aus Essen, boten ihnen ebenfalls ihre Sechs-Pfünder an. Doch dem Oberkommando fehlte der Weitblick, diese deutlich überlegene Waffe anzunehmen und einzusetzen. Daher war die französische Armee in Bezug auf die Feuerkraft nur leicht überlegen.

Doch die vermeintliche Truppen- oder Waffenüberlegenheit auf dem Papier ist eine Sache. Eine andere Frage ist, wie die beiden Kommandos sie einsetzten. Wie bei den meisten bisher erwähnten Aspekten des Militärs unterschieden sich auch die Taktiken der Franzosen und der Preußen erheblich. Der erste auffällige Unterschied lag im großen strategischen Schema. Obwohl die Franzosen offiziell den Krieg erklärten, basierten ihre Gesamtpläne auf einer defensiven Grundlage. Der Grundgedanke bestand darin, wichtige Positionen zu bestimmen, an denen die französischen Truppen eine deutsche Invasion am besten aufhalten konnten. Es gab Überlegungen, den Rhein zu überqueren und die südlichen germanischen Staaten aus dem Krieg zu drängen, aber die meisten Mitglieder des französischen Oberkommandos befürchteten, dass ein solcher Schritt den Weg nach Paris für Invasoren offenlassen würde. Die einzige Hoffnung für einen solchen Flankenangriff bestand darin, dass Österreich und Italien in den Krieg eintraten, da es zu einem Dreierschlag im preußischen Unterbauch kommen konnte. Auf der anderen Seite planten die Preußen einen Angriffskrieg. Die Grundidee von Moltke bestand darin, schnell und flankierend anzugreifen, um nicht nur die französischen Verteidigungslinien, sondern auch ihre Kommunikations- und Versorgungslinien zu stören.

Die taktischen Unterschiede waren damit noch nicht beendet. Die Franzosen blieben, wie in vielen anderen militärischen Aspekten, konservativer und traditioneller. Ihre Infanterie war in Bataillonen gruppiert, die eng beieinanderstanden, um ihre überlegenen Gewehre zu nutzen, und die Männer feuerten in organisierter Weise. Dies war eine perfekte Taktik, um den Vormarsch des Feindes zu stören. Außerdem waren die französischen Soldaten im Graben von Gräben und in der Verteidigung ausgebildet. Diese eher defensive Positionierung wurde durch die Artillerie, die in den so genannten „großen Batterien" hinter der Infanterie aufgestellt war, noch verstärkt. Diese hochkonzentrierte Feuerkraft wäre in der Lage, jeden massiven Angriff, der auf sie zukommt, zu pulverisieren. Hinter all diesen dicht gedrängten Linien befand sich schließlich die Kavallerie. Die Franzosen legten den Schwerpunkt auf die schwere Kavallerie, deren Aufgabe es war, entscheidende Schläge und Durchbrüche zu erzielen, und schenkten der leichten Kavallerie, deren Aufgabe in der Regel eher in der Aufklärung bestand, wenig Aufmerksamkeit. Es war ein erstaunlicher Griff nach der Tradition, der die Tatsache ignorierte, dass die Entwicklung der Feuerwaffen jeden einfachen Kavallerieangriff zum Selbstmord machte. Die Ereignisse im Krimkrieg, insbesondere der berüchtigte britische Angriff auf die leichte Brigade bei Balaclava sowie die Schlacht von Königgrätz (1866), hatten dies jedem vernünftigen Beobachter vor Augen geführt.

Ein Gemälde aus dem Jahr 1875 zeigt die französische Kavallerie aus dem Deutsch-Französischen Krieg, die bayerische Infanterie gefangen nimmt.
https://commons.wikimedia.org/wiki/File:Detaille_-_A_French_Cavalry_Officer_Guarding_Captured_Bavarian_Soldiers.jpg

Zusammenfassend lässt sich sagen, dass die französische Taktik darauf abzielte, eine statische, dicht gedrängte Verteidigungslinie zu errichten und sowohl das Chassepot als auch die Mitrailleuse einzusetzen, um anrückende Truppen zu überwältigen. Die Kavallerie sollte den Feind verjagen, wenn er bereits eingeschüchtert war. Auf dem Papier machte ein solches Vorgehen Sinn, allerdings nur, wenn der Feind die traditionelle Angriffsstrategie verfolgte und in einer massiven Linie auf sie zukam. Was die französischen Befehlshaber größtenteils nicht erkannten, war die Tatsache, dass die Preußen in allen Bereichen der Kriegsführung neue Taktiken anwandten, die ihre Verteidigungslinien weitgehend überflüssig machten. Schlimmer noch: Wenn sie die Veränderungen bemerkten, betrachteten sie sie als Fehler und nicht als Verbesserung. Dieses Denken kam in ihrer Beurteilung der preußischen Infanterietaktik deutlich zum Ausdruck.

Anders als die Franzosen setzte Moltke auf Manövrierfähigkeit und Flexibilität auf dem Schlachtfeld. Um dies zu erreichen, gab er der Kompanie die Möglichkeit, sich in noch kleinere Züge aufzuteilen. Die französischen Befehlshaber dachten, dass diese kleineren Einheiten leichter zu beschießen seien, vor allem mit ihren überlegenen Gewehren. Sie übersahen jedoch, dass Moltke nie die Absicht hatte, seine Truppen direkt auf ihre Linien zu schicken. Die Preußen würden sich verteilen, flankieren und die festen Stellungen ihrer Feinde einkreisen. Auf diese Weise würden sie nur kleine Ziele abgeben, während sie von allen Seiten angriffen, was ein konzentriertes Feuer fast unmöglich machte. Um solche Manöver so reibungslos wie möglich zu gestalten, übten die Soldaten nicht nur den Übergang von der Marschordnung in die Angriffsordnung, sondern auch, wie sie bei Bedarf improvisierte Kompanien aus nicht zusammenpassenden Zügen bilden konnten, um die Dinge weiter zu beschleunigen. Darüber hinaus dezentralisierten sie ihre Befehlsgewalt bis zu einem gewissen Grad, während sie gleichzeitig die Kohärenz ihres Schlachtplans aufrechterhielten, indem sie ihren rangniedrigeren Offizieren großformatige Karten aushändigten, die es ihnen ermöglichten, sich auf unbekanntem Terrain zurechtzufinden.

Dennoch waren die überlegene Reichweite des Chassepot und die Feuerkraft der Mitrailleuse immer noch ein Problem für die preußische Infanterie. Um dies zu entschärfen, reformierte Moltke auch seine Artillerie. Statt auf passive und statische „Großbatterien" zu setzen, schuf er so genannte „Artilleriemassen". Dabei handelte es sich um kleinere und mobilere Artilleriebatterien, die sich im Bedarfsfall über das Schlachtfeld bewegen und verlagern konnten. So konnten sie an einem Ort konzentriert oder auf mehrere Stellungen verteilt werden und möglicherweise aus verschiedenen Winkeln feuern. Darüber hinaus waren sie oft viel näher an der Infanterie gelegen als jede andere zeitgenössische Armee, was kürzere Reichweiten und eine höhere Feuergenauigkeit ermöglichte. Um der Gefahr zu begegnen, dass bestimmte Punkte der eigenen Linien ohne wichtige Artillerieschutzmaßnahmen blieben, erhielten die Artilleriebatterien den Befehl, auf das gleiche Endziel wie die Infanterie hinzuarbeiten. Insgesamt wurde durch diese Taktik die preußische Mobilität erhöht und die Überlegenheit der französischen Gewehre aufgehoben.

Moltke arbeitete auch akribisch an der Umgestaltung der preußischen Kavallerie, die er selbst als den schlechtesten Teil seiner Armee ansah. Er erkannte, dass die Zeit der frontalen Kavallerieangriffe vorbei war, und formte die Kavallerie zu kleineren und leichteren Einheiten um. Ihre Hauptaufgabe bestand nun darin, die Infanterie zu unterstützen und nicht mehr als eigenständiger Teil der Armee zu agieren. Im Gegensatz zu den Franzosen war die preußische Kavallerie in erster Linie für Aufklärungs- und Eskortierungsaufgaben zuständig, fungierte aber auch oft als Front- und Nachhut. Da die Kavallerie in kleinere Einheiten unterteilt war, konnte sie überall auf dem Schlachtfeld eingesetzt werden. Ihre Aufgaben stellten den Höhepunkt der neuen preußischen Taktik dar, die sich durch Manövrierfähigkeit und Flexibilität auszeichnete. Ein preußischer Offizier beschrieb sie als ein elastisches Band, das den Feind einkesselt und sich zurückzieht, wenn er vorrückt, ihm aber folgt, wenn er sich zurückzieht. Die preußische Kavallerie zeichnete sich auch durch Dezentralisierung aus. Sie gliederte sich nicht nur in Schwadronen, sondern auch in Gruppen und sogar in einen einzelnen Späher.

Diese allgemeine Gliederung und Unterteilung der preußischen Armee in kleinere Regimente, die bis zu einem gewissen Grad individuell agierten, erschien vielen ausländischen Beobachtern wie Anarchie. In Wirklichkeit handelte es sich jedoch um eine fein abgestimmte militärische Maschine, die aus zahlreichen kleineren, beweglichen Teilen bestand und auf ein einziges Ziel hinarbeitete. Erreicht wurde dies durch die so genannte „Auftragstaktik". Im Wesentlichen bedeutete dies, dass die Offiziere bei der Ausführung ihrer Befehle einen Ermessensspielraum hatten, solange sie die Absicht und den Plan des Oberkommandos befolgten. Eine solche bürokratische Führung steigerte die Effizienz des preußischen Militärs beträchtlich, ohne in den eigenen Reihen für Unordnung zu sorgen. Es bedeutete auch, dass rangniedrigere Offiziere günstige Positionen ausnutzen und gleichzeitig Katastrophen verhindern konnten, indem sie ihre eigenen taktischen Nachteile ausbesserten, ohne auf die Bestätigung durch den Generalstab zu warten.

Schließlich ist es wichtig zu erwähnen, dass das preußische Militär das erste in Europa war, das moderne zivile Technologien zu seinem eigenen Vorteil nutzte, insbesondere Eisenbahnen und den Telegrafen. Das preußische Militär erkannte das Potenzial von Zügen für den Transport von Nachschub und Truppen und lenkte seine Infrastrukturausgaben von Festungen auf Eisenbahnen um, die sowohl in privater als auch in staatlicher Hand waren. Auf diese Weise entstand in militärisch nützlichen Regionen ein funktionierendes Eisenbahnnetz, das die für massive Truppenbewegungen erforderliche Infrastruktur bereitstellte. Dies beschleunigte sowohl die Mobilisierung als auch die Verlegung von Einheiten und erleichterte deren Nachschub und Verstärkung. Die Franzosen hingegen hatten erhebliche Probleme mit ihren unterentwickelten Eisenbahnen, die sich fast ausschließlich in Privatbesitz befanden. Jede nennenswerte militärische Nutzung erforderte eine Menge bürokratischer Arbeit. Was den Telegrafen anbelangt, so war Moltke der erste General, der sich bei der Übermittlung seiner Befehle vollständig auf diese elektronischen Nachrichten stützte. Dies beschleunigte nicht nur die Übermittlung von Informationen und Reaktionen des Generalstabs, sondern ermöglichte auch die gleichzeitige Koordinierung von weitaus komplizierteren Manövern und Taktiken.

Insgesamt lässt sich feststellen, dass die französischen und die preußischen Streitkräfte in den meisten Fällen nahezu gegensätzliche Positionen einnahmen. Die eine Seite hielt an bewährten, traditionellen Militärdoktrinen fest, während die andere die Funktionsweise von Armeen innovierte und letztlich veränderte. Im Nachhinein ist klar, wessen Ansatz besser war, aber es ist wichtig, sich daran zu erinnern, dass zu dieser Zeit nicht viele so sicher waren, außer vielleicht Moltke und sein innerer Kreis.

Kapitel 4 - Die Schlacht beginnt: Ausgangsposition und erste Gefechte

Obwohl sich beide Nationen seit Jahren am Rande eines Krieges befanden, war keine der beiden wirklich unmittelbar auf einen Konflikt vorbereitet. Beide brauchten einige Zeit, um ihre Truppen zu mobilisieren, zu bewaffnen und einzusetzen. In den ersten Tagen des Deutsch-Französischen Krieges ging es daher vor allem um die Geschwindigkeit der Mobilisierung und Aufstellung der Soldaten.

Für die Franzosen war dies ein entscheidender Moment, da sie zu Beginn im Vorteil waren. Sie verfügten über eine größere aktive Armee, die nach Angaben des Oberkommandos innerhalb von zwei Wochen an die Grenze verlegt werden konnte. Andererseits rechnete man damit, dass die Preußen mindestens sieben Wochen brauchten, um ihre Kräfte zu mobilisieren und eine zahlenmäßige Überlegenheit zu erlangen. Es bestand die Möglichkeit, dass Frankreich zuerst zuschlug, um Österreich, Dänemark und Italien zum Mitmachen zu bewegen und gleichzeitig die preußische Mobilisierung zu stören. Eine solche Offensivaktion wurde von der französischen Öffentlichkeit erwartet, die sich danach sehnte, die

Preußen für ihre Anmaßung zu „bestrafen". Die französische Führung hatte jedoch keine ausgefeilten Pläne. Stattdessen versuchte Napoleon III., sowohl Offensiv- als auch Defensivmaßnahmen unterzubringen. Er teilte seine Armee in drei Teile auf: I. Korps unter Marschall Patrice MacMahon im Elsass, VI. Korps unter Marschall François Canrobert in Châlons und die Rheinarmee unter seinem kaiserlichen Kommando in Metz. Obwohl sie „Korps" genannt wurden, hatten die ersten beiden Gruppierungen eigentlich Armeegröße.

Die Namensgebung gibt einen Einblick in die Probleme, die das französische Oberkommando plagten. Der Kaiser wollte aus einem möglichen militärischen Sieg für sich selbst Kapital schlagen, indem er seine Armeegruppierungen an die berühmtere Grande Armée seines Onkels anlehnte. So schickte er gewissermaßen seine berühmtesten und fähigsten Marschälle ins Exil, um die „kleineren" Korps zu befehligen, während einer seiner besten Befehlshaber, wenn nicht sogar sein bester Befehlshaber, Marschall Achille Bazaine, nur das provisorische Kommando über seine Armee in Metz erhielt, bis Napoleon aus Paris eintraf. Bazaine hatte jedoch den strikten Befehl, nichts ohne seine Erlaubnis zu unternehmen. Erschwerend kommt hinzu, dass sein kaiserliches Hauptquartier aus dem frisch beförderten Marschall Edmond Leboeuf und den Generälen Lebrun und Jarras bestand. Zusammen mit Napoleon selbst verfügte das Hauptquartier über so gut wie keine militärische Erfahrung. Als der Kaiser am 28. Juli in Metz eintraf, versuchte er, Bazaine um Hilfe bei der Planung einer Offensive zu bitten, doch der Marschall hatte keinen Rat zu geben. MacMahon hingegen versuchte, Initiative zu zeigen, indem er um Anweisungen für das Vorgehen im Falle eines französischen Angriffs bat, aber er wurde ignoriert. Schließlich entscheiden sich Leboeuf und Lebrun für ein defensives Vorgehen, indem sie die Rheinarmee in Lothringen zusammenzogen und auf die Preußen warten.

Die Risse in der Führung waren jedoch nur die Spitze von Napoleons Problemen. Ende Juli waren nur etwa zwei Drittel der geplanten Truppen an der Front eingesetzt. Die Eisenbahnen waren überlastet, und die Truppen trafen in kleineren, oft unzusammenhängenden Gruppen ein, häufig ohne ihre Hauptbewaffnung. Dies bedeutete, dass die Einheiten nach ihrer Ankunft erst zusammengestellt und bewaffnet werden mussten, was dazu führte, dass einige Soldaten bei ihrer Ankunft an der Grenze nicht kampfbereit waren. Außerdem ließ die Kriegsbegeisterung sowohl bei den Truppen als auch bei den Bürgern schnell nach. Dies zwang Napoleon, etwa fünfzehntausend wertvolle Truppen in Paris zurückzulassen, um seine Herrschaft zu sichern, während er an der Front war. Als er erkannte, dass die regulären 400.000 bis 500.000 Mann, mit denen das Oberkommando rechnete, höchstwahrscheinlich nicht ausreichen würden, erging ein Aufruf an die Freiwilligen. In einem Land mit etwa 35 Millionen Einwohnern meldeten sich nur viertausend Freiwillige, was zeigt, wie wenig sich die Franzosen zu diesem Zeitpunkt für den Krieg interessierten. Gleichzeitig befanden sich die Moral und die Disziplin der Soldaten auf einem erschreckenden Tiefpunkt. Viele ließen Teile ihrer Ausrüstung fallen, während ganze Truppenteile einfach in ein nahe gelegenes Dorf oder eine Stadt zogen, um sich dort zu vergnügen. Die einfachen Rekruten ignorierten ihre Offiziere einfach, wann immer ihnen danach war.

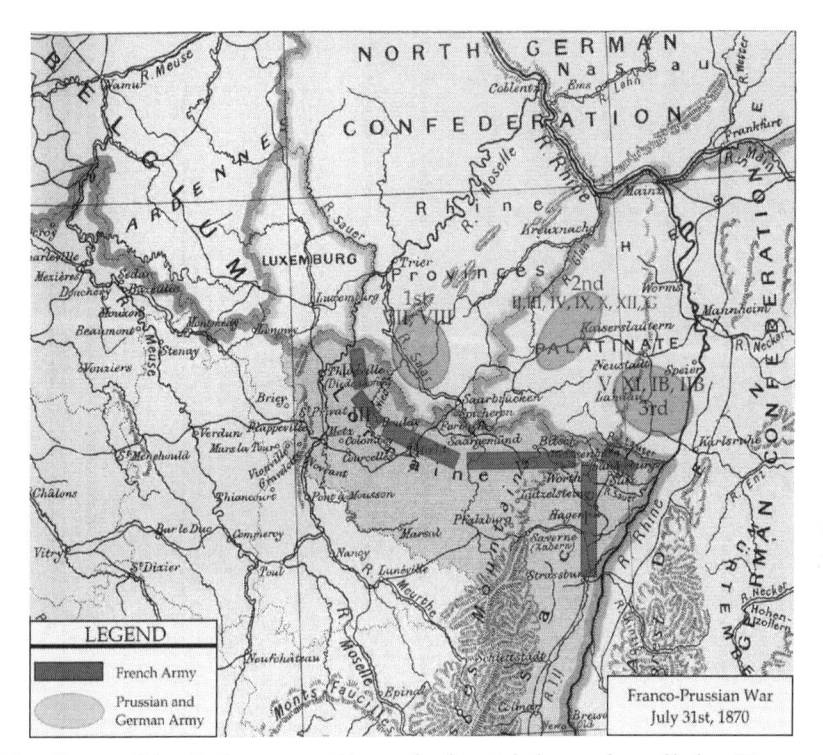

Eine Karte, auf der die Ausgangspositionen der französischen und preußischen Truppen dargestellt sind.

https://commons.wikimedia.org/wiki/File:FrancoPrussianWarFrontierJuly1870.jpg

Außerdem stellten sie oft ihre Befehle und Anweisungen in Frage, die bis zum Kaiser selbst reichten. Sie zweifelten sogar an den größeren strategischen Zusammenhängen, obwohl sie oft keine Ahnung von der Taktik hatten. Insgesamt erwies sich dies als persönlicher Schlag für Napoleon, dessen Regime ein militärisches sein sollte, das durch eine loyale Armee abgesichert war. Frankreichs Position im Krieg schien sich von Tag zu Tag zu verschlechtern, trotz der Prognosen für einen frühen Vorteil. Die Deutschen hingegen wurden mit fortschreitender Mobilisierung immer stärker.

Die Kriegserklärung traf Moltke und seinen Generalstab zunächst unvorbereitet. Viele preußische Offiziere waren erst wenige Tage zuvor beurlaubt worden, so dass er sich beeilen musste, um sie alle zurückzurufen. Das preußische Militär hatte jedoch bereits in Friedenszeiten die Mobilmachung geübt, und so wurde sie schnell in die Tat umgesetzt. Die Offiziere planten die Eisenbahnstrecken und den Transport ihrer Einheiten und schickten sie in die vorgesehenen Sammelgebiete. Dank ihres viel besseren Eisenbahnsystems hatten die Preußen im Vergleich zu den Franzosen täglich etwa fünfmal so viele Züge im Einsatz. All dies machte die preußische Mobilisierung zu einem organisierten Ereignis und nicht zu dem Ad-hoc-Durcheinander der Gegner, auch wenn der Krieg nicht in vollem Umfang erwartet wurde. Interessant ist, dass eine weitere organisatorische Verbesserung, die das preußische Militär kurz vor dem Krieg vornahm, die Einführung moderner Erkennungsmarken aus Metall war und damit die erste moderne Armee der Welt, die dies tat. Obwohl diese Verbesserung wenig zur Funktionalität und Mobilisierung beitrug, da sie nur als Identifikationsmittel für gefallene Soldaten diente, zeigt sie doch, wie gut die preußische Armee vorbereitet war.

In den Jahren vor dem Krieg bereiste Moltke die Frontlinien, inspizierte die erwarteten Konzentrationsgebiete und beseitigte alle Unzulänglichkeiten und Mängel. Er war sich bewusst, dass eine Mobilisierung nie eine einfache Angelegenheit war, ganz gleich wie gut sie durchdacht war. Dies galt insbesondere für die süddeutschen Verbündeten der Preußen. Es gab einige Berichte über überfüllte Züge, über Einheiten, die sich auf ihren Märschen zur Front einen Sonnenbrand holten, und über betrunkenen Ungehorsam, der dadurch verursacht wurde, dass die Soldaten Alkohol statt Wasser tranken. Es ist wahrscheinlich, dass ähnliche Bilder auch bei den preußischen Truppen zu beobachten waren, wenn auch in viel geringerem Ausmaß. Unabhängig davon war die Disziplin der Deutschen insgesamt wesentlich besser als die der Franzosen.

Auch an der preußischen Heimatfront herrschte eine viel bessere Stimmung als bei den Franzosen, und viele meldeten sich freiwillig. Einigen Zeitzeugen zufolge wurden fast alle wehrfähigen Männer im Alter zwischen zwanzig und achtunddreißig Jahren eingezogen. Auch wenn dies eindeutig übertrieben ist, vermittelt es doch ein Bild von der preußischen Moral und der Funktionsweise des Wehrpflicht-Systems. Ein erheblicher Teil der Freiwilligen waren jedoch junge Universitätsstudenten, deren Fitness und Ausbildung mangelhaft war. Sie hatten einfach nicht genug Zeit, um sich im Rahmen des preußischen Dienstsystems vorzubereiten. Dennoch machten sie diese Mängel durch ihren Enthusiasmus wieder wett. Die Kombination dieses allgemeinen Kampfgeistes mit einem gut organisierten Mobilisierungssystem ermöglichte es den preußischen Streitkräften, bis Anfang August 320.000 kampfbereite Soldaten zu sammeln. Sie holten die zahlenmäßige Überlegenheit der Franzosen viel schneller ein, als die meisten erwartet hatten.

Während sich die Truppen sammelten, positionierte Moltke seine Truppen zunächst hinter den Flüssen Rhein, Saar und Mosel, um sie als natürliche Barriere zu nutzen, falls die Franzosen zuerst angriffen. Während sich die Truppen sammelten, teilte er seine Streitkräfte in drei Armeen auf. Die Erste Armee stand unter dem Kommando von General Karl von Steinmetz und befand sich im nördlichsten Abschnitt der Frontlinie zwischen Trier und Saarlouis. In der Mitte befand sich die Zweite Armee, die vom Neffen des Königs, Prinz Friedrich Karl, befehligt wurde. Sie befand sich in der Nähe von Saarbrücken und stellte die größte der preußischen Streitkräfte dar. Kronprinz Friedrich Wilhelm, der preußische Thronfolger, erhielt das Kommando über die Dritte Armee, die im Süden bei Karlsruhe stationiert war. Wie zu erwarten war, bestand diese südlichste Streitmacht hauptsächlich aus den südgermanischen Verbündeten - Bayern, Baden und Württemberg. Moltke blieb bis zum Schluss skeptisch, ob sie in den Krieg eintreten würden, und weigerte sich daher, ihre jungen Offiziere mit denselben detaillierten Karten zu versorgen, die die Preußen benutzten. Es ist auch erwähnenswert, dass diese Truppen mitten in der Umrüstung auf das neuere Hinterladergewehr steckten.

Schließlich waren Moltke und der Generalstab im Gegensatz zu Napoleon und seinem unentschlossenen Stab mehr als bereit, ihre Truppen so gut wie möglich einzusetzen. Für den Fall, dass die Franzosen ihre Truppen im Süden konzentrierten, entweder zur Verteidigung oder um Baden anzugreifen, würden die Erste und die Zweite Armee nach Frankreich vordringen und nach Südwesten ausweichen, um zu flankieren. Sollte Napoleon hingegen beschließen, seine Truppen in Metz zu halten oder gar ins Rheinland einzumarschieren, würde die Dritte Armee in den französischen Rücken manövrieren, die Kommunikation mit Paris unterbrechen und die Rheinarmee flankieren. In den letzten Julitagen begann die französische Armee mit den Vorbereitungen für genau dieses Vorgehen. Napoleon und sein Kommando verspürten den öffentlichen Druck, etwas zu unternehmen, und selbst General Charles Frossard, einer seiner Lieblingsoffiziere, plädierte schon seit Tagen für einen Angriff auf die Grenzstadt Saarbrücken. Am 29. Juli 1870 genehmigte der Kaiser den Angriff, und die französischen Soldaten begannen mit der Aufstellung für einen Vorstoß nach Deutschland.

Dieser Angriff erwies sich für den Kaiser jedoch eher als ein öffentlichkeitswirksamer Stunt. Seine Truppen griffen am 2. August an und stießen nur auf sporadischen Widerstand der Preußen, die sich vor allem mit ihren Patrouillen balgten. In diesen kleinen Auseinandersetzungen bewies das Chassepot seine Überlegenheit, denn die deutschen Truppen zerstreuten sich in der Regel. Als sich die französischen Divisionen Saarbrücken näherten, zog sich die einzige preußische Division, die die Stadt verteidigte, mehr oder weniger zurück, so dass es zu keinen größeren Kämpfen kam. Nach der Einnahme der Stadt verkündeten Napoleon und Frossard sofort einen großen Sieg, was selbst die kriegslüsterne französische Öffentlichkeit nur schwer glauben konnte. Die französische Armee zog sich fast so schnell zurück, wie sie eingedrungen war, als sie feststellte, dass die

Preußen ihre Mobilisierung abgeschlossen hatten und ihre Truppen über den Rhein auf sie zubewegten.

Alles in allem war der kurze Einmarsch in Saarbrücken nicht nur eine Übung in Vergeblichkeit, sondern auch ein schwerer Fehler. Zum einen verschlechterte er die Beziehungen zwischen Marschall Bazaine und Napoleon III. weiter. Bazaine, der über mehr Erfahrung und einen höheren Rang als Frossard verfügte, wurde auf eine unterstützende Position zurückgestuft. Bazaine selbst wusste, dass dieser Angriff keinen Sinn hatte, es sei denn, die französische Armee sollte hart und tief nach Preußen vordringen, was nicht möglich war. Trotzdem versuchte er, einen richtigen Vorstoß auf Saarbrücken zu organisieren, wurde aber schlichtweg ignoriert. Von da an wurde Marschall Bazaine eher hinderlich als kooperativ. Noch schlimmer war die Tatsache, dass dieser halbherzige Angriff bewies, dass der Kaiser kein militärisches Talent besaß, indem er Truppen, die ein Bindeglied zwischen der Rheinarmee und MacMahons I. Korps weiter südlich waren, befahl, sich dem Angriff auf Saarbrücken anzuschließen. Napoleon und Leboeuf ließen MacMahon im Grunde genommen unüberlegt zurück, ohne die Unterstützung, die er in den kommenden Tagen dringend benötigen würde.

Marschall Bazaine
https://commons.wikimedia.org/wiki/File:Bazaine_Disd%C3%A9ri_BNF_Gallica.jpg

Marschall MacMahon
https://commons.wikimedia.org/wiki/File:Patrice_de_Mac-Mahon.jpg

Eine solche Fehleinschätzung konnte auch teilweise auf die französische Aufklärung zurückgeführt werden. Während die preußische Kavallerie ständig die Grenzregionen durchstreifte, war die französische Aufklärung sporadisch und unzureichend. Die meisten Informationen, die Napoleon und sein Hauptquartier erhielten, stammten von Zeitungen und ausländischen Kriegsberichterstattern, die sich auf ihre eigenen Vermutungen stützten. Als die Franzosen den Angriff auf Saarbrücken anordneten, ahnten sie wahrscheinlich nicht, dass die Preußen nur noch wenige Tage von der Vorbereitung einer eigenen Invasion entfernt waren. Da die Franzosen ihre Linien bei Metz im Wesentlichen hielten und den taktisch irrelevanten Vorstoß auf Saarbrücken nicht beachteten, beschloss Moltke, die Dritte Armee in MacMahons I. Korps einzuschwenken und in die Vogesen vorzustoßen, bevor er nach Norden schwenkte und die Franzosen in eine Tasche zwang. Es war ein kalkuliertes Risiko, da es die Dritte Armee von Kronprinz Friedrich Wilhelm für mehrere Tage vom Rest der preußischen Streitkräfte abschneiden würde. Doch Moltke hatte volles Vertrauen in den Kronprinzen und seine zahlenmäßige Überlegenheit von 125.000 Deutschen gegenüber MacMahons 45.000 französischen Soldaten.

Das französische Oberkommando wusste größtenteils nichts von den genauen deutschen Bewegungen, erfuhr aber von gefangenen preußischen Soldaten und einem örtlichen Polizeichef, der das Herannahen des Feindes bemerkte, davon. Diese Informationen zwangen die Franzosen, sich bis zum 5. August von Saarbrücken auf ihre ursprünglichen Verteidigungspositionen zurückzuziehen, doch zu diesem Zeitpunkt wurde das Korps von MacMahon bereits angegriffen. Die Dritte Preußische Armee hatte bereits am Vortag einen ersten Angriff auf eine einzelne französische Division unternommen, die den Ort Weißenburg verteidigte. Es handelte sich um eine Festung aus dem 18. Jahrhundert, die einen wichtigen Knotenpunkt zwischen Bayern, Straßburg und dem Unterelsass überwachte. In den Jahren vor dem Krieg wurden jedoch die Mittel für diese Festung gekürzt, und ihr Zustand war alles andere als ideal. Erschwerend kam für MacMahon hinzu, dass er nur über insgesamt vier Divisionen verfügte, die die gesamte südfranzösische Flanke über die Vogesen abdecken sollten, so dass seine Streitkräfte zu dünn verteilt waren. Dies bedeutete, dass er im Falle eines preußischen Vorstoßes nicht genügend Zeit hatte, um zu reagieren und seine Männer neu zu positionieren.

Am frühen Morgen des 4. August hatte die französische Kavallerie schließlich Kontakt mit den vorrückenden deutschen Truppen. Ein lokaler Beamter hatte am Vortag die deutschen Bewegungen bemerkt und die örtlichen französischen Behörden alarmiert. Der Vorfall wurde jedoch als unbedeutender Grenzkonflikt abgetan. Während das Kommando in Weißenburg dies so meldete, begann die preußische Artillerie mit dem Bombardement. Zunächst schienen die Franzosen im Vorteil zu sein. Sie nutzten ihre befestigten Stellungen und die überlegene Feuerkraft des Chassepot und der Mitrailleuse, um die bayerischen Soldaten, die den Fluss Lauter vor der Festung überquerten, unter Beschuss zu nehmen. Die Mitrailleuse erfüllte die angreifenden Soldaten mit besonderem Schrecken, denn sie zerriss oft die Körper in Fetzen. Auch der französischen Artillerie gelang es anfangs, die vorrückenden Truppen mit ihren Granaten zu beschießen. Dennoch verloren die Franzosen ihren Vorsprung schnell wieder. Die preußische Führung war sich bewusst, dass sie nur über eine einzige Division verfügte, die in der Stadt und ihren Befestigungen dicht gedrängt stand. Daher funktionierte ihre übliche Taktik der Umzingelung nahezu perfekt, und sie begannen, sich auszubreiten und die Verteidigungskräfte einzukesseln. Bald überquerten auch einige preußische Artilleriegeschütze den Fluss und sorgten für ein präziseres Unterstützungsfeuer, so dass die französische Garnison die vorrückenden Truppen nicht mehr so effektiv beschießen konnte.

Als die Stadt selbst in ein Gefecht von Tür zu Tür verwickelt wurde, begannen die Einwohner, angeführt von ihrem Bürgermeister, die französischen Soldaten anzuflehen, sich zurückzuziehen und ihre Häuser von dem aus ihrer Sicht vergeblichen Widerstand zu verschonen. Ein Teil der französischen Truppen wurde zurückgedrängt, was wahrscheinlich dadurch erleichtert wurde, dass ihr kommandierender Offizier früh am Tag durch Artilleriesplitter getötet wurde. Andere französische Truppen, insbesondere diejenigen, die in der Stadt eingekesselt waren, hatten keine andere Möglichkeit als zu kämpfen. Sie entschieden sich für eine stoische Haltung. Am Ende wurden sie jedoch überrannt, und am Nachmittag war Weißenburg in deutscher Hand. Trotzdem waren die Verluste auf beiden Seiten ähnlich hoch: etwa 1.500 Tote und Verwundete, aber mehrere hundert Franzosen wurden gefangen genommen.

Eine Illustration aus dem Jahr 1899, die den Nahkampf bei Weißenburg zeigt.
Internet Archive Book Images, No restrictions, via Wikimedia Commons
*https://commons.wikimedia.org/wiki/File:From_1800_to_1900._The_wonderful_story_of_the_centu
ry,_its_progress_and_achievements_(1899)_(14593621209).jpg*

Nach der Schlacht erkannten die preußischen Kommandeure zwei wichtige Dinge. Zum einen war die französische Taktik, ihre gesamten Divisionen zu gruppieren, um ihre Feuerkraft zu maximieren, falsch, wenn auch intuitiv. Das Chassepot war in der Tat ein viel besseres Gewehr, sowohl was die Präzision als auch die

Reichweite betraf, aber indem die Franzosen ihre Soldaten auf einen Punkt konzentrierten, erleichterten sie es den Preußen, sie mit ihrer überlegenen Artillerie zu bombardieren und sowohl ihre Stimmung als auch ihre Verteidigung zu brechen, während sie sie überraschend leicht flankierten. Die zweite Lektion war, dass ihre bayerischen Verbündeten nur geringfügig bessere Soldaten waren als die Franzosen. Es mangelte ihnen an Disziplin, vor allem unter Beschuss. Ohne die Ausbildung, die die Preußen durchlaufen hatten, feuerten ihre Verbündeten zu schnell und ohne richtig zu zielen, ignorierten direkte Befehle und suchten nach jedem Grund, die Feuerlinie zu durchbrechen. Außerdem plünderten die Bayern nach der Schlacht auf der Suche nach Lebensmitteln und Getränken am meisten. Die Disziplin der Preußen sollte ihnen in den folgenden Wochen eingebläut werden.

Während die deutsche Dritte Armee im Süden vorrückte, begann Moltke mit der Ausarbeitung seines übergreifenden Plans, die französische Armee in einen Kessel zu zwingen. Er plante, mit der starken Zweiten Armee das Zentrum von Napoleons Streitkräften anzugreifen, wobei Frossards neue Stellungen bei Spichern und Forbach, ein wichtiges Nachschubdepot für die Franzosen, das Hauptziel sein sollten. Durch einen Angriff im Zentrum und auf ein so wichtiges Ziel hofft Moltke, den Rest der französischen Truppen aufzusaugen, während die Erste Armee von Norden und die Dritte Armee von Süden her anrückte. Ein vernünftiger Plan, auch wenn die Dritte Armee noch nicht durch die Vogesen vorgedrungen war. Moltkes großartiger Plan wurde jedoch beinahe von General Steinmetz zunichte gemacht. Obwohl er ein altgedienter Veteran war, hatte er 1870 seine besten Jahre weit hinter sich. Einige seiner Kollegen behaupteten sogar, er würde in die Senilität abgleiten. Dennoch war er der Held des Volkes und ein enger Freund von König Wilhelm, was ihm seine Führungsposition sicherte. Aufgrund seiner starken Stellung in der preußischen Armee beschloss Steinmetz, die Dinge selbst in die Hand zu nehmen und ignorierte Moltkes Befehle. Anstatt seine

Truppen, die kleinste der drei deutschen Armeen, über die Saar an die rechte Flanke der Zweiten Armee zu führen, um dort die französischen Stellungen zu sondieren, stieß er nach Süden in Richtung Frossard vor.

Dies erwies sich als ein entscheidender Fehler. Mit dieser irrationalen Bewegung schnitt Steinmetz den Vormarsch der Zweiten Armee unter Prinz Friedrich Karl ab, die methodisch dem Plan Moltkes folgt. Es war also die Erste Armee, die das Zentrum der französischen Streitkräfte angriff, allerdings nicht auf direkten Befehl von Steinmetz. Einer seiner Divisionsgeneräle erreichte Spichern am 6. August und glaubte, die Franzosen würden sich zurückziehen. Daher befahl er einen Großangriff auf die vermeintliche französische Nachhut. Doch in Wirklichkeit verschanzte sich General Frossard in den überlegenen Stellungen rund um Spichern, nutzte das hügelige Gelände zu seinem Vorteil und hatte nicht vor, aufzugeben. Moltkes Plan stand in diesem Moment auf der Kippe, denn die Franzosen hielten weit überlegene Stellungen, während der preußische Angriff ohne Rücksicht auf eine groß angelegte strategische Entwicklung durchgeführt wurde. Und das alles nur wegen des Übereifers von Steinmetz und seines untergeordneten Offiziers.

Abgesehen von der anfänglichen Fehleinschätzung der französischen Kräfte machte der Divisionsgeneral von Steinmetz einen weiteren Fehler. Er griff an, ohne seine gesamte Truppe dabei zu haben, und schickte nur ein paar Bataillone, die zuerst eintrafen. Als der erste Kontakt hergestellt war, zeigte die Stärke des französischen Feuers, dass es sich nicht nur um eine Nachhut handelte. Die preußischen Truppen näherten sich den französischen Stellungen, wurden aber von den französischen Geschützen aufgehalten. Eine Zeit lang konnte die deutsche Artillerie die französischen Truppen in Schach halten, aber am Nachmittag hatten die preußischen Truppen zu viele Verluste erlitten und begannen sich zurückzuziehen. Frossard ermöglichte daraufhin einen gewaltigen Gegenangriff, der sowohl die sich zurückziehenden deutschen Truppen als auch die gerade auf dem Schlachtfeld eintreffenden Truppen zurückdrängen konnte. Hätte er das gesamte Potenzial der französischen Streitkräfte entfesselt, hätte er den Preußen eine schmerzhafte Niederlage beibringen können. Doch er hielt an der Verteidigungsstrategie fest und weigerte sich, die Sicherheit seiner befestigten Hochebene zu verlassen. So hatten die Preußen genügend Zeit, sich neu zu formieren.

Schon bald trafen die Einheiten von Prinz Friedrich Karl ein, die sich sofort in Kampfformationen aufstellten, ohne auf den direkten Befehl zu warten. Noch wichtiger war, dass der Divisionsgeneral von Steinmetz von seinem Kommando entbunden und das Kommando dem kompetenteren General Constantin von Alvensleben überlassen wurde. Die Preußen begannen daraufhin, ihre Truppen zu sammeln und erhöhten erneut den Druck auf die Franzosen, indem sie sie langsam zurückdrängten und sich gleichzeitig ausbreiteten, um eine richtige Umzingelung einzuleiten. Frossards Männer ließen weiterhin Granaten auf die Angreifer regnen, aber hier kamen die preußische Disziplin, Hartnäckigkeit und zahlenmäßige Überlegenheit zum Vorschein. Sie stießen unerbittlich weiter vor und hielten ihre Gefechtslinien trotz der Verluste aufrecht. Währenddessen nahm die preußische Artillerie nicht nur an Größe zu, sondern fand auch günstigere Positionen und erhöhte den Druck auf die französische Verteidigung. Am späten Nachmittag hatte Alvensleben genügend eigene Truppen als Reserven zusammengezogen, um sie in die französischen Flanken zu treiben. In Verbindung mit Artilleriebeschuss reichte dies aus, um die Franzosen aus Spichern zu vertreiben. Am Abend befahl Frossard den vollständigen Rückzug auf die Verteidigungslinie an der Mosel.

Eine Zeichnung aus dem Jahr 1890 zeigt den Vormarsch der preußischen Truppen bei Spichern.

https://commons.wikimedia.org/wiki/File:Spicheren-Roter_Berg.png

Spichern wäre also fast eine Katastrophe für die Preußen geworden. Diese wurde mehr durch französische Fehler als durch irgendetwas anderes verhindert. Hätte Frossard einen richtigen Gegenangriff gestartet, wären die Deutschen höchstwahrscheinlich zerschlagen worden. Außerdem dauerte die Schlacht lange genug, um Verstärkung zu erhalten, aber die mangelhaften Beziehungen und die schlechte Kommunikation zwischen den französischen Befehlshabern führten zur Katastrophe. Frossard bat zunächst nur um zwei Brigaden, aber Bazaine weigerte sich, sie zu schicken. Seine Reihen seien bereits ausgedünnt, und Frossard war sich zu diesem Zeitpunkt noch nicht sicher, ob der preußische Angriff ernst gemeint war. Die Feindseligkeit zwischen den beiden Offizieren dämpfte nur Bazaines Bereitschaft, seinem Landsmann zu helfen. Hätte Frossard jedoch rechtzeitig und ordnungsgemäß um Verstärkung gebeten, hätte Bazaine ihn sicher nicht im Stich gelassen. Doch am frühen Nachmittag teilte Frossard ihm mit, dass er an einen Sieg glaube und die preußische Atempause mit einer Niederlage verwechselt habe. Nur wenige Stunden später schickte er ein Telegramm, in dem er mitteilte, dass er überrumpelt worden sei und am Rande der Niederlage stehe. Zu diesem Zeitpunkt war es bereits zu spät, da Bazaines Truppen mehrere Stunden brauchten, um einzutreffen. Bazaine schickte sogar eine ganze Division zu Frossard, die jedoch erst eintraf, als sich seine Soldaten bereits auf dem Rückzug befanden.

Die Schlacht von Spichern war letztlich ein Beispiel für die Besonderheiten beider Seiten. Im Guten wie im Schlechten zeigten die preußischen Offiziere mehr Eigeninitiative und handelten nach ihrem eigenen Instinkt, während die Franzosen durch ihre Befehle in die Schranken gewiesen wurden. Letztere waren auch durch ihre allzu defensive Strategie eingeengt, während die Preußen ihre Beharrlichkeit und Hartnäckigkeit unter Beweis stellten, um sich durch den Schlamm und den Schotter zu kämpfen. Es zeigte sich auch das Schwarmverhalten des preußischen Vormarsches. Sie trafen oft mit einer begrenzten Anzahl von Truppen auf die Franzosen, testeten deren Verteidigung und sammelten langsam ihre Truppen für einen Angriff, wenn die Gelegenheit günstig schien. Dies machte es den französischen Befehlshabern schwer, zu erkennen, ob es sich um ein bloßes Geplänkel oder um einen ausgewachsenen Angriff handelte. Wenn sie das herausfanden, war es meist schon zu spät. Spichern zeigte auch, wie tödlich die Schlachten sein konnten, denn beide Seiten erlitten erhebliche Verluste. Die Preußen verloren knapp fünftausend von etwa siebenunddreißigtausend Mann, die Franzosen etwa viertausend von insgesamt neunundzwanzigtausend Soldaten. Es handelte sich jedoch nur um erste Gefechte, die noch begrenzt waren.

Kapitel 5 - Die Flammen des Krieges: Die preußische Invasion

Die Siege von Weißenburg und Spichern waren nur der Anfang dessen, was sich bald zu einer französischen Tragödie entwickeln sollte. Während die deutsche Erste und Zweite Armee gerade erst in Aktion traten, begann die Dritte Armee unter Kronprinz Friedrich Wilhelm, tiefer in französisches Gebiet vorzustoßen.

Er plante, MacMahon an den östlichen Hängen der Vogesen zu bekämpfen und seinen Rücken zu sichern, bevor er nach Norden ausschwenkte, um den preußischen Hauptangriff zu unterstützen. Nach Weißenburg verloren seine Truppen den Kontakt zu den sich zurückziehenden französischen Truppen, so dass sich die deutsche Kavallerie am 5. August in der Region verteilte, um den Feind zu suchen. Friedrich Wilhelm glaubte, MacMahon habe sich in die Sicherheit der Festung Straßburg zurückgezogen, die weiter südlich lag. Stattdessen fanden seine Späher das französische I. Korps bei Froeschwiller-Wörth verschanzt, einer Gruppe von Dörfern in den Vogesen nur zwölf Meilen (zwanzig Kilometer) südöstlich von Weißenburg. Eine solche Entscheidung war sowohl strategisch als auch taktisch begründet. Erstens war Froeschwiller ein wichtiger Eisenbahnknotenpunkt. Würden die Preußen ihn einnehmen, würde dies die Truppen in Straßburg isolieren und gleichzeitig den deutschen Nachschub erleichtern. Taktisch gesehen handelte es sich um eine der „positions magnifique", wie die Franzosen sie nannten, eine leicht zu verteidigende Stellung. Die vier Dörfer, die das Froeschwiller -Wörth-Becken einschließen, sind durch eine seitliche Straße miteinander verbunden, so dass die Stellung leicht durchzusetzen ist. Sie hielten die Hochebene und bildeten gleichzeitig eine halbkreisförmige Linie mit der Sauer unter sich. Die meisten Stellungen hatten freie Schussfelder in alle Richtungen, während die Berghänge mit Wein- und Hopfenplantagen übersät waren, was das Vorrücken für die Angreifer zu einem Alptraum machte. Der Froeschwiller -Wörth war in der Tat eine Stellung, in der das Chassepot und die Mitrailleuse am besten eingesetzt werden konnten.

Das Froeschwiller -Wörth-Becken wies jedoch einen großen Verteidigungsmangel auf. Es war anfällig für Flankenangriffe und Umzingelungen, vor allem, wenn keine anderen Truppen in der Nähe waren, die die Verteidigung unterstützen konnten. Alles, was die Preußen für einen Sieg brauchten, war eine ausreichende zahlenmäßige Überlegenheit, die sie auch hatten. Die Dritte Armee, die auf Froeschwiller -Wörth vorrückte, zählte fast 100.000 Mann, während die französischen Verteidiger nur 50.000 Mann zählten. Trotzdem plante MacMahon seinen Gegenangriff. In den frühen Morgenstunden des 6. August befahl er dem nahe gelegenen V. Korps, das dreißigtausend Mann stark war und unter der Führung von General Pierre de Failly stand, sich darauf vorzubereiten, entweder die preußische Flanke auf ihrem Weg durch die Vogesen anzugreifen oder sie sogar einzukesseln, falls sich der Feind als untätig erwies. Unabhängig von MacMahons Wunschdenken war Kronprinz Friedrich Wilhelm gewissenhaft und plante, seinen zahlenmäßigen Vorteil zu nutzen, um die französischen Streitkräfte zu flankieren und einzukesseln. Außerdem wollte er es richtig machen, indem er seine Armee sammelte und die befestigten Stellungen organisiert angriff. Doch wie schon bei Spichern setzte sich einer der mittleren Offiziere hitzköpfig für einen frühen Angriff ein.

Als Voraustrupps mehrerer Korps der Dritten Armee unerwartet auf die französischen Stellungen stießen, befahl ihr Befehlshaber seinen Männern, sofort anzugreifen, ohne auf den Rest der Dritten Armee zu warten. So begann die Schlacht bei Froeschwiller -Wörth am 6. August und nicht, wie vom Kronprinzen geplant, am 7. August. Erschwerend kommt hinzu, dass sie sich dem linken Flügel der Franzosen gegenübersahen, der von zahlreichen kampferprobten Veteranen gehalten wurde, die auf der Krim, in Algerien und Italien gedient hatten. Als das Geschützfeuer widerhallte, begannen die ankommenden preußischen Truppen sofort, sich in Schlachtreihen aufzustellen und die bestehende deutsche Frontlinie zu erweitern. Friedrich Wilhelm war wütend und versuchte, die Schlacht hinauszuzögern, indem er Boten zu den vorderen Linien schickte, aber es war zu spät. Froeschwiller -Wörth verwandelte sich in ein weiteres Spichern.

Die ersten Gefechte bei Froeschwiller -Wörth ähnelten auf unheimliche Weise der Schlacht, die etwa zur gleichen Zeit bei Spichern stattfand. Die ersten Angriffe, die von gemischten preußischen, bayerischen und baden-württembergischen Truppen durchgeführt wurden, verdünnten ihre vorrückenden Kolonnen zu kleinen Gefechtslinien und umschlossen langsam die französischen Stellungen. Dennoch kamen sie kaum vorwärts, da die Verteidiger sie mit ihren überlegenen Gewehren und der Mitrailleuse, die von ihrer Artillerie unterstützt wurden, ausschalteten. Das sumpfige und hügelige Schlachtfeld erschwerte den deutschen Vormarsch zusätzlich, während die umliegenden Wälder kaum Deckung gegen die französischen Kanonen boten. Selbst die am besten ausgebildeten preußischen Soldaten hatten kaum eine Chance, da die Verteidiger mit heißem Blei auf sie eindrangen. Die deutschen Verluste häuften sich, und einige der Truppen verloren sogar die

Nerven und liefen vor dem Kampf davon, vor allem die bayerischen. Als es auf die Mittagszeit zuging, entglitt den Deutschen die Schlacht, und wenn die Franzosen rechtzeitig einen Gegenangriff gestartet hätten, wären die Deutschen vielleicht ins Wanken geraten. Doch wieder einmal beschloss die französische Führung, in der Defensive zu bleiben.

Um die Schlacht zu retten, schickte Friedrich Wilhelm zwei seiner Adjutanten, um den Angriff zu organisieren, denn der Kronprinz steckte auf dem Weg nach Froeschwiller -Wörth buchstäblich im Stau. Bei ihrer Ankunft stießen die Adjutanten auf einige Spannungen zwischen den Preußen und den Bayern. Letztere hatten das Gefühl, dass sie geopfert wurden, um preußische Leben zu retten, obwohl sie alle an der Front starben. Einige bayerische Offiziere weigerten sich sogar, ihre Truppen zu einem Angriff zu verpflichten, und erklärten sich nur auf direkten Druck des Kronprinzen dazu bereit. Nichtsdestotrotz rückten die Korps der Dritten Armee weiter vor, dehnten ihre Flanken aus und kesselten MacMahon langsam ein. Noch wichtiger war, dass die deutsche Artillerie in größerer Zahl eintraf und die französischen Verteidigungsstellungen unter Beschuss nahm. Mit zunehmender Dauer der Schlacht begann das Artilleriefeuer, die Verteidiger zu unterdrücken und gleichzeitig die französischen Kanonen zu bekämpfen, ihre Gefechtsstände zu zerstören und die Truppen zu demoralisieren. Die Bedeutung der preußischen Artillerie wird durch die französischen Befehlshaber verdeutlicht, die behaupteten, dass sie ohne sie jeden deutschen Angriff problemlos abgewehrt hätten.

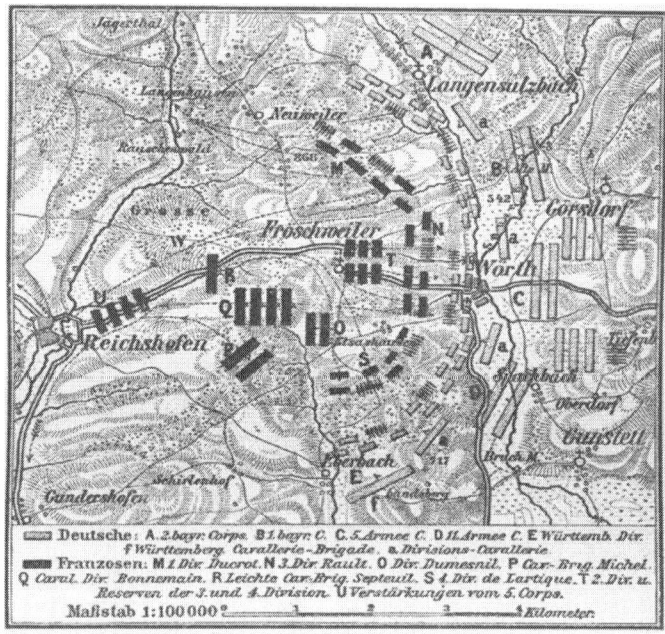

Karte zur Schlacht bei Wörth (6. Aug. 1870).

Eine Gefechtsstellung bei Froeschwiller -Wörth mit Darstellung der preußischen Kesseltaktik

https://de.wikipedia.org/wiki/Datei:Karte_zur_Schlacht_bei_W%C3%B6rth_(06.08.1870).jpg

Der preußischen Artillerie, die sich durch die Straßen von Wörth bewegt
https://commons.wikimedia.org/wiki/File:Batteries_passed_through_the_streets.jpg

Am frühen Nachmittag war die Dritte Armee fast in ihrer vollen Stärke aufgestellt. Die Umzingelung war abgeschlossen und MacMahon hatte nur noch eine einzige Möglichkeit, sein Schlachtglück wiederherzustellen. Er befahl seinen schweren Kavallerie-Reserven, die vorrückenden preußischen Flanken anzugreifen und versuchte somit als letzten Ausweg ein „Hail Mary". Der Gegenangriff entwickelte sich schnell zur Katastrophe, denn die preußischen Schnellfeuergeschütze bewiesen, dass die Zeit der Kavallerieangriffe vorbei war. Keinem der französischen Reiter gelang es, sich den deutschen Linien zu nähern. Damit war die Schlacht so gut wie entschieden. Der unerbittliche Vormarsch der Preußen und der Artilleriebeschuss begannen die Franzosen zu zermürben, vor allem auf ihrer rechten Flanke, der es an Erfahrung mangelte, da sie größtenteils aus frisch rekrutierten Truppen bestand. Sie brachen zusammen und flohen, so dass die Flanken und die Rückseite des restlichen Korps von MacMahon ungeschützt blieben, was die deutschen Truppen sofort zu ihrem Vorteil nutzten. Zusätzlich bedrängten die preußischen Truppen und die Artillerie die sich zurückziehenden französischen Truppen. Schon bald geriet der linke Flügel der Franzosen ins Wanken, während es den deutschen Truppen gelang, auch auf das stark verteidigte Zentrum vorzustoßen. Die französischen Divisionen gerieten nach und nach ins Hintertreffen und zogen sich in Panik zurück. Es gab einige tapfere Ausnahmen unter den Franzosen, aber sie wurden von den ausschwärmenden preußischen Truppen leicht zum Schweigen gebracht. Am späten Nachmittag war klar, dass die Schlacht von der Dritten Armee gewonnen worden war.

Als die Nacht hereinbrach, deckte die Dunkelheit die verstreuten Reste von MacMahons I. Korps zu und verhinderte noch verheerendere Ergebnisse. Die Franzosen hatten am Ende etwa zwanzigtausend Mann verloren, von denen etwa die Hälfte verwundet oder getötet und der Rest gefangen genommen worden war. Dies entspricht einem Verlust von etwa 40 Prozent des I. Korps. Auf deutscher Seite betrugen die Verluste etwa zehntausend, also nur 10 Prozent der Stärke der Dritten Armee. Mit den Verlusten an Männern und Material war das französische I. Korps für eine Weile aus dem Krieg ausgeschieden, so dass der Kronprinz die Wahl hatte, ob er es weiter verfolgen oder sich der Rheinarmee bei Metz nähern wollte. Mit dem Sieg bei Froeschwiller -Wörth zeigten die Deutschen den Franzosen und dem Rest der Welt, dass ihre Invasion im Gegensatz zu den anfänglichen französischen Theatralikern bei Saarbrücken ein ernsthaftes Unterfangen war.

In Froeschwiller -Wörth zeigten die Deutschen, abgesehen von ihrer lockeren und opportunistischen Taktik, ihr unzivilisiertes Gesicht. Obwohl es sich bei diesem Krieg um einen Kampf zwischen zwei Nationen handelte, verfügten die beiden Armeen auch über einige nichtnationale Truppen. Auf der preußischen Seite waren dies Polen, während die Franzosen ihre algerischen

Berbertruppen hatten. Zu einem bestimmten Zeitpunkt der Schlacht leisteten letztere heftigen Widerstand, obwohl sie umzingelt waren. Das algerische Regiment kämpfte weiter und brachte die Angreifer in Bedrängnis. Die Preußen und Bayern begannen zu behaupten, dass die Berber verschiedene Gräueltaten begingen, indem sie die verwundeten Deutschen verstümmelten und töteten, obwohl sie dazu eigentlich gar nicht in der Lage waren. So begannen sie ihre Rache, jagten sie und richteten jeden verwundeten Algerier hin, den sie fanden. Dieses ungeheuerliche Verhalten wurde nur dadurch erleichtert, dass die Berber als bestialische dunkelhäutige Barbaren angesehen wurden. Sogar Bismarck billigte später solche Aktionen, indem er behauptete, dass die Algerier oder, wie er sie nannte, „schwarze Männer" „Raubtiere sind, die man abschießen sollte".

Ungeachtet dieser abscheulichen Ausbrüche setzten die Deutschen ihren Vormarsch durch Frankreich fort. Tagelang stießen sie auf keinen ernsthaften Widerstand, während ihre Truppen auf der Suche nach Nachschub das französische Land plünderten und brandschatzten. Während sie den Hauptteil der französischen Armee langsam einkesselten, löste sich Frankreich langsam in inneren Unruhen auf. In Paris unterdrückten die Militärs gewaltsam Ausbrüche der Enttäuschung, als Ollivier abgelöst wurde. Neuer Premierminister wurde General Charles Cousin de Montauban, der eher der extremen Rechten des politischen Spektrums angehörte und Napoleon III. sehr viel näher stand. Unabhängig davon versank Paris langsam in einer revolutionären Atmosphäre, ähnlich wie 1789 und 1848. Der Kaiser verlor die Unterstützung der Öffentlichkeit, während der Defätismus die französischen Massen zu zermürben begann, obwohl ihr nationaler Eifer einen Teil des Kampfgeistes am Leben hielt.

Die Verluste bei Spichern und Froeschwiller -Wörth haben auch die französische Militärorganisation und -hierarchie in Aufruhr versetzt. Napoleon gab die Kontrolle über die

Rheinarmee nur widerwillig und schrittweise an Marschall Bazaine ab. Erst am 11. August, als die gesetzgebende Körperschaft in Paris versuchte, Leboeuf anzuklagen, wurde dem Kaiser klar, dass er das Kommando an Bazaine übergeben musste, ungeachtet der persönlichen Rivalitäten zwischen ihnen. Dennoch zog Napoleon die Sache so lange wie möglich hinaus und zwang Bazaine sogar, Mitglieder des Kabinetts von Leboeuf in seinen Stab aufzunehmen. Erst am 14. August erhielt Bazaine schließlich die volle Kontrolle über den Hauptteil der französischen Armee, obwohl der Kaiser weiterhin versuchte, die Entscheidungen des Marschalls zu beeinflussen, indem er dessen offiziellen Titel als Oberbefehlshaber ausspielte. Während Napoleon und Bazaine dieses Tauziehen führten, standen die französischen Truppen still, taten nichts und verloren wichtige Zeit für Manöver. Sie bleiben in der Nähe von Metz stationiert. Währenddessen wurden sie nach und nach von den drei Armeen Moltkes eingekreist. Am 14. August durchdrangen seine Kavallerieeinheiten bereits die Verbindungslinien zwischen Metz und Paris.

Erst zu diesem Zeitpunkt begannen die ersten französischen Verbände, sich von Metz zu entfernen, was jedoch sowohl zu spät als auch zu langsam geschieht. Das Hauptproblem für die französischen Verteidiger war die Tatsache, dass Metz am Ostufer der Mosel lag, das für preußische Angriffe offen war. Am 13. August erteilte Napoleon Bazaine den Befehl, sich nach Westen bis Verdun zurückzuziehen und dabei bis nach Châlons zurückzufallen. Dieser weigerte sich mit der Begründung, dass ein Rückzug zu diesem Zeitpunkt ungünstig sei, da die Deutschen im Anmarsch seien. Zu diesem Zeitpunkt näherte sich die Dritte Armee von Süden her und nahm Nancy ein, einen Knotenpunkt der Hauptnachschublinie für die Preußen. Überraschenderweise ließen die Franzosen dies kampflos zu. Damit blieb Bazaine nur noch der Rückzug über Verdun. Doch am 14. August stieß die deutsche Erste Armee auf Bazaines Nachhut der Rheinarmee. Bei

Borny, in der Nähe von Metz, kam es zu einer kurzen und eher halbherzigen Schlacht.

Dieser Konflikt wurde von preußischen Offizieren mittleren Ranges angezettelt, aber diesmal hielt Steinmetz seine Truppen zurück. Er wollte sich nicht auf den Angriff einlassen, da er weitere Zurechtweisungen von Moltke und König Wilhelm befürchtete. Am Ende verloren die Deutschen etwa 5.000 ihrer Soldaten, während die Franzosen mit nur 3.600 Opfern besser dastanden. Keine der beiden Seiten war gewillt, eine ernstere Schlacht daraus zu machen. Einerseits befürchtete Moltke zu Recht, dass die Franzosen eine Art Gegenangriff planten, während seine Truppen erst ankamen. Auf der anderen Seite ignorierte Bazaine die Warnungen Leboeufs aus den Tagen nach den Schlachten bei Spichern und Froeschwiller-Wörth, dass die französischen Befehlshaber in eine Gegenoffensive übergehen müssten, sobald die Deutschen erste Anzeichen des Zauderns zeigten. Wieder einmal hätten die Franzosen Moltkes Plan durchkreuzen können, wenn sie etwas mehr getan hätten, als nur zu verharren. Stattdessen blieb Bazaine untätig und verhinderte sogar jeden weiteren Rückzug. Es schien, als hätte er den Kampfeswillen verloren, fast so, als sei es aus Bosheit gegenüber Napoleon.

Nachdem Bazaine mehr als eine Woche mit persönlichen Streitigkeiten und alltäglichen Unwichtigkeiten wie der Versorgung seiner Kantinen mit Besteck vergeudet hatte, setzte er sich schließlich in Bewegung. Am 15. August trat der Marschall schließlich den Rückzug an und brachte seine verbliebenen Truppen ans westliche Moselufer. Doch auch hier ging es nur schleppend voran, da er den Rückzug in den frühen Morgenstunden des 16. August unterbrach, um die durch den Rückzug entstandene Verwirrung zu beseitigen. Der Rückzug der Franzosen wurde ständig von der preußischen Kavallerie bedrängt, so dass die verwundeten Truppen und die Versorgungstransporte bewaffneten Geleitschutz benötigten, was die Evakuierung von Metz zusätzlich erschwerte. Zum Glück für Bazaine waren die

Preußen noch nicht ganz in Reichweite, da nur Teile der Zweiten Armee nahe genug waren. Tatsächlich führte Moltke am 15. August ein Schwenkmanöver durch, bei dem er mehrere Korps der Ersten und Zweiten Armee in der Nähe von Metz zusammenführte, während er mit seinen Flanken die Mosel überquerte. Das war ein kalkuliertes Risiko, denn zu diesem Zeitpunkt war die gesamte preußische Invasion anfällig für eine französische Gegenoffensive. Dennoch sah der preußische Generalstab bei den Franzosen wenig Anreiz für ein solches Vorgehen und beschloss, das Risiko einzugehen.

Am 16. August kamen die sich zurückziehenden französischen Truppen in den Schussbereich der preußischen Artillerie, was Bazaine noch mehr Angst einjagte. Er glaubte, dass Moltke versuchte, ihn von Metz abzuschneiden, das immer noch über eine Garnison und starke Verteidigungsanlagen verfügte, und ihn auf dem offenen Feld einzukesseln. Anstatt den Rückzug fortzusetzen, verschanzte er sich in Gravelotte und hielt sich den Weg nach Metz offen. Das war genau das, was Moltke wollte, denn er wollte verhindern, dass die Franzosen bei Châlons eine neue Verteidigungslinie errichteten, die sowohl die Maas als auch die Marne zwischen die beiden Streitkräfte bringen würde. Außerdem war Châlons der Ort, an dem sich die Reste der Truppen von MacMahon und einer französischen Reservearmee sammelten. Trotzdem plante Moltke keine ernsthafte Konfrontation mit den Franzosen, da sich die preußischen Truppen noch immer um Metz und an der Mosel versammelten und positionierten.

Unabhängig von Moltkes Plänen verwickelte die Handlungsfreiheit der mittleren Offiziere die Preußen erneut in eine ungewollte Schlacht. Am frühen Morgen des 16. August befahl der Befehlshaber des preußischen III. Korps einen Angriff auf die französischen Stellungen an der Straße nach Verdun, obwohl er gewarnt worden war, dass der Feind dort beträchtliche Truppen zusammengezogen hatte. Ein preußischer Befehlshaber war der Meinung, dass es sich nur um Nachhut der sich zurückziehenden französischen Armee handelte, und wollte diese von der vermuteten Hauptmasse weiter westlich trennen. Er befahl seinen beiden Divisionen, Mars-la-Tour, ein Dorf an der Straße, einzunehmen. Ungewollt verwickelte er vier französische Korps in einen Kampf, der dadurch erschwert wurde, dass ihm stundenlang keine Verstärkung zur Verfügung stand. Die Franzosen hingegen hatten die gesamte Rheinarmee in der Nähe. Die Schlacht von Mars-la-Tour hätte also ein leichter Sieg für die Franzosen sein müssen.

Der Beginn des Gefechts deutete auch darauf hin, denn die Franzosen schlugen den preußischen Angriff schnell zurück. Die preußische Division wurde durch die zahlenmäßige und schießtechnische Überlegenheit der Franzosen zerschlagen. Der anfängliche Zusammenbruch wurde nur durch das Unterdrückungsfeuer der preußischen Artillerie verhindert, das die Franzosen daran hinderte, ihren frühen Vorteil auszunutzen. Gegen Mittag waren die Franzosen in der Lage, das gesamte III. Korps auszulöschen und die Situation sogar für eine ernsthafte Gegenoffensive zu nutzen, da die preußischen Kräfte geteilt und verwundbar waren. Die französischen Korpsgeneräle waren unentschlossen und warteten auf einen Befehl von Bazaine. Unter ihnen befand sich auch der kürzlich degradierte Leboeuf, der den Marschall nun aufforderte, den Vorteil nicht zu verspielen. Doch Bazaine verbot ihnen, zu handeln. Ihm ging es nur darum, den Weg zurück nach Metz offen zu halten. Dennoch stand das einzige preußische Korps am frühen Nachmittag weiterhin unter schwerem Beschuss und erlitt große Verluste. In einer Verzweiflungstat befahl der preußische Kommandeur seiner Kavallerie einen selbstmörderischen Flankenangriff, um den Druck von der Infanterie zu nehmen. Obwohl die preußische Kavallerie den Befehl eine Zeit lang hinauszögerte, griff sie schließlich an. Durch die Ausnutzung des hügeligen Geländes gelang es ihnen, einen Teil der französischen Artillerielinie zu überraschen und diese in Panik zu versetzen. Mehr als die Hälfte von ihnen kam ums Leben, doch die Reiter verschafften dem restlichen dritten Korps Zeit.

Bazaine ging sogar so weit, persönlich zu Leboeuf zu reiten und dessen eigenständige Aktion, die preußische Rückzugslinie abzuschneiden, zu stoppen. Der Marschall befahl ihm stattdessen, sich nach Gravelotte zurückzuziehen. Im Laufe des Nachmittags bewiesen die preußischen Artilleriebatterien ihre Unabhängigkeit und versammelten sich allein hinter dem Ill Korps. Ihr starkes Feuer hielt die Franzosen so lange in Schach, bis das preußische X. Korps eintraf und seine erschöpften Kameraden unterstützen konnte. Am späten Nachmittag versuchten die Franzosen einige lokale Gegenangriffe, die sich jedoch als vergeblich erwiesen, da die preußische Artillerie inzwischen so stark war, dass sie sie zerreißen konnte. Als die Dämmerung hereinbrach, begann sich die Schlacht auf ein Patt einzupendeln. Am frühen Abend, als die Nacht hereinbrach, versuchten die Preußen einen letzten Angriff, und für eine Weile herrschte auf dem gesamten Schlachtfeld Chaos, doch mit dem Einbruch der Dunkelheit erloschen die Feindseligkeiten.

Ein Gemälde des preußischen Kavallerieangriffs bei Mars-la-Tour.
https://commons.wikimedia.org/wiki/File:Battleof_Rezonville.jpg

Taktisch gesehen endete die Schlacht von Mars-la-Tour unentschieden, denn beide Seiten hatten ähnliche Verluste zu beklagen, jeweils etwa sechzehntausend Mann. Strategisch gesehen war es jedoch ein weiterer Verlust für die Franzosen. Im Schutze der Nacht zogen sie sich nach Gravelotte zurück und überließen den Preußen die Straße nach Verdun. Die Rheinarmee wurde langsam von ihren Rückzugslinien abgeschnitten. Außerdem konnten die Preußen, obwohl sie die gleiche Anzahl an Truppen verloren hatten, diese aufgrund ihrer zahlenmäßigen Überlegenheit abwehren. Zu dem unübersehbaren Desaster kam noch hinzu, dass Bazaine alle Aussichten auf einen leichten Sieg hatte. Die Franzosen hätten Prinz Friedrich Karl und der Zweiten Armee einen schweren Schlag versetzen können, und das alles mit der strategischen Möglichkeit, sich nach Verdun zurückzuziehen und die preußischen Truppen, die sich noch mit Metz und seiner Garnison auseinandersetzen mussten, weiter zu dehnen. In noch größerem Ausmaß erwies sich Mars-la-Tour als politisch entscheidend. Jede Chance, dass Österreich, Italien oder Dänemark sich Frankreich im Krieg anschließen, war nun dahin. Niemand würde sich einem Krieg anschließen, der zum Scheitern verurteilt schien.

Am nächsten Tag schockierte Marschall Bazaine seine Untergebenen, indem er den Rückzug nach Plappeville anordnete, einer der vorgelagerten Festungen von Metz. Er argumentiert, dass der Rückzug in Richtung Verdun im Moment zu gefährlich sei, doch die meisten seiner Generäle behaupten, dass es genügend Möglichkeiten gäbe, wenn nicht nach Verdun, so doch nach Nordwesten und Sedan zu entkommen. Bazaine entschied sich dennoch für Metz und verlegte seine Truppen am späten Nachmittag auf einen Höhenrücken oberhalb von Gravelotte, um den westlichen Zugang zur Stadt zu blockieren. Gleichzeitig verlegten Moltke und Friedrich Karl ihre Truppen in einer Pendelbewegung, um die Linie zwischen Verdun und Metz abzuschneiden und die Einkreisung der französischen Armee zu vollenden. Der Fürst schickte zahlreiche Patrouillen aus, um sich zu vergewissern, dass sich keine französischen Kampftruppen in seinem Rücken befanden. Zu seiner Erleichterung fand er nur Nachzügler und Deserteure. Damit hatten sich die Kampflinien endgültig um 180 Grad verschoben. Zunächst kämpften die Franzosen auf der Westseite und die Deutschen auf der Ostseite der Front, während bei Mars-la-Tour die Franzosen auf der Nordseite und die Deutschen auf der Südseite kämpften. Nach dem 17. August wandte sich der Rücken der Preußen nach Westen, in Richtung Paris, während die Franzosen sich nach Osten, in Richtung Metz und schließlich Berlin, orientierten. Trotzdem beschloss Moltke, seine entscheidende Aktion gut zu organisieren und zog seine Befehlshaber, darunter auch Steinmetz, zurück, indem er seine Truppen in einer Umfassungslinie zusammenzog.

Zur gleichen Zeit traf Napoleon III. in Châlons ein, wo er sich mit MacMahon und der so genannten Armee von Châlons traf. Nach einem Gespräch mit Marschall MacMahon und den wenigen anwesenden Offizieren kamen sie überein, dass diese Armee Verteidigungspositionen um Paris einnehmen sollte, um die preußische Belagerung der Hauptstadt so schmerzhaft wie möglich zu machen. Doch die Kaiserin und die Regierung in Paris überredeten den willensschwachen Napoleon, seine Meinung zu ändern, und befahlen ihm förmlich, die letzten verfügbaren französischen Kämpfer für ein Ablenkungsmanöver einzusetzen, das den Druck von Bazaine und der Rheinarmee nehmen sollte. Diese Entscheidung war ein weiterer Nagel im Sarg. Während Napoleon immer tiefer in Depressionen versank, besuchte Bismarck die Frontlinie. Er war begeistert, dass die preußischen Truppen siegten und das Tempo des Krieges bestimmten, aber er war auch leicht entsetzt über die Brutalität der Generäle. Sie waren nur zu bereit, ihre eigenen Männer zu opfern, darunter auch Bismarcks Sohn Herbert, der bei dem Kavallerieangriff bei Mars-la-Tour verwundet wurde. Diese Brutalität sollte sich am nächsten Tag zeigen, als die Deutschen schließlich Bazaine angriffen.

Im Gegensatz zu den früheren Stellungen von Magnifique war Gravelotte nicht so stark. Der linke Flügel konnte Hügel, Schluchten und die Mosel nutzen, um die französische Verteidigung zu verankern. Dem rechten französischen Flügel fehlten dagegen natürliche Hindernisse. Diese Schwäche hätte durch zusätzliche Artillerie und Truppen kompensiert werden können, was Bazaine jedoch ignorierte. Der Marschall verschlimmerte seine Lage noch, indem er sein schwächstes Korps dort aufstellte und seine Reserven Stunden von dieser verwundbaren Stelle entfernt positionierte. Die Schlacht begann am Morgen des 18. August, als Prinz Friedrich Karl seinen Einheiten den Befehl zum Vormarsch gab. Moltke war entschlossen, mehr Finesse als in früheren Schlachten einzusetzen, was dieses Mal möglich war, da dieses Zusammentreffen von beiden Seiten vorhergesehen und geplant worden war. Es war auch die größte Schlacht des Krieges, in der etwa 200.000 deutsche Soldaten gegen etwa 160.000 französische Truppen kämpften, mit Hunderten von Kanonen auf beiden Seiten. Trotzdem ging Friedrich Karl zunächst davon aus, dass es sich bei den Kräften im französischen Zentrum lediglich um eine Nachhut handelte, und vermutete, dass Bazaine sich nach Metz zurückzog. Daher befahl er dem Großteil der Zweiten Armee, einen Frontalangriff durchzuführen. Glücklicherweise war Moltke auf dem Schlachtfeld anwesend und erkannte den Fehler des Prinzen. Er ordnete an, den Angriff aufzuteilen und zusätzliche Korps auf den linken Flügel zu schicken, um den schwachen rechten Flügel der Franzosen zu umschließen.

Während sich die preußischen Truppen noch neu positionierten, unternahm eine einzelne Division im Zentrum den ersten nicht genehmigten Angriff im Zentrum. Sie stießen auf stark befestigte französische Stellungen und gerieten schnell ins Wanken. In diesem entscheidenden Moment widersetzte sich

General Steinmetz einmal mehr Moltke. Anstatt den Angriff abzubrechen, befahl er zusätzliche Korps und übernahm das Kommando über Einheiten, die der Zweiten Armee zugeordnet waren, womit er seine Befugnisse überschritt. Der Angriff entwickelte sich schnell zu einem weiteren unnötigen Gemetzel an preußischen Soldaten, zumal die flankierenden Korps noch immer nicht zum Angriff bereit waren. Steinmetz schickte eine Welle nach der anderen, von denen keine vorankam. König Wilhelm, der auf dem Schlachtfeld anwesend war, war verärgert über die Anzahl seiner Soldaten, die vor dem Angriff flohen, und bezeichnete sie als Feiglinge. Dies verärgerte Moltke nur noch mehr, denn er sah, dass der gesamte Angriff ein sinnloses Massaker an den preußischen Truppen war, die er allesamt für Helden hielt.

Ein Gemälde von 1910, das den Vormarsch der preußischen Infanterie bei Gravelotte darstellt.
https://en.wikipedia.org/wiki/File:Ernst_Zimmer_-_Das_Lauenburgische_J%C3%A4ger-Bataillon_Nr._9_bei_Gravelotte.jpg

Den Franzosen gelang es wieder einmal nicht, den anfänglichen preußischen Fehler auszunutzen. Am frühen Nachmittag war der linke Flügel der Preußen eingekesselt und machte einen Gegenangriff unmöglich. Die deutschen Artilleriegeschütze zerfetzten die Verteidigungsanlagen und zermürbten die Moral der Soldaten ebenso wie die der französischen Bevölkerung. Am späten Nachmittag wendete sich das Blatt in der Schlacht. Der rechte französische Flügel forderte Verstärkung und Nachschub, was Bazaine verweigerte. Die preußischen Truppen unternahmen ein breites Flankenmanöver, doch da das französische Feuer durch die Artillerie zum Schweigen gebracht wurde, gingen sie davon aus, dass die Franzosen vertrieben worden waren. So griff der linke Flügel der preußischen Truppen verfrüht an, ohne das Flankenmanöver vollständig abzuschließen, was die Zahl der unnötigen Opfer noch erhöhte. Ihr erster Vorstoß wurde vom Chassepot leicht zurückgeschlagen. Dennoch gruppierten sie sich bald neu und flankierten die Franzosen, deren rechter Flügel zusammenzubrechen begann. Als die Nacht hereinbrach, begann auch das linke Zentrum der Rheinarmee unter dem Druck zu bröckeln.

Den ganzen Nachmittag über versuchte der General, der die Reserveeinheiten befehligte, von Bazaine die Erlaubnis zu erhalten, den offensichtlich schwächelnden rechten Flügel zu verstärken, was ihm jedoch nicht gelang. Der Marschall murmelte lediglich etwas von Verteidigungsstellungen, ohne viele direkte Befehle zu erteilen. Auf seine Untergebenen machte er den Eindruck, als sei er nicht wirklich an einem Kampf interessiert. Ohne seine Reserven einzusetzen, vergeudete Bazaine dreißigtausend seiner Elitesoldaten und mehr als hundert Geschütze, während seine Stellungen einbrachen. Angesichts dieser Entwicklung wollte Steinmetz selbst zum letzten Schlag ausholen. Auf Anraten seines alten Freundes Wilhelm I. befahl er einen erneuten Angriff auf das Zentrum. Dies führte erneut zu einem sinnlosen Gemetzel, da die französischen Mitrailleusen sie weiter in Grund und Boden stampften. Moltke blieb stumm, unfähig, seinen König herauszufordern. Im Schutze der Nacht brach der rechte französische Flügel schließlich zusammen. Ähnliches geschah mit dem Frontalangriff von Steinmetz. Wie auch immer, die Schlacht neigte sich dem Ende zu.

Ein Gemälde aus dem Jahr 1881, das die Verluste der Franzosen in ihren Verteidigungsstellungen bei Gravelotte zeigt.

https://commons.wikimedia.org/wiki/File:AlphonseNeuvilleFriedhofSaint-PrivatL1100806_(2).jpg

In strategischer Hinsicht war die Schlacht von Gravelotte eine klare französische Niederlage. Die Rheinarmee war eingeschlossen und nun sogar vom Rückzug nach Sedan abgeschnitten. Die Männer konnten nur noch in Metz Unterschlupf finden, und sie hatten weder genügend Nahrung noch Munition, um lange durchzuhalten. Doch dank der rücksichtslosen preußischen Führung war es keine totale Niederlage. König Wilhelm selbst sah die Schlacht nicht als großen Sieg an, da die preußische Armee etwa zwanzigtausend Mann verlor, während die Franzosen nur zwölftausend Mann verloren, darunter viertausend Gefangene. Wäre die Schlacht unter dem unangefochtenen Kommando von Moltke ausgetragen worden, hätten die Deutschen wahrscheinlich weniger Männer verloren und eine viel entscheidendere Niederlage erlitten. Ungeachtet dessen ist es wichtig, darauf hinzuweisen, dass der Sieg, so mangelhaft er auch sein mag, durch die preußische Manövrierfähigkeit und die überlegene Artillerie errungen wurde, die für etwa 70 Prozent der französischen

Verluste verantwortlich war. Mit dem effektiven Verlust der gesamten Rheinarmee stand Frankreich kurz vor der totalen Niederlage im Krieg.

Kapitel 6 - Die weiße Fahne schwenken: Die Reihe der französischen Niederlagen

Nach der Schlacht von Gravelotte verwandelte sich der Deutsch-Französische Krieg für eine Weile in eine Fuchsjagd, ohne dass es zu größeren Zusammenstößen kam. Während die Preußen die Franzosen jagten, verwirrte das Vorgehen ihrer Feinde alle, da ihnen jeglicher gesunde Menschenverstand fehlte.

In den Tagen nach Gravelotte zog sich Bazaine mit einer Armee von 140.000 Mann, darunter etwa 12.000 Verwundete, nach Metz zurück. Dieser Rückzug war im Grunde eine Todesfalle, denn die Stadt hatte bereits zu wenig Proviant für ihre Garnison und etwa siebzigtausend Bürger. Zusätzliche Mäuler waren schwer zu stopfen, und auch die Wasserversorgung wurde zum Problem. Die Mosel war nicht die beste Wasserquelle, da sie etwas verschmutzt war. Die einzige wirkliche Überlebenschance für die nun umbenannte Armee von Metz war ein Durchbruch. Doch Bazaine verharrte in seiner Lethargie, die sich auch auf seine untergebenen Offiziere übertrug. Am 26. und 31. August wurden zwei erfolglose Vorstöße unternommen, die jedoch von den Preußen leicht zurückgeschlagen wurden. Die fehlende Kraft und der fehlende Wille sind die einzige Erklärung dafür, warum eine Streitmacht von etwa 130.000 französischen Soldaten und Hunderten von Geschützen nicht in der Lage war, die ausgedünnten preußischen Belagerungslinien zu durchbrechen. Tatsächlich standen am 31. August acht französische Divisionen einer einzigen preußischen Division gegenüber. Mit Hilfe der Festungen von Metz, die den preußischen Vormarsch aufhalten sollten, war ein erfolgreicher Durchbruch mehr als möglich.

Französische Kavalleristen, fotografiert in Metz.
https://commons.wikimedia.org/wiki/File:CuirassiersMetz1870.jpg

In diesem Szenario hatte Bazaine eine Vielzahl von Handlungsmöglichkeiten. Seine Armee von Metz hätte sich in die Vogesen zurückziehen und die preußischen Nachschublinien bedrohen können, oder sie hätte nach Norden bis Sedan vordringen und sich mit MacMahon vereinigen können. Oder er hätte sich in eine Richtung bewegen können, um die Flanken oder den Rücken der vorrückenden preußischen Truppen zu bedrohen. Stattdessen blieb Bazaine passiv, in der Gewissheit, dass seine Durchbruchsversuche letztendlich scheitern würden. Seine Offiziere hatten sich schnell mit diesem Schicksal abgefunden und ließen ihre Soldaten langsam verhungern. Zwei versuchte Vorstöße erhöhten nur die Zahl der Verwundeten und verschlimmerten das Problem. Der Marschall wurde später wegen seines gesamten Verhaltens des Verrats beschuldigt, möglicherweise weil er den Sturz des Bonaparte-Regimes wünschte. Obwohl dies eine

Möglichkeit oder zumindest ein Teilgrund für einige seiner Handlungen blieb, deuten die Quellen darauf hin, dass seine defätistische Haltung der weitaus plausiblere Schuldige war. Er verlor einfach seinen Kampfeswillen und verbreitete eine ähnliche Einstellung auch bei seinen eigenen Truppen.

Die Kommunikation zwischen Metz und Paris war weitgehend unterbrochen, so dass MacMahon im Dunkeln tappte. Er ahnte, dass Bazaine versuchen würde, auszubrechen und nach Sedan vorzudringen, und beschloss daher, seine Armee von Châlons aus nach Norden zu verlegen. Er wollte in der Nähe von Paris bleiben, um bei der Verteidigung der Stadt zu helfen, doch die Befehle aus Paris waren eindeutig und lauteten, Bazaine zu helfen. Um seinen Ruf nicht zu beschädigen, indem er die Armee von Metz im Stich ließ, willigte MacMahon ein. Sein einziger Trost war die Beförderung zum General en chef, als der nun offiziell im Rang über dem Kaiser selbst stand. Die Beförderung erfolgte von Paris aus, wo Kaiserin Eugénie mehr Monarchin war als Napoleon III, der immer mehr in seiner Depression versank.

Während Bazaines Untätigkeit Moltke wieder einmal in die Hände spielte, war MacMahons Verhalten für ihn rätselhaft. Er war sich über die Absichten des Generals im Unklaren und befürchtete, dass es sich um eine Art Finte handelte, um die preußische Bewegung in die Länge zu ziehen, während Paris seine Verteidigungsanlagen verstärkte. Seinem scharfen strategischen Verstand war klar, dass die Verlegung der letzten französischen Kampftruppen nach Sedan und, was noch schlimmer war, die Nordroute zur Unterstützung der Truppen in Metz ein lächerlicher Schachzug war, der zum Scheitern verurteilt war. Doch nachdem seine Späher mehrere Tage lang keine weiteren Aktivitäten der Franzosen festgestellt hatten, beschloss Moltke, das Risiko einzugehen und MacMahon zu verfolgen.

In den Tagen zuvor hatte Moltke seine Armeen neu formiert. Prinz Friedrich Karl erhielt das Oberkommando über die Belagerung von Metz, einschließlich der Kontrolle über die Zweite

Armee. Dies verärgerte Steinmetz natürlich, doch Mitte September wurde er seines Amtes enthoben und nach Preußen geschickt, wo er Gouverneur von Posen (dem heutigen Poznań) wurde. Die Belagerungstruppe umfasste etwa 150.000 Mann. Ein großer Teil der Zweiten Armee wurde jedoch von ihr abgetrennt und dem Kronprinzen Albert von Sachsen unterstellt. Daraus wurde die Vierte Armee oder die Armee der Maas. Sie umfasste etwa neunzigtausend Mann und hatte den Auftrag, nach Westen in Richtung Verdun vorzustoßen. An ihrem linken Flügel befand sich die Dritte Armee, die immer noch unter dem Kommando von Friedrich Wilhelm stand. Sie umfasste etwa 130.000 Mann und bewegte sich auf die Maas und die Marne zu, die sie am 24. August erreichte. Es ist bemerkenswert, dass zu diesem Zeitpunkt mehr als 100.000 neue Wehrpflichtige aus Preußen eintrafen, die ihre Verluste ersetzten und die deutsche Kampfkraft sogar noch erhöhten. Zum Leidwesen Frankreichs wurden in Preußen immer noch weitere Truppen gebildet.

Die Freiheit, so große Verstärkungen zu sammeln und zu verlegen, wurde teilweise durch das völlige Versagen der französischen Marine begünstigt. Sie war der preußischen Flotte etwa zehnmal überlegen, und zu Beginn des Krieges gab es Pläne, sie für eine Seeinvasion oder zumindest für Störaktionen entlang der preußischen Küste einzusetzen. Den französischen Schiffen fehlte es jedoch ständig an Kohle, und ihre Offiziere kannten sich auf den dortigen Meeren nicht aus. Keine deutschen oder dänischen Seeleute wollten ihnen mit ihrem Wissen helfen. Außerdem war der Kohletransport aus Frankreich anstrengend, und die Preußen rüsteten ihre Küsten mit gewaltigen Krupp-Kanonen aus, die jeder französischen Seekanone überlegen waren. Insgesamt konnten sie nichts tun, was die preußische Heimatfront gefährden könnte. Als sich die Krise an Land ausweitete, wurden die wenigen Marineinfanteristen, die für Marineoperationen zur Verfügung standen, zurückgerufen, um unter MacMahon zu dienen. Im September hatten die Franzosen alle

Marineoperationen eingestellt und die Schiffe in ihre Häfen zurückgebracht, da sich selbst ihre schlecht durchdachte Wirtschaftsblockade als ineffizient erwies.

Nichtsdestotrotz begannen am 26. August zwei deutsche Armeen ihre Verfolgung. Moltkes kühne Entscheidung kam auch Bismarcks Plänen und politischen Bedürfnissen zugute. Während Preußen vor Gravelotte kaum internationalem Druck ausgesetzt war, sorgten sein großer Sieg und Frankreichs Fehltritt für Aufregung. Die Italiener und Österreicher zeigten sich offen besorgt über die Zukunft Frankreichs, während Großbritannien begann, über das Gleichgewicht der europäischen Macht nachzudenken. Selbst die lange Zeit neutralen Russen begannen, die Entwicklung im Westen mit Unbehagen zu beobachten. Alle Großmächte befürchteten, dass Preußen Frankreich vollständig zerstückeln könnte. Ihre Unruhe veranlasste die Politiker in Berlin zu der Befürchtung, dass ein gemeinsames Vorgehen Großbritanniens, Russlands, Österreichs und Italiens darauf abzielen könnte, Preußen in die Schranken zu weisen. Bismarck war sich also bewusst, dass ein schneller Sieg nötig war, um eine Einmischung anderer Mächte zu verhindern. Der Kanzler war also mehr als zufrieden mit der Möglichkeit, die verbliebenen französischen Streitkräfte in einer Entscheidungsschlacht zu vernichten. Die einzige Lücke in seinen Plänen war die Möglichkeit, den Kaiser selbst gefangen zu nehmen, was Napoleon daran hindern würde, einen schnellen Frieden zu schließen, den die Preußen benötigten.

Die ersten Kontakte zwischen den verfolgenden deutschen Truppen und MacMahons Truppen fanden am 29. August statt, als ein französisches Korps und ein preußisches Korps in der Nähe von Buzancy, etwa vierzig Kilometer südlich von Sedan, aufeinandertrafen. Es war klar, dass die beiden Armeen auf Kollisionskurs waren, denn Moltke wollte die Franzosen auf dem linken Maasufer einholen. Das erste Gefecht bei Buzancy dauerte eine Weile, bevor sich das französische Korps nach Norden zurückzog und in Beaumont Stellung bezog, das doppelt so nah an Sedan lag. Am frühen Morgen des nächsten Tages gelang es den Deutschen, die müden französischen Truppen zu überraschen und sie relativ schnell zu vernichten. Das Gefecht war nur von kurzer Dauer, denn die Franzosen hatten 7.500 Tote zu beklagen, während die Deutschen nur 3.500 Mann verloren. Der Rest des französischen Korps verstreute sich weiter nördlich nach Mouzon, wo der Hauptteil von MacMahons Armee versuchte, die Maas auf dem linken Ufer zu überqueren.

Das Gefecht bei Beaumont signalisierte MacMahon, dass die Preußen sowohl von Süden als auch von Osten her auf ihn vorrückten. Die Fortsetzung seiner Flussüberquerung wäre Selbstmord gewesen. Außerdem war er sowohl von Metz als auch von Paris abgeschnitten und konnte sich nur nach Norden bis Sedan zurückziehen, das am rechten Ufer der Maas, nahe der belgischen Grenze, eine veraltete Festung aus dem 17 Jahrhundert besaß. Er hatte zwei Möglichkeiten. Entweder er versuchte, in Sedan ein letztes Gefecht zu führen, oder er überschritt die belgische Grenze und schied mit seiner Armee aus dem Krieg aus, wie es das Völkerrecht vorsah. Ohne lange zu überlegen, beordert er seine Truppen in Richtung der alten Festung. Auch Moltke war sich der Lage bewusst. So befahl er der Dritten Armee, die sich auf dem linken Maasufer befand, direkt auf Sedan zuzusteuern, während die Armee der Maas das Fort von Osten und Norden her einkesseln sollte, um MacMahon von Belgien abzuschneiden. Damit wäre die Armee von Châlons in eine Falle geraten und von allen Seiten von den Deutschen umzingelt.

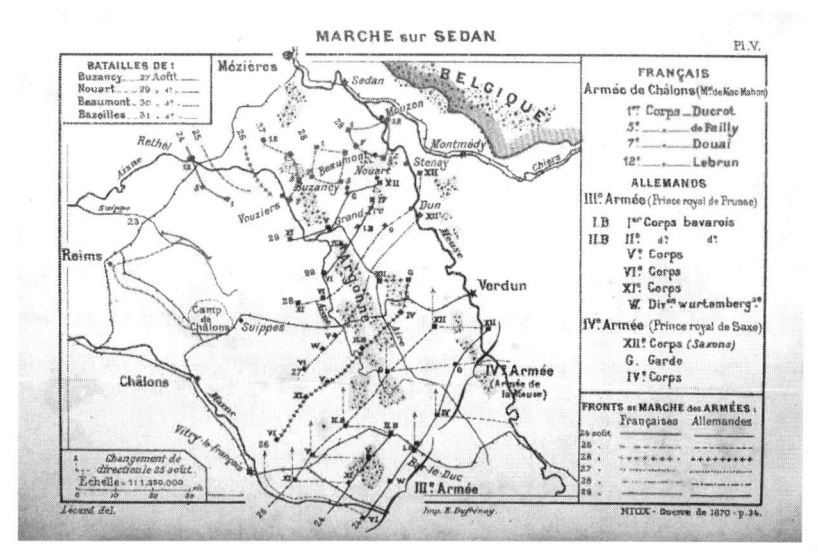

Eine Karte, die zeigt, wie die Preußen (blau) auf die Franzosen (rot) vorrücken und sie in Richtung Sedan zwingen.

Da MacMahon nur wenig Zeit hatte, seine Stellungen vorzubereiten, handelte er zu konservativ und stellte seine Truppen in einem engen Dreieck vor Sedan auf. Dies war ein Fehler, da die französischen Truppen so perfekt versammelt waren, um durch die preußische Artillerie in Stücke gerissen werden konnten, während sie außer Sedan keine Rückzugsmöglichkeiten hatten. Außerdem boten die veralteten Festungsanlagen keine ausreichende Unterstützung oder Verteidigung mehr. Auch die Maas bot wenig Hilfe. Die deutschen Geschütze auf dem linken Flussufer konnten immer noch auf die französischen Truppen schießen, die auf dem rechten Ufer vor der Burg versammelt waren. Für Moltke war dies die perfekte Falle, und selbst die französischen Generäle waren sich dessen bewusst. Moltke brauchte nur etwas Zeit, um seine Umzingelungsmanöver zu vollenden.

Die Schlacht wurde jedoch wieder einmal von einem übereifrigen Offizier des mittleren Ranges verfrüht begonnen. In den frühen Morgenstunden des 1. September griff ein einziges bayerisches Korps die südlichste Spitze der französischen Verteidigungsanlagen an. Da der Rest der deutschen Truppen noch nicht zum Kampf bereit war, wurden die Bayern zurückgeschlagen, und ihr erster Angriff schien eine weitere Verschwendung von deutschen Leben zu sein. Trotzdem wurden sie schnell verstärkt, als die übrigen deutschen Einheiten ihre Positionen einnahmen. Als sie eintrafen, begannen die Artilleriebatterien mit dem Beschuss der französischen Stellungen, sammelten sich langsam und nahmen günstige Positionen für ein Bombardement ein. In diesen frühen Stunden der Schlacht, als sie sich gerade zu einem ausgewachsenen Kampf entwickelte, wurde MacMahon schwer verwundet. Das Schrapnell einer Artilleriegranate zerfetzt sein Bein, so dass er nicht mehr kommandieren konnte. Er ernannte General Auguste Ducrot, einen erfahrenen und zuverlässigen Offizier, zum Oberbefehlshaber. Diese Ernennung wurde jedoch fast sofort von dem kürzlich ernannten General Emmanuel Wimpffen angefochten, der gegenüber den Offizieren das höhere Dienstalter hatte. Dies führte zu Verwirrung, da die französischen Truppen eine Zeit lang nicht wussten, wer die Zügel in der Hand hielt. Schließlich übernahm Wimpffen das allgemeine Kommando, doch die Unordnung blieb bestehen.

Als der preußische Einmarsch weiterging, bezog die Artillerie an den Hängen Stellung und überblickte die verschanzten französischen Truppen. Es dauerte nicht lange, bis ihr sich kreuzendes Feuer begann, die Verteidigungsanlagen und die Verteidiger zu durchlöchern. Beide begannen unter diesem Druck zu bröckeln, denn etwa siebenhundert Artilleriegeschütze ließen Granaten auf sie regnen. Bis zum Mittag war die deutsche Artillerie in der Lage, jeden französischen Gegenangriffsversuch, jedes Batteriefeuer und sogar das Mitrailleuse-Nest innerhalb weniger Minuten zu zerschlagen. Ihr Feuer, ihre Präzision und ihre Koordination waren geradezu lehrbuchmäßig, weit über das hinaus, was im Chaos der Schlacht möglich gewesen wäre.

Dennoch waren sie sowohl in ihren Stellungen als auch bei den Geschützen überlegen, während die Franzosen keine Möglichkeit hatten, sie zu erreichen oder ihr Feuer zu unterbrechen. Außerdem standen die Verteidiger gegen Mittag mehr oder weniger ohne Unterstützung durch ihre eigene Artillerie da, da diese entweder zerstört oder aufgegeben worden war. Schließlich konnten die deutschen Batterien verschiedene Stellungen einnehmen, um den besten Winkel zu einem Ziel zu finden, wobei mehrere Batterien auf einen einzigen Punkt zielten. So regneten die Granaten aus verschiedenen, sich deckenden Richtungen, so dass es für die Franzosen fast unmöglich war, einen geeigneten Unterschlupf zu finden.

Unter diesen unerträglichen Bedingungen und angesichts der sich langsam auflösenden französischen Verbände erkannten sowohl Wimpffen als auch Ducrot, dass sie einen Durchbruch brauchten. Sie organisierten zwei fast gleichzeitige Vorstöße, einen in Richtung Westen und einen in Richtung Südosten. Diese Versuche waren weder koordiniert noch richtig organisiert, so dass sie kläglich scheiterten. Die preußische Artillerie durchbrach sie mit Leichtigkeit und überließ es den Infanteristen, die Franzosen zu erledigen. Währenddessen lösten sich die französischen Einheiten weiter auf, und chaotische Massen von Soldaten versuchten, innerhalb der Festung Zuflucht zu suchen. Alle so entstandenen Risse und Lücken wurden schnell von den deutschen Einheiten aufgefüllt, die jede Gelegenheit ausnutzten.

Im Laufe des Nachmittags waren die französischen Streitkräfte kurz vor dem Zusammenbruch. Sie hatten etwa siebzehntausend Tote zu beklagen, weitere einundzwanzigtausend wurden gefangen genommen. Die Deutschen hatten insgesamt neuntausend Mann verloren. Napoleon III. sah, dass es keinen wirklichen Ausweg mehr gab, und beriet sich mit seinen Generälen. Bis auf Wimpffen sprachen sich alle für die Kapitulation aus, und der Kaiser willigte ein. Auf den Mauern von Sedan wurde eine weiße Fahne aufgestellt, und Napoleons Adjutant ritt unter einer solchen zum preußischen Hauptquartier. Er überbrachte ein Kapitulationsschreiben an König Wilhelm I., der zusammen mit Bismarck und Moltke anwesend war. Im preußischen Lager machte sich Begeisterung breit, und Bismarck nahm die Kapitulation im Namen seines Monarchen an und beauftragte Moltke mit den weiteren Verhandlungen über die französische Kapitulation.

Ein Gemälde, das Bismarcks (rechts) ernstes Gespräch mit Napoleon III. (links) nach der Schlacht von Sedan darstellt
https://commons.wikimedia.org/wiki/File:BismarckundNapoleonIII.jpg

Nachdem er sich zum Befehlshaber der Armee von Châlons aufgeschwungen hatte, war es an Wimpffen, die Kapitulationsbedingungen mit Moltke auszuhandeln. Der französische General bat um Nachsicht und forderte eine „ehrenvolle Kapitulation". Moltke lehnte ab. Er wollte nicht zulassen, dass die französischen Truppen mit ihrer Ausrüstung und ihren militärischen Ehren abmarschieren. Das wäre lächerlich, da sie mit Sicherheit wieder gegen sie kämpfen würden. Bismarck teilte seine Ansichten. Um Wimpffen von der totalen Kapitulation zu überzeugen, zeigte ihm Moltke ein Diagramm der preußischen Batteriestellungen und erklärte, dass eine Truppe von über 200.000 Mann und 700 Geschützen am nächsten Morgen ihren Angriff fortsetzen würde, wenn die Franzosen sich weigerten.

Wimpffen akzeptierte sofort. Um seinen Ruf zu schützen, zwang er auch andere französische Generäle, eine Erklärung über die Einhaltung der Kapitulationsbedingungen zu unterzeichnen. Nur Napoleon III. unterschrieb nicht. Stattdessen ritt er am nächsten Morgen zu Wilhelm I. und flehte ihn persönlich um Nachsicht an. Bevor er sein Anliegen vortragen konnte, erteilte ihm Bismarck eine langatmige Lektion, so dass der Kaiser keine Worte für den König fand.

Innerhalb weniger Stunden wurde die Kapitulation unterzeichnet, wobei weitere 83.000 französische Gefangene hinzukamen, so dass sich die Gesamtzahl auf 104.000 erhöhte. Die gesamte Armee von Châlons, die 130.000 Mann stark war, wurde aus dem Krieg gezogen. Der Kaiser wurde gefangen genommen, und die Straße nach Paris war unverteidigt. Frankreich befand sich insgesamt in einer katastrophalen Lage, da der ohnehin schwankenden Regierung in Paris keine angemessene Kampftruppe zur Verfügung stand. Der Erfolg der Preußen wurde mit nur etwa neuntausend deutschen Opfern bezahlt. Diese Verluste wurden dadurch gemindert, dass Zehntausende von Chassepot-Gewehren und Hunderte von Artilleriegeschützen nun in deutscher Hand waren.

Die gefangenen französischen Wehrpflichtigen wurden langsam in Richtung Preußen verfrachtet und unter ziemlich miserablen Bedingungen festgehalten. Erst als die Verteidiger von Metz diese Kolonnen sahen, wurde ihnen klar, dass keine Hilfe kommen würde. Bazaine ordnete keine weiteren Einsätze mehr an, sondern nur noch kleine Plünderungsmissionen. Die Armee von Metz verkümmerte langsam, als Hunger und Krankheit ihren Tribut forderten. Diese Untätigkeit erleichterte Moltke, der seine beiden Armeen von Sedan aus nach Paris schickte. Sie erreichten die französische Hauptstadt am 15. September. Die Maas-Armee begann, sich von Norden her um die Stadt herum auszubreiten, während die Dritte Armee sie von Süden her umzingelte. Am 19. September war Paris abgeschnitten und von rund 240.000

deutschen Truppen umgeben. Trotzdem war die Stadt bei einem umfassenden Angriff nicht in Gefahr. Sie verfügte über starke Verteidigungsanlagen, die durch behelfsmäßige Barrikaden und Befestigungen unterstützt und durch mehr als 1300 Geschütze geschützt wurden. Außerdem verfügte sie über eine Garnison von etwa 400.000 bis 450.000 Mann, von denen allerdings nur weniger als 100.000 ausgebildete Soldaten waren. Die anderen gehörten der Nationalgarde an, was bedeutete, dass es ihnen an Disziplin und Ausbildung mangelte. Dennoch konnten sie die Deutschen abschrecken, waren aber nicht in der Lage, einen ernsthaften Durchbruch zu erzielen.

Mit der Belagerung von Paris und Metz geriet der Krieg in eine militärische Pattsituation. Die Franzosen waren nicht in der Lage, eine Gegenoffensive zu starten, und auch die im Rest des Landes zusammengezogenen Truppen verfügten vorübergehend über zu wenig Ausbildung und Nachschub. Auf der anderen Seite waren die deutschen Streitkräfte überfordert und nicht in der Lage, die gewaltigen Kräfte zu stürmen, die fast ihre gesamte Kampfkraft gebunden hatten. Außerdem hatten beide Seiten Probleme mit der Versorgung, vor allem mit Lebensmitteln. Die belagerten französischen Truppen befanden sich in einer etwas schlechteren Lage, doch den Deutschen erging es nicht viel besser, da das Land, auf dem sie lagerten, schnell erschöpft war. Das sich verschlechternde Herbstwetter trug zusätzlich zu den Problemen bei, da beide Seiten von Krankheiten geplagt wurden. So wurde der Krieg für eine Weile wieder mehr zu einer politischen als zu einer militärischen Angelegenheit. Bismarck stand wieder im Rampenlicht.

Trotz der großen Siege und der mehr als günstigen Chancen würde es nicht leicht sein, den Frieden zu sichern. Bismarck und Moltke glaubten, dass Napoleon bei Sedan entkommen würde und sie so einen schnellen Frieden anstreben könnten. Stattdessen wurde er gefangen genommen. Innerhalb weniger Tage brach das Zweite Französische Kaiserreich zusammen. Am 4. September, als die Nachricht von Sedan die Hauptstadt erreichte, kam es fast sofort zu Unruhen. Die Massen wollten das Bonaparte-Regime stürzen. Die Politiker Léon Gambetta und Jules Favre, die von General Louis Trochu unterstützt wurden, riefen eine provisorische Regierung aus. Die so genannte Regierung der Nationalen Verteidigung wurde von zahlreichen politischen Problemen geplagt. Zunächst einmal wurden ihre Führer nicht ordnungsgemäß gewählt, und fast sofort spaltete sie sich in zwei gegnerische Fraktionen. Auf der einen Seite standen die Gemäßigten, die die Landbevölkerung und die wohlhabenderen Gesellschaftsschichten vertraten und einen möglichst schnellen Frieden anstrebten. Auf der anderen Seite standen die Radikalen, zu denen vor allem die ärmeren städtischen Arbeiterschichten gehörten, die von Nationalismus und Antimonarchismus geprägt waren. Sie wollten einen „Maximalkrieg", das heißt, sie wollten, dass die Deutschen mit Blut bezahlen.

Fotografie aus den 1860er Jahren mit Favre
https://commons.wikimedia.org/wiki/File:Jules_Favre_1865_Nadar.jpg

Gambetta
https://commons.wikimedia.org/wiki/File:L%C3%A9on_Gambetta_by_L%C3%A9ge,_Paris.jpg

Die provisorische Regierung versuchte, einen Mittelweg zu finden, was sich jedoch als schwierig erwies. Die Landbevölkerung wollte nichts als Frieden, während die proletarische Bewegung in Paris begann, für die Kommune zu kämpfen. Sie wollten eine neue Ordnung des gemeinsamen Reichtums und des gemeinsamen Eigentums einführen, die von den örtlichen Kommunen geleitet werden sollte. Kurz gesagt, es war der erste tatsächliche, aktive Keim der kommunistischen Ideologie im politischen Leben. Die neue Regierung musste diese Bewegungen unterdrücken, so dass in Paris fast ständig Proteste und Unruhen stattfanden. Die Unruhen und die vorrückenden preußischen Truppen veranlassten die republikanische Regierung, sich zu spalten. Trochu, ihr provisorischer Leiter und Befehlshaber der Pariser Truppen, blieb mit Gambetta in der Hauptstadt, während sich Favre und eine „Regierungsdelegation" am 13. September nach Tours begaben. Dort sollten sie den Rest Frankreichs für die bevorstehenden Kriegsanstrengungen organisieren.

Die durch den Fall des Kaiserreichs ausgelösten Unruhen stellen Bismarck vor erhebliche Probleme. Er hatte gehofft, den Krieg beenden zu können, bevor die neutralen Staaten eingriffen, aber er wollte sich nicht mit einem bloßen finanziellen Ausgleich zufriedengeben. Er forderte Elsass und Lothringen von der provisorischen Regierung. Dies sollte eine Strafe für den Krieg und die vergangenen Demütigungen sein, die die Franzosen dem deutschen Volk zugefügt hatten. Außerdem wurden Bismarcks Forderungen durch den historischen Anspruch der Preußen auf die Gebiete untermauert, da sie einst Teil des Heiligen Römischen Reiches waren. Favre lehnte diese Friedensangebote ab, da Frankreich keinen Zentimeter seines Landes an die Deutschen abtreten würde. Sein Gegenangebot war eine hohe Entschädigung und ein Teil der französischen Flotte. Er war sogar bereit, über die Abtretung einiger Kolonien außerhalb Europas zu verhandeln. Bismarck war daran nicht interessiert. Die Gespräche zwischen den beiden Seiten waren also festgefahren, und keine der beiden Seiten war bereit, Kompromisse einzugehen.

Da sowohl Favre als auch Bismarck hartnäckig auf ihrem Standpunkt beharrten, versuchten sie, andere politische Mittel zu finden, um ihre Ziele zu erreichen. Frankreich schickte seine Botschafter durch ganz Europa und sprach mit ausländischen Vertretern in Paris. Sie versuchten, andere Nationen davon zu überzeugen, Druck auf die Deutschen auszuüben, damit sie einen ungünstigeren Friedensvertrag akzeptieren. Im Falle Russlands und Italiens versuchten die französischen Diplomaten, sie mit Gebietsgewinnen auf dem Balkan bzw. in Rom zu locken. Im Falle Österreichs und Großbritanniens drohten sie mit dem Gleichgewicht der Kräfte, falls Preußen zu mächtig würde. Sie waren jedoch nicht in der Lage, echte Verbündete zu finden, abgesehen von der vagen Unterstützung durch Italien. Die diplomatische Position Frankreichs wurde durch das Fehlen einer starken und einheitlichen Regierung erschwert, so dass sich viele fragten, ob die derzeitige Führung überhaupt die Kontrolle über das Land hatte. Darüber hinaus reisten einige der Gegner der provisorischen Regierung durch den Kontinent und verbreiteten die „rote Angst" vor drohenden Revolutionen, während Mitglieder früherer Dynastien wie die Bourbonen und Orléans an der Grenze auf ihre Chance warteten.

Natürlich wollte Bismarck nicht nur herumsitzen und abwarten. Preußen setzte ebenfalls die Diplomatie ein, um die Neutralität anderer europäischer Nationen zu wahren. Seine Hauptsorge galt jedoch der Frage, wie er die Franzosen zum Frieden zwingen konnte. Als eifriger Politiker begann er an zwei Fronten zu intrigieren. Zum einen versucht er, mit Bazaine zu verhandeln. Dem Marschall wurde angeboten, Metz zu verlassen und mit preußischer Unterstützung einen Gegenputsch zu führen, um entweder das Regime Bonapartes in irgendeiner Form wiederherzustellen oder sogar seine eigene Diktatur zu errichten. Diese Themen wurden auch der Kaiserin, die Anfang September nach England geflohen war, und Napoleon selbst vorgetragen. Diese Gespräche blieben jedoch erfolglos, da sowohl Bazaine als auch die Bonapartes zu viel Spielraum und Abgrenzung von den Deutschen wünschten. Die Bereitschaft Bazaines, in dieser Eigenschaft zu verhandeln, und seine Weigerung, die neue republikanische Regierung anzuerkennen, verstärkten jedoch nur noch das Bild des Verrats am französischen Volk.

An der anderen Front versuchte Bismarck, mit der Regierung der Nationalen Verteidigung über eine landesweite Wahl in ganz Frankreich zu verhandeln, einschließlich der Rückgabe von Elsass und Lothringen. Er hoffte, dass diese eine stabilere und allgemein akzeptierte Regierung bilden würde, die in der Lage wäre, die preußischen Forderungen zu akzeptieren. Dieses Angebot wurde abgelehnt, da es die Fortsetzung der deutschen Besetzung Frankreichs implizierte. Nichtsdestotrotz wurde die Glaubwürdigkeit der provisorischen Regierung durch die Ablehnung von Wahlen, ungeachtet der preußischen Beteiligung an deren Durchführung, beschädigt. Manche sahen darin ein

Zeichen der Sehnsucht, die Macht zu behalten und dabei den Willen des Volkes zu missachten. Mit der Zeit verlor Frankreich langsam seine Einheit. In Paris nahm die revolutionäre Begeisterung zu, die in gewissem Maße auch auf andere Großstädte übergriff. Die Landbevölkerung, die in der Regel eher monarchisch orientiert war, fühlte sich von der Last des Krieges überfordert und hegte Unmut gegenüber der Republik. Generell verlor die Regierung in Tours die Kontrolle über Frankreich.

Die politische Ungewissheit ließ die Idee einer diplomatischen Lösung des Krieges schnell schwinden. Anfang Oktober war klar, dass der Krieg eine eher militärische Lösung brauchte. Beide Seiten bereiteten sich auf neue Kampfhandlungen vor, obwohl die Verhandlungen nie ganz eingestellt wurden. Die Gespräche wurden mit dem Klang von Kanonen und Gewehren im Hintergrund geführt.

Kapitel 7 - Das letzte Gefecht: Der Weg zum Frieden und das Ende des Krieges

Mit Beginn des Herbstes wurden die Feindseligkeiten auf dem Land wieder aufgenommen. Die provisorische Regierung nutzte die Ruhe an der Front, um einige Truppen im Süden zu sammeln. Die relative Untätigkeit der Pariser Verteidiger ermöglichte es Moltke, mehrere Divisionen unter dem Kommando des bayerischen Generals Ludwig von der Tann zur Bekämpfung der neuen Bedrohung abzukommandieren.

Moltkes militärische Lösung für eine politische Pattsituation bestand in der aktiven Suche und Vernichtung französischer Hilfstruppen, was den zusätzlichen Vorteil hatte, dass die laufende Belagerung von Paris gesichert wurde. Tann befehligte das bayerische I. Korps und wurde dabei von einigen preußischen Infanterie- und Kavalleriedivisionen unterstützt. Das Korps war etwa fünfzigtausend Mann stark und zog nach Süden in Richtung Orléans und Loire. Auf dem Weg dorthin stießen sie auf wenig Widerstand, hauptsächlich auf einige lokale Partisanentruppen. Diese Art von Truppen plagte die gesamte deutsche Armee. Ihre Aktionen waren jedoch eher ein Ärgernis als eine Bedrohung.

Selbst einige Einheimische weigerten sich, ihnen zu helfen, da sie preußische Vergeltungsmaßnahmen fürchteten. Ungeachtet des irregulären Widerstands war der Marsch nach Süden für das abkommandierte Korps zunächst eine willkommene Erholung. Im Gegensatz zur erschöpften Umgebung von Paris war diese Region weitgehend intakt, und die Männer konnten sich reichlich versorgen.

Am 9. Oktober erreichten die Truppen von Tann die Gegend nördlich von Orléans, wo sie von einer kleinen französischen Truppe unter dem Kommando von General Joseph de La Motte-Rouge empfangen wurden. Zu den zahlenmäßigen Problemen kam hinzu, dass die meisten französischen Soldaten der Nationalgarde angehörten, was bedeutete, dass sie wenig bis gar nicht ausgebildet waren. Nur ein kleinerer Teil von ihnen war richtig vorbereitet und wurde von seiner Station in Rom abberufen, einige gehörten der französischen Fremdenlegion an, und einige waren die Reste der regulären Truppen. Das größtenteils unausgebildete und unerfahrene französische Korps war den Deutschen nicht gewachsen. Im ersten Gefecht wurden sie schnell aufgerieben, während die Deutschen ihre Kavallerie einsetzten, um sie zu flankieren. Motte-Rouge versuchte, seine Truppen bei Orléans defensiv zu positionieren, aber als sie von der deutschen Artillerie angegriffen wurden, hatten sie keine Chance. Am 11. Oktober gerieten die französischen Korps in Bedrängnis. Ihre Verluste waren mit denen der Deutschen nicht zu vergleichen, denn nicht weniger als viertausend ausgebildete Soldaten wurden getötet oder gefangen genommen - genau die Truppen, deren Verlust sich Frankreich nicht leisten konnte. Im Gegensatz dazu verloren die Deutschen vielleicht neunhundert Mann.

Nach der Einnahme von Orléans sah sich Tann mit einem Problem konfrontiert. Den Feind zu verfolgen, war keine Option, denn weiter südlich sammelten sich weitere Truppen in viel größerer Zahl. Würde er sich zu weit vorwagen, wäre er zu ungeschützt. Das abkommandierte Heer fühlte sich bereits gefährdet, aber Moltke wies jeden Gedanken an einen Rückzug zurück. So begannen die Deutschen damit, ihre Verteidigungsanlagen in Orléans zu verstärken und rüsteten sich mit Chassepots aus, um ihre Verteidigungsfähigkeit zu verbessern. Außerdem sammelten sie so viele Lebensmittel wie möglich und plünderten die Region, um sich auf den bevorstehenden Winter vorzubereiten. Dies geschah manchmal unter dem Deckmantel von „Requisitionen", d. h. vagen Abmachungen, die die französische Regierung später durch ihre Ausgaben oder die Androhung von Gewalt decken sollte. Der Druck des Krieges breitete sich in ganz Frankreich aus, was die negative Stimmung nur noch verstärkte. Immer mehr Bauern wünschten sich nichts sehnlicher als Frieden.

Moltke befahl Tann, der zur Bewachung der Paris belagernden Truppen abkommandiert worden war, jeden organisierten Widerstand im Süden zu unterdrücken. Der bayerische General kam dem Befehl nach und schickte nach einigen Tagen einen Teil seiner Truppen in einige der umliegenden Städte. Diese wurden relativ leicht erobert, da sie nur unzureichend verteidigt waren. Um sich der Kollaboration zu versichern, zeigten die Deutschen keine Gnade. Sie verstümmelten Gefangene, erschossen mutmaßliche Partisanen und brannten Dörfer und Städte nieder. Sie nahmen sogar Zivilisten als Geiseln. Nachdem er die Region gesichert hatte, lenkte Moltke Tann in Richtung Tours. Er sollte der Loire bis zur zweiten Hauptstadt folgen. Dort übernahm Gambetta, dem es gelungen war, sich mit einem Heißluftballon aus Paris herauszuschleichen, die Kontrolle über die französischen Kriegsanstrengungen. Es schien, als wollten Moltke und Bismarck den Krieg beenden, bevor der Winter kam und das Leben ihrer Soldaten zur Hölle machte.

Die Franzosen waren jedoch nicht bereit, untätig zu bleiben. General Louis Aurelle de Paladines erhielt das Kommando über das XV. Korps von Motte-Rouge, das von neu zusammengestellten Truppen unterstützt wurde. Diese Kampftruppe umfasste nun etwa sechzigtausend Soldaten, von denen die meisten allerdings noch unausgebildete Nationalgardisten waren, die kaum Disziplin zeigten. Zusammen mit anderen Truppen, die sich im Süden sammelten, konnte diese Truppe jedoch die Belagerung von Paris durch Moltke herausfordern. Um dies zu erreichen, musste Aurelle verteidigungsfähige Kreuzungen in der Nähe der Hauptstadt einnehmen, wo er sicher sein konnte, während er seine Wehrpflichtigen zu richtigen Soldaten ausbildete. Die einzige wirkliche Lösung bestand darin, Orléans zurückzuerobern. Zusammen mit den anderen verbliebenen hochrangigen Offizieren wurden Pläne für diese Aktion geschmiedet, während Gambetta und seine Regierung sich bemühten, jegliche Art von Waffen und Artillerie aus Europa und sogar aus den USA zu beschaffen. So wurden diese neuen französischen Streitkräfte mit Tausenden von Enfield-, Remington- und Springfield-Gewehren sowie mit den überarbeiteten Musketen des Modells 1822 bewaffnet. Diese Truppen waren auch mit wiederverwendeten Marinegeschützen bewaffnet.

Während sich die neuen Streitkräfte in Südfrankreich darauf vorbereiteten, die deutschen Streitkräfte auf dem Schlachtfeld herauszufordern, verrottete Bazaines Armee in Metz langsam. Seine Versuche, mit Bismarck zu verhandeln, verliefen im Sande, und selbst seine Truppen bekamen Wind von der verdeckten Kommunikation. Seine eigenen Soldaten waren entweder apathisch oder wütend und fühlten sich persönlich verraten. Schlimmer noch, viele litten an Hunger und Krankheiten, und ihre Ausrüstung verrottete bei dem schlechten Wetter, da die meisten Soldaten es vernachlässigten, sie zu warten. Mitte Oktober war diese gewaltige Kampftruppe nur noch auf dem Papier eine solche, denn in Wirklichkeit war sie zu keinem konkreten Einsatz mehr fähig. Die Soldaten begannen, sich von Pferdefleisch zu ernähren, aber diese Vorräte gingen schnell zur Neige. Angesichts der völligen Aushungerung und der Tatsache, dass die Preußen sich weigerten, mehr als eine Handvoll Deserteure pro Tag aufzunehmen, blieb Bazaine kein anderer Ausweg als die Kapitulation.

Ein Bild der preußischen Truppen, die nach der Kapitulation der Franzosen eine der Festungen von Metz besetzen.
https://commons.wikimedia.org/wiki/File:Beato,_Felice_A._-
_Eine_von_Deutschen_besetzte_Festung_in_Metz_nach_der_%C3%9Cbergabe_durch_General_Ba
zaine_(Zeno_Fotografie).jpg

Am 29. Oktober kapitulierte die Armee von Metz. Prinz Friedrich Karl bot Bazaine eine Kapitulation mit allen militärischen Ehren an und erlaubte den Franzosen, die Festung mit Fahnen und Marschmusik zu verlassen. Bazaine lehnte ab und befahl seinen Männern, ihre veralteten Gewehre zu stapeln und darauf zu warten, dass die Deutschen sie mitnahmen. Außerdem gab er bereitwillig alle Fahnen und Standarten ab, ein weiterer umstrittener Akt, denn die meisten Einheiten zogen es vor, sie zu zerstören, anstatt vom Feind gefangen genommen zu werden. Ungeachtet des beschämenden Endes der Belagerung von Metz, bei der Bazaine buchstäblich vor seinen Männern davonlief, verlor Frankreich am Ende weitere 140.000 Mann, darunter Tausende von dringend benötigten Offizieren, und musste zudem rund 600 Geschütze und mehr als 200.000 Gewehre aufgeben. Die Zahl der gefangenen französischen Soldaten stieg auf etwa 250.000, darunter 4 Marschälle, 140 Generäle und 10.000 Offiziere. Nach Bekanntwerden dieser Nachricht kam es in Frankreich, insbesondere in der Hauptstadt, zu einer weiteren Welle von

Gewaltausbrüchen. Doch die Pariser fanden auch zu schwarzem Humor zurück und scherzten, dass sich Bazaine und MacMahon wenigstens endlich zusammengetan hätten. Ungeachtet der Wut und Verzweiflung der Massen weigern sich Gambetta und die provisorische Regierung in Tours, aufzugeben. Sie waren entschlossen, die Kämpfe mit den Truppen, die sie im Süden aufstellen konnten, fortzusetzen.

Als Tann feststellte, dass er zahlenmäßig unterlegen war, blieb er in Orléans und wartete vermutlich auf Verstärkung aus Metz. Die Franzosen wollten jedoch nicht warten und begannen Anfang November ihren Vormarsch. Ihr Plan war es, alle ihre Truppen, die mehr als 100.000 Mann umfassen sollten, zu bündeln und die Deutschen von Süden und Westen her einzukesseln. Im Gegensatz zu seinen französischen Kollegen wollte Tann jedoch nicht auf die Ankunft der Deutschen warten. Er beschloss, ein Risiko einzugehen, indem er zwanzigtausend seiner Soldaten nahm und auf Aurelles sechzigtausend Mann starkes Korps zusteuerte. Er hoffte, dass seine besser ausgebildeten Truppen in der Lage sein würden, die widerspenstigen französischen Rekruten auszumanövrieren und zu übertreffen. Am 9. November trafen die beiden Truppen bei Coulmiers, etwa zehn Meilen (siebzehn Kilometer) westlich von Orléans, aufeinander. Tanns erste Vermutung erwies sich als richtig, da die Franzosen trotz ihrer zahlenmäßigen Überlegenheit nicht in der Lage waren, seine dünnen Reihen zu durchbrechen. Mit so wenigen Soldaten waren die Deutschen jedoch in der Klemme und zu schwach, um anzugreifen, obwohl sie im Vorteil waren. Erschwerend kam hinzu, dass sie von der französischen Artillerie unter Beschuss genommen wurden, die, obwohl sie aus Marinegeschützen improvisiert wurde, einige preußische Taktiken anwendete. So entwickelte sich der Krieg zu einem Zermürbungskrieg, den Tann nicht gewinnen konnte. Um eine größere Katastrophe zu verhindern, gab er seine Stellung bei Einbruch der Dunkelheit auf, konnte jedoch alle französischen Angriffe abwehren.

Eine Illustration aus dem Jahr 1911 zeigt die Franzosen, die ihren Sieg bei Coulmiers feiern.

https://commons.wikimedia.org/wiki/File:Bataille_de_Coulmiers.jpg

Am nächsten Tag traf Aurelle in Orléans ein und musste feststellen, dass sich die Deutschen vollständig zurückgezogen hatten. Tann zog sich nach Norden nach Angerville zurück, das auf halbem Weg zwischen seiner früheren Stellung und Paris lag. Dies erzürnte Moltke, der ihn bald darauf seines Kommandopostens enthob. Er übergab diesen stattdessen an Großherzog Friedrich von Mecklenburg-Schwerin und verstärkte die Armee mit mehreren preußischen Korps und Divisionen der Zweiten Armee. Mitte November wurden die Truppen von Metz aus verlegt, nachdem sie gegen die Pocken geimpft worden waren, die die Soldaten aufgrund der schmutzigen Lebensbedingungen befallen hatten. Diese neue deutsche Verteidigungslinie erstreckte sich von Troyes bis Chartres und umfasste etwa 150.000 Soldaten. Ihr Auftrag war es, die Belagerer von Paris vor französischen Angriffen aus dem Südwesten zu schützen. Ihnen stand eine geteilte französische Streitmacht mit zusätzlich drei neu gebildeten Korps gegenüber. Zusammen mit irregulären Milizen und Partisanen war die französische Armee auf etwa 250.000 Mann angewachsen, von denen die meisten allerdings noch unausgebildet waren.

Aurelle hatte jedoch nicht die Absicht, eine Offensive zu starten. Stattdessen verschanzte er sich in Orléans und ignorierte weitgehend die Aufforderungen Gambettas und seiner Regierung in Tours, etwas zu unternehmen. Er begründete dies damit, dass die Truppen erst ausgebildet werden müssten, um zu einer funktionierenden, kampffähigen Armee zu werden. Das kalte Winterwetter und der Schnee trugen ebenfalls zu seiner Entschlossenheit bei, in der Wärme einer Stadt zu bleiben. Trotz der von der provisorischen Regierung gemachten Versprechungen, Paris zu befreien, war dieses Vorgehen vernünftig. Nach den Verlusten fast der gesamten regulären Armee konnten die französischen Streitkräfte nur durch eine defensive Haltung überleben. Andererseits war sich Großherzog Friedrich des schlechten Zustands der französischen Armee kaum bewusst. Daher teilte er seine Truppen in mehrere Verteidigungsstellungen auf und marschierte auf das in Le Mans stationierte französische XXI Korps zu. Es handelte sich um einen Präventivschlag gegen eine Truppe von nur 35.000 Mann, die irgendwann die Belagerer von Paris von Westen her bedrohen könnte. Der Befehlshaber des französischen Korps zog sich jedoch zurück, ohne eine Schlacht zu liefern. Zu diesem Zeitpunkt war es den Franzosen endlich gelungen, den Mangel an Aufklärungsmissionen ihrer Kavallerie zu überwinden, der sie in der Anfangsphase des Krieges geplagt hatte. Jetzt verließen sie sich auf Partisanen und Einheimische, um Informationen über die Bewegungen und Stellungen der Preußen zu sammeln.

Durch dieses Informationsnetz erfuhren die Führer der provisorischen Regierung, dass eine weitere preußische Verstärkung unter Prinz Friedrich Karl aus Metz eintraf. Gambetta und sein republikanisches Oberkommando waren der Ansicht, dass ein frühzeitiger Angriff die einzige Lösung sei, da sie immer noch eine gewisse zahlenmäßige Überlegenheit gegenüber den süddeutschen Armeen hatten. Sie befürchteten vor allem, dass es nur eine Frage der Zeit sei, bis sich diese deutschen Truppen zusammenschließen und nach Tours vorrücken würden. So zwangen sie Aurelle trotz seines Zögerns zum Handeln. Er sammelte seine Truppen und stieß nach Beaune-la-Rolande vor. Es lag nur fünfundzwanzig Meilen (vierzig Kilometer) nordöstlich von Orléans und wurde von drei preußischen Brigaden bewacht. Sie waren nur als Frühwarnsystem für einen Angriff gedacht, nicht als echte deutsche Verteidigungslinie. Aurelle war also der Meinung, dass seine Armee mit 60.000 Mann und 140 Geschützen es mit 9.000 Preußen und halb so viel Artillerie aufnehmen konnte.

Die beiden Seiten trafen am 28. November aufeinander, doch die Franzosen konnten ihre zahlenmäßige Überlegenheit nicht ausnutzen. Ihre Angriffe wurden von einer bemerkenswert disziplinierten und hartnäckigen preußischen Verteidigung zurückgeschlagen. Da sie weder über Reserven noch über viel Nachschub verfügten, warteten sie jeden französischen Vorstoß ab, bis sie weniger als zweihundert Meter entfernt waren, bevor sie das Feuer eröffneten. Die ganze Zeit über mussten sie schweren Artilleriebeschuss und Mitrailleuse-Feuer ertragen. Die untrainierten französischen Rekruten waren den gut ausgebildeten und kampferprobten Preußen nicht gewachsen, die die französische Offensive am Ende des Tages abbrachen. Die Unterschiede in der Qualität der Truppen zeigten sich auch in den Verlusten bei Beaune-la-Rolande. Die Deutschen hatten nur 850 Verluste, während die Franzosen etwa 8.000 Mann in einer Schlacht verloren, in der sie den Feinden zahlenmäßig mehr als sechs zu eins überlegen waren.

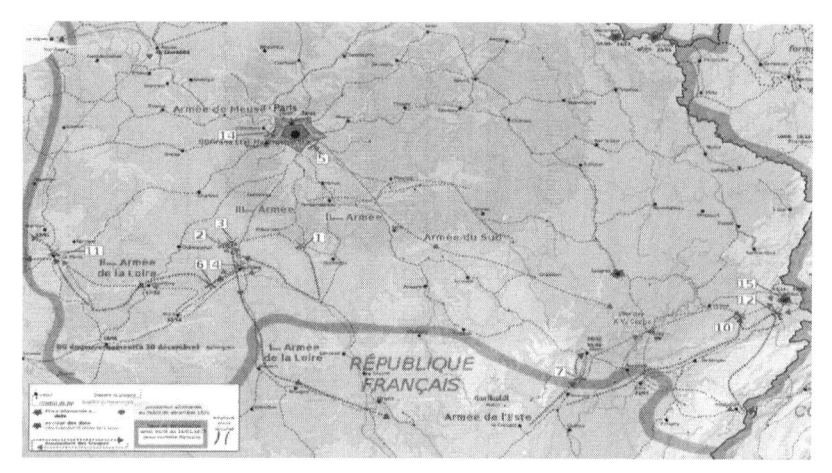

Eine Karte mit groben Heeresbewegungen, Stellungen und Frontverläufen von Dezember 1870 bis Januar 1871 (Anmerkung: Die französische Ostgrenze zeigt das Elsass und Lothringen, die bereits zu Deutschland gehörten).

Als ob dieser Verlust für Aurelle und Gambetta nicht schon genug wäre, setzten sie einen weiteren Angriff fort. Sie schickten am 2. Dezember ein weiteres frisches Korps auf die deutschen Stellungen in Loigny, nördlich von Orléans, los. Es handelte sich um ein Gefecht zwischen zwei gleich großen Armeen, die jeweils etwa 35.000 Mann umfassten, wobei beide Seiten auf einem offenen Feld, das kaum Schutz vor feindlichem Feuer oder Artilleriesplittern bot, in langen Gefechtslinien aufgestellt waren. Ein eher primitives Feuergefecht dauerte den ganzen Tag und endete mit einem preußischen Sieg. Die Franzosen verloren siebentausend Mann, einschließlich der Gefangenen, während die Deutschen etwa viertausend Verluste hinnehmen mussten. Für die Deutschen war die Entscheidung viel knapper, weil das offene Feld den französischen Gewehren mit größerer Reichweite viel besser entgegenkam, was sie jedoch nicht ausnutzen konnten. Außerdem machte der strenge Winter beiden Seiten zu schaffen. Die Niederlage bei Loigny erwies sich jedoch als der letzte Strohhalm für die unerfahrenen Soldaten der französischen Armee.

Die Franzosen verloren ihre Moral und wurden von Kälte und Hunger geplagt, so dass sie nicht mehr bereit waren, sich den

Deutschen entgegenzustellen. Als Moltke dies erkannte, befahl er, dass Orléans zurückerobert werden musste. Prinz Friedrich Karl sammelte seine Truppen und marschierte am 3. Dezember dorthin. Die verbliebenen französischen Truppen leisteten einigen Widerstand, gaben aber unter schwerem Artilleriebeschuss langsam ihre Stellungen auf. Der Kampf dauerte zwei Tage, doch am Ende war von der französischen Armee nicht mehr viel übrig, und es kam zu einer chaotischen Niederlage. Die Armee von Aurelle teilte sich in zwei Hälften, eine nördlich und eine südlich der Loire. Der französische General befahl seinen Truppen, sich weiter nach Süden zurückzuziehen, während die Truppen nördlich des Flusses auf sich allein gestellt waren. Am Ende eroberte Friedrich Karl Orléans zurück und verlor dabei nur etwa 1700 seiner Männer, während die Franzosen etwa 20.000 Mann verloren, davon 18.000 Gefangene. Damit war jede Hoffnung auf eine Ablösung von Paris dahin, und die provisorische Regierung zog sich weiter nach Süden zurück und machte Bordeaux zu ihrer neuen informellen Hauptstadt.

Aurelle wurde von seinem Amt entbunden, aber die Armee blieb in zwei Hälften geteilt. Die südliche Hälfte wurde dem General Charles Bourbaki unterstellt, dem es gelungen war, sich während der Belagerung von Metz loszureißen. Seine Truppen zogen sich in Richtung Brogues zurück. Der nördliche Teil der Armee wurde General Antoine Chanzy unterstellt, der sich nach Tours zurückzog. In Beaugency versucht er, seine in Panik geratenen Soldaten wieder zu sammeln. Er versammelte ein unorganisiertes Heer von etwa 100.000 Mann, und das schlechte Wetter erschwerte seine Bemühungen noch zusätzlich. Diese beiden Faktoren machten seine Armee ziemlich unbeweglich und hinderten ihn daran, seine Männer auf das linke Ufer der Loire zu verlegen und sich mit Bourbaki zu vereinigen. Dies ermöglichte es einer viel kleineren deutschen Streitmacht mit weniger als dreißigtausend Soldaten, ihn in einen mehrtägigen Kampf zu verwickeln. Chanzy hoffte, dass er die Preußen durch einen Angriff bewegen konnte, während er auf die Hilfe von Bourbaki wartete. Um den 10. Dezember herum befahl Moltke Friedrich Karl, den Vorstoß auf Beaugency zu verstärken. Da keine Hilfe zu erwarten war, blieb Chanzy nur noch die Möglichkeit des Rückzugs. Er zog nach Westen in Richtung Le Mans. Den Franzosen gelang es vor allem deshalb zu entkommen, weil die Deutschen keine große Lust hatten, sie zu verfolgen, da Kälte und Müdigkeit sie einholten. Unter ähnlichen Bedingungen, unterstützt durch die Demoralisierung aufgrund der Niederlage, wurde auch Bourbakis Armee in die Knie gezwungen. Seine Soldaten weigerten sich einfach, dem Befehl zum Aufbruch Folge zu leisten. Eine Zeit lang war es an der Südfront ruhig.

Während die beiden Seiten an den Ufern der Loire aufeinandertrafen, stand auch die Pariser Front in Flammen. Nach der Kapitulation von Metz sank die Moral, und der Mangel an Nachschub setzte die Pariser zusätzlich unter Druck. Dies veranlasste Trochu zum Handeln. Nachdem er Ende November von den Bewegungen Aurelles erfahren hatte, planten er und seine Generäle für den 28. November einen Vorstoß. Er sollte südwestlich von Paris zuschlagen und gleichzeitig die Kommunikation zwischen dem preußischen Hauptquartier in Versailles und den Truppen im Osten der Stadt unterbrechen, eine Brücke zu den von der Loire heranrückenden Truppen bilden und den deutschen Belagerern ihre Versorgungsgüter abnehmen. Den Ingenieuren gelang es jedoch nicht, rechtzeitig Pontonbrücken zu errichten, was den Angriff zum Scheitern brachte und ihn auf den 30. Januar zurückwarf, so dass die Belagerer Zeit hatten, sich vorzubereiten. Die Franzosen versuchten, die Hauptkampflinie mit einem Ablenkungsmanöver zu verschleiern, aber die Preußen ließen sich nicht täuschen. Sie begrüßten ihren Hauptangriff bei Villiers und Champigny, den südöstlichen Außenbezirken von Paris, direkt südlich der Marne. Die Schlacht dauerte bis zum 4. Dezember, und die Franzosen klammerten sich länger als vernünftig an Gambettas vage Versprechen einer Entlastung an der Loire.

Der fehlgeschlagene Durchbruch kostete die Pariser zwölftausend Mann, von denen die meisten die ausgebildeten Soldaten waren, die den Angriff anführten und von denen es den Verteidigern von Paris ohnehin an ausgebildeten Männern mangelte, was diesen Schlag noch schwerer machte. Ungeachtet der Verluste und des schleichenden Hungers weigerte sich Paris, zu kapitulieren. Auch die provisorische Regierung weigerte sich, denn Gambetta war entschlossen, den Kampf fortzusetzen, auch nachdem die Loire-Armee faktisch aus dem Krieg ausgeschieden war. Für die deutschen Besatzer, die gehofft hatten, dass diese Siege Frankreich endlich zur Unterwerfung zwingen würden, stellt dies ein neues Problem dar. Einerseits war Bismarck ständig besorgt, dass die neutralen Mächte eingreifen könnten, um Preußen zu zügeln. Andererseits zehrten der lange Krieg und der strenge Winter an Moltkes Truppen und Vorräten. Die beiden stritten darüber, was die richtige Lösung für diesen französischen Starrsinn sei.

Ungewöhnlicherweise plädierte der Politiker für einen gewalttätigeren Plan. Bismarck vertrat die Ansicht, dass man nur unerträglichen Druck auf die Zivilbevölkerung ausüben müsse, um die provisorische Regierung zu zwingen, sich mit seinen Bedingungen zufrieden zu geben. So plädierte er dafür, schwere Geschütze und Mörser zu verlegen, um Paris ohne Rücksicht auf die Zivilbevölkerung zu bombardieren. Seine Bereitschaft, der französischen Nation als Ganzes zu schaden, wurde durch die Aktionen der französischen Partisanen und Regimegegner nur noch verstärkt. Diese Truppen, die insgesamt vielleicht dreißig- bis vierzigtausend Mann stark waren, waren den preußischen Soldaten nicht gewachsen, aber sie belästigten die Preußen ständig, während sie unterwegs waren, und unterbrachen die Nachschublinien, indem sie Eisenbahnlinien und Brücken zerstörten. Dieses Ärgernis zwang Moltke, etwa 100.000 Mann zur Bewachung der

Transporte an die Front abzustellen. Da es für die Soldaten schwierig war, mit den schwer fassbaren Partisanen, die keine Uniformen trugen, umzugehen, begannen einige einfach, auf jeden zu schießen, der auch nur im Entferntesten verdächtigt wurde, aufständisch zu sein. Dies war eine grausame Vergeltungsmaßnahme, die von Bismarck unterstützt wurde, um die Franzosen unter Druck zu setzen. Darüber hinaus nutzte er Berichte über die Tötung und Folterung preußischer Gefangener durch die Partisanen als weiteren Beweis dafür, dass sie keine Gnade mit der Zivilbevölkerung walten lassen sollten.

Im Gegensatz dazu war Moltke weit weniger blutrünstig. Er wollte die Franzosen aushungern, wie sie es bei Metz getan hatten. Er argumentierte, dass der Transport von Mörsern und schweren Geschützen sowie deren Munition die Versorgung der preußischen Truppen nur zusätzlich belasten würde. Außerdem würde die massenhafte Verletzung der Zivilbevölkerung andere Länder nur verärgern und sie gegen Preußen aufbringen. Nicht zuletzt war Moltke der Meinung, dass ein solches Vorgehen nicht sehr zivilisiert sei und nicht dem richtigen militärischen und deutschen Geist entspreche. Bismarck hatte keine derartigen moralischen Bedenken. Er hielt Brutalität für gerechtfertigt, um den Krieg zu beenden, bevor ein unvorhergesehenes Ereignis, sei es eine ausländische Intervention oder eine Umkehrung des Kriegsglücks, die Verhandlungsposition Preußens schwächte. Bismarck nannte dies die „Politik im Krieg", bei der das Militär auf ein politisches Ziel hinarbeitete. Diese Debatte zwischen dem Kanzler und dem Feldmarschall wurde vom Kriegsminister geschlichtet. Roon stellte sich auf die Seite Bismarcks und überzeugte damit auch den König. Die Preußen sollten Paris bombardieren.

Noch während die schweren Geschütze aufgestellt wurden, unternahmen die Pariser am 21. Dezember einen weiteren Vorstoß. Dieser Durchbruch war ein Zeichen der Verzweiflung, denn er richtete sich nun nach Norden, in der Hoffnung, sich mit der so genannten Nordarmee zu verbinden, die in Lille stationiert war. Diese fünfunddreißigtausend Mann waren jedoch nur auf dem Papier Soldaten, selbst nach Ansicht ihres Befehlshabers, der sie als unbewaffnete und unausgebildete Gruppe ohne richtige Offiziere bezeichnete. Ihre Nutzlosigkeit wurde auch durch die Tatsache bestätigt, dass die Preußen ihre Existenz fast ignorierten und sich damit begnügten, sie vom Rest Frankreichs zu isolieren. Nichtsdestotrotz wurde dieser Einsatz von den Deutschen mit Leichtigkeit abgewehrt, während die Pariser Verteidiger allmählich nicht mehr über ausreichend ausgebildete Truppen verfügten, um sie auf solche Missionen zu schicken. Ihre niedrige Moral sollte sich bald noch weiter verschlechtern, denn in den letzten Tagen des Jahres 1870 setzten die Preußen schließlich über siebzig schwere Geschütze ein und begannen mit dem Bombardement. Ihr Hauptziel waren die Festungen am Stadtrand von Paris, die die Stadt vor Eindringlingen schützten, aber einige Granaten trafen auch zivile Ziele, darunter Krankenhäuser, Kirchen, Schulen und Privathäuser. Berichte über Opfer unter den Nichtkombattanten begannen durch zu sickern. Die deutschen Granaten waren jedoch nicht die Hauptursache für den Tod von Zivilisten. Im Januar starben wöchentlich bis zu viertausend Bürger an Hunger und Kälte.

Durch die preußische Artillerie beschädigte Zivilbereiche von Paris.
https://commons.wikimedia.org/wiki/File:Braun,_Adolphe_(1811-1877)_-_Paris,_1871_-_St_Cloud,_La_place.jpg

Während die Pariser litten, verschanzte sich Chanzy mit seiner Armee von etwa 100.000 Mann in Le Mans. Er schickte kleinere Regimenter, um die Zweite Armee zu bedrängen, während der Rest an den Befestigungen arbeitete. Währenddessen arbeitete die provisorische Regierung an der Umstrukturierung und Versorgung ihrer Armee, um deren Kampfkraft zu erhöhen. Moltke bemerkte dies und befahl Prinz Friedrich Karl am Neujahrstag, seine Armee nach Westen zu mobilisieren und der Armee der Loire einen letzten Schlag zu versetzen. Der Fürst kam dem Befehl nach, sammelte etwa dreiundsiebzigtausend Mann und rückte langsam auf Le Mans vor, das er am 10. Januar erreichte. Die Männer zeigten Anzeichen von Ermüdung durch den langen Feldzug und das kalte Wetter, so dass der erste deutsche Angriff eher unkoordiniert und langsam verlief und die Verteidigungsanlagen von Chanzy die Angreifer einen Tag lang abwehren konnten. Doch schon am nächsten Tag wurden die unerfahrenen Regimenter der Nationalgarde von einem kühnen Vorstoß überrascht, der sie in

Panik versetzte und in die Flucht schlug. Als er einmal begonnen hatte, konnte Chanzy ihn nicht mehr aufhalten. Seine Soldaten waren verfroren, nass, hungrig und übermüdet, und es fehlte ihnen jeglicher Kampfeswille. Die Armee löste sich praktisch auf, und die Kämpfe wurden am 12. Januar abgebrochen. Chanzy und einem kleinen Teil seiner Truppen gelang es, zu entkommen. Einigen Schätzungen zufolge verlor er etwa 25.000 Mann, sowohl an Gefallenen als auch an Gefangenen, aber bis zu doppelt so viele desertierten während des Rückzugs. Unabhängig davon, wie viele Männer er unter seinem Kommando behielt, war diese Gruppe keine effektive Kampftruppe mehr. Die Soldaten ließen einen Großteil ihrer Waffen und Munition zurück, und die Moral war auf einem absoluten Tiefpunkt angelangt.

Nach dem Tod von Chanzy und dem Scheitern aller Pariser Durchbruchsversuche richtete Gambetta seine Aufmerksamkeit auf den östlichen Kriegsschauplatz. Ende Dezember befahl er Bourbakis Armee, nach Dijon zu marschieren, wo ein einzelnes badisches Korps die Stadt hielt. Gambettas Idee war es, die preußische Flanke von Südosten her anzugreifen, in der Region zwischen Dijon und Belfort, und die deutschen Nachschublinien zu treffen. Es war ein angemessener letzter Versuch, etwas zu unternehmen, zumal die kleine Vogesenarmee in dieser Region operierte. Sie wurde von dem berühmten Giuseppe Garibaldi, einem alten italienischen Revolutionsgeneral, angeführt und bestand größtenteils aus ausländischen Freiwilligen, zum Beispiel Polen, Iren, Spaniern, Amerikanern und natürlich Italienern. In der Regel handelte es sich um erfahrene und gut ausgebildete Männer, doch fehlte es der Einheit insgesamt an Zusammenhalt und Disziplin, und es gab zu viele interne Streitigkeiten und Debatten. Die Freiwilligenarmee war seit Anfang November einsatzbereit und umfasste nicht mehr als zwanzigtausend Mann, aber sie hatte wenig Einfluss auf den Kriegsverlauf. Wenn sich diese Truppe jedoch mit den 110.000 Mann von Bourbaki vereinigt und mit ihm kooperiert hätte, wäre sie eine ernsthafte Bedrohung für die deutschen Truppen geworden.

Moltke war sich dessen natürlich bewusst und bildete aus drei preußischen Korps eine neue deutsche „Armee des Südens" und schickte sie auf die Verfolgung. Ziel war es, Frankreichs letzte Reste einer Feldarmee zu vernichten. Bourbaki erwies sich jedoch als weniger bedrohlich als ursprünglich erwartet. Seine Armee rückte nur langsam vor und hatte mit Nachschubproblemen, Demoralisierung und der Kälte zu kämpfen. Nichtsdestotrotz zog sich das deutsche Korps, das die Stadt hielt, Ende Dezember kampflos zurück und begann seinen Rückzug nach Osten. Dies geschah, weil die Hauptaufgabe der Badener darin bestand, die Belagerung von Belfort, einer befestigten Stadt am Südrand der Vogesen, zu sichern. Gegen einen zahlenmäßig überlegenen Feind in Dijon, das mehr als 128 Kilometer westlich von Belfort lag, zu halten, erschien unklug, da die Männer weit von möglicher Verstärkung entfernt und anfällig für eine Einkreisung waren. So zogen sich die Deutschen bis zum Fluss Lisaine und der befestigten Stadt Héricourt zurück, während die Franzosen langsam hinter ihnen herzogen. Das Zögern, das badische Korps anzugreifen, verärgerte Bourbakis Vorgesetzte und ließ die Deutschen daran zweifeln, ob er die Belagerung von Belfort überhaupt aufheben würde.

Dennoch kam es am 15. Januar zu einem Zusammenstoß zwischen den beiden Seiten, als die Franzosen angriffen. Zu diesem Zeitpunkt war Héricourt von den Badenern bereits befestigt. Die Angreifer überquerten den zugefrorenen Fluss, der die beiden Seiten trennte, und es kam zu einer dreitägigen Schlacht, die von schweren Kämpfen, Artilleriewechseln und schlechtem Wetter geprägt war. Die Franzosen hatten an einigen Stellen begrenzte Erfolge, indem sie Teile der deutschen Vorposten einnahmen, aber die Verteidiger leisteten ihnen erbitterten Widerstand. Am Ende des 17. Tages gab Bourbaki auf und verlor etwa 8.000 Mann, während das badische Korps etwa

1.600 Verluste hinnehmen musste. Die französische „Ostarmee" blieb funktionsfähig, doch angesichts der heranrückenden deutschen Südarmee stellte sie keine große Gefahr mehr dar.

Selbst den glühendsten französischen Befürwortern eines trotzigen Widerstands wurde klar, dass der Krieg verloren war. Trochu, der Anfang Januar mit Moltke über eine Kapitulation korrespondierte, stimmte einem letzten verzweifelten Vorstoß am 19. Januar zu, der jedoch wie die anderen Versuche scheiterte und die Zahl der französischen Opfer nur noch erhöhte. Schon am nächsten Tag kam es in Paris zu Unruhen. Die Arbeiter versammelten sich auf den Straßen und forderten die Bildung von Kommunen und die Absetzung von Trochu. Sie zeigten sogar erste Anzeichen von Misstrauen gegenüber der Republik. Diese Entwicklungen veranlassen Favre schließlich, am 23. Januar nach Versailles zu reisen, um Verhandlungen mit Bismarck aufzunehmen. Am 26. Januar unterzeichneten sie einen Waffenstillstand, der die Feindseligkeiten am 28. Januar offiziell beendete. Der Vertrag sah vor, dass Paris sich ergeben und sowohl seine Rüstungen als auch seine Befestigungen aufgeben musste und im Gegenzug von den Deutschen sofort mit Rationen versorgt werden sollte. Danach hatte Frankreich bis zum 19. Februar Zeit, eine Nationalversammlung zu wählen, die dann den Frieden zu deutschen Bedingungen ratifizieren sollte. Sollte sich die Versammlung weigern, würden die Preußen über das entwaffnete und ungeschützte französische Volk herfallen.

Die letzten Verbliebenen der französischen Armee geben an der Schweizer Grenze ihre Waffen ab.

https://en.wikipedia.org/wiki/File:Arm%C3%A9e-Bourb-en-Suisse.jpg

Für die meisten Franzosen war der Krieg also am 28. Januar 1871 zu Ende, doch Favre und Gambetta hatten noch immer Illusionen über Bourbakis Armee. So schloss Favre die Region, in der er aufgehalten wurde, nahe der Schweizer Grenze, vom Waffenstillstand aus. Die Regierung der Nationalen Verteidigung hoffte immer noch, dass ein wundersamer Sieg dieser Truppen ihre Verhandlungsposition verbessern könnte. Stattdessen versuchte Bourbaki, sich das Leben zu nehmen, scheiterte aber, nachdem er mit zahlreichen Anschuldigungen wegen seiner Führung konfrontiert worden war, und die Armee geriet in Unordnung. Die Männer froren, waren hungrig und hatten keine Ausrüstung. Anstatt zu kämpfen, zogen sie sich am 1. Februar hinter die Schweizer Grenze zurück und beendeten damit faktisch das letzte Aufflackern des Deutsch-Französischen Krieges.

Kapitel 8 - Das Leben geht weiter: Die Nachwirkungen des französisch-preußischen Krieges

Obwohl der Waffenstillstand die Kämpfe und den Krieg faktisch beendete, musste er rechtlich noch durch einen Friedensvertrag abgeschlossen werden. Das bedeutete wochenlange Verhandlungen, in denen die Franzosen versuchten, den deutschen Rachedurst zu bremsen.

Die Friedensverhandlungen begannen in einem ganz anderen Kräfteverhältnis, als alle in Europa, einschließlich Bismarck und Moltke, erwartet hatten. Frankreich befand sich an einem Tiefpunkt, den es seit Jahrhunderten nicht mehr erlebt hatte, beschämt durch eine schmachvolle militärische Niederlage, eine schlechte Wirtschaft und ein Land in Trümmern, ganz zu schweigen von der chaotischen politischen Lage. Wie im Waffenstillstand vereinbart, wurde am 8. Februar mit Hilfe der Deutschen eine landesweite Wahl abgehalten. Es überrascht nicht, dass die Kandidaten, die für Frieden und Freiheit eintraten, am erfolgreichsten waren, so dass die Mehrheit der Sitze in der

Nationalversammlung an die ländlichen Monarchisten und Konservativen ging, während die gemäßigten Republikaner weniger als 30 Prozent erhielten. Die radikalen Republikaner erhielten sogar Stimmen, und überraschenderweise gab es auch eine Handvoll Bonapartisten, die Sitze errangen. Der neue Führer der nunmehrigen Dritten Französischen Republik war Adolphe Thiers, ein alter Republikaner, der 1848 an der Gründung der Zweiten Republik beteiligt war. Thiers übernahm die meisten Minister der provisorischen Regierung, darunter auch Favre. Gambetta, ein ständiger Befürworter des Krieges, blieb außerhalb der Regierung.

Eine rechtlich konstituierte Regierung gab Thiers die Legitimität, mit Bismarck zu verhandeln, aber die Wahlen waren weit davon entfernt, ein mildernder Faktor zu sein, wie einige hofften. Frankreich war nach wie vor tief gespalten, und in allen größeren Städten machte sich Unzufriedenheit breit. Wie immer war diese Stimmung in Paris am stärksten, wo die Arbeiterklasse weiterhin radikal war und zu Ausbrüchen und Unruhen neigte. Zu dieser Zeit blieb Bordeaux der Sitz der Regierung, aber Thiers wollte die Kontrolle über die Hauptstadt zurückgewinnen, die an ihrer regierungsfeindlichen Haltung festhielt. Dies führte zu einer Konfrontation, die dadurch ausgelöst wurde, dass die reguläre Armee versuchte, eine Handvoll veralteter Geschütze, die von den Preußen in den Pariser Festungen zurückgelassen worden waren, an sich zu nehmen. Am 18. März wurde die Pariser Kommune gegründet, als die revolutionären Kommunarden, wie sie sich selbst nannten, die Kontrolle über die Stadt übernahmen, nachdem sich die Armee zurückgezogen hatte. Dies löste ähnliche, aber weit weniger erfolgreiche Versuche aus, in anderen Großstädten wie Lyon oder Marseille Kommunen zu gründen. Unabhängig davon befand sich die Nation in einem Zustand, den man als Bürgerkrieg bezeichnen kann. Diese Instabilität verschlechterte die Verhandlungsposition von Thiers noch weiter. Sie verringerte seine innenpolitische Stärke und seinen diplomatischen Einfluss, da die meisten europäischen Monarchien den Pariser Radikalen gegenüber sehr misstrauisch waren.

Eine Barrikade der Pariser Kommune, die sich auf die Verteidigung ihres Aufstandes vorbereitet.
https://commons.wikimedia.org/wiki/File:Barricade18March1871.jpg

Frankreich gegenüber stand das siegreiche und vor allem geeinte Deutschland, genau wie Bismarck es geplant hatte. Wie er erwartet und vorhergesagt hatte, weckte ein Verteidigungskrieg gegen die Franzosen nationalistische Gefühle im germanischen Volk. Dennoch wusste Bismarck, dass er mehr als nur öffentliche Unterstützung brauchte, die natürlich nicht gleichmäßig auf die unabhängigen germanischen Staaten verteilt war. Auf der einen Seite war Bayern der größte Gegner der Einigungsidee, und zwar sowohl in der breiten Öffentlichkeit als auch bei seinem Herrscher, König Ludwig II. Auf der anderen Seite stand das Großherzogtum Baden voll und ganz hinter der Idee und beantragte nach 1866 sogar die Aufnahme in den Norddeutschen Bund. So hatte Bismarck bereits im September 1870 eine Reihe von Gesprächen und Konferenzen mit Vertretern aus Bayern, Baden, Hessen und Württemberg begonnen. Dabei einigten sie sich auf Einzelheiten, wie diese Staaten im November in den neu gegründeten Deutschen Bund eingegliedert werden sollten, womit der erste Schritt zur formellen Einigung getan war. Diese

Vereinbarungen waren eher als föderale Vereinbarungen angelegt, wobei die vier unabhängigen germanischen Länder eine gewisse Souveränität behielten, z. B. eine unabhängige Post, Eisenbahn und Armee. Darüber hinaus handelte es sich um ein Abkommen zwischen dem Norddeutschen Bund und diesen Staaten. Es änderte also nichts an den bereits bestehenden Beziehungen zwischen Preußen und den anderen bereits assimilierten Ländern.

Der nächste Schritt wurde in der Bundesversammlung unternommen, wo Anfang Dezember ein Antrag zur Wiederherstellung des Deutschen Reiches und zur Verleihung des Kaisertitels an den preußischen König Wilhelm I. eingebracht wurde. Um diesem Antrag mehr Gewicht zu verleihen, sorgte Bismarck dafür, dass er von keinem Geringeren als Ludwig II. eingereicht wurde. Um sich seine Unterstützung zu sichern, arrangierte der Kanzler, dass der bayerische König jährlich 300.000 Mark aus dem so genannten „Welfenfonds", einer heimlich beschlagnahmten hannoverschen Staatskasse, die 1866 in preußische Hände gelangte, erhalten sollte. Es handelte sich um nichts Geringeres als eine Bestechung, und sie blieb lange Zeit ein Geheimnis. Nichtsdestotrotz setzte Bismarck seine politischen Machenschaften fort, und im Januar 1871 wurde die geplante Vereinigung in den Parlamenten der süddeutschen Staaten zur Abstimmung gestellt. Wie erwartet waren die Bayern am stärksten dagegen, dennoch wurde das Dekret am 21. Januar mit nur zwei Stimmen Mehrheit angenommen.

Eine spätere Wiedergabe der Proklamation des Deutschen Reiches im Spiegelsaal von Versailles.

https://commons.wikimedia.org/wiki/File:A_v_Werner_-_Kaiserproklamation_am_18_Januar_1871_(3._Fassung_1885).jpg

Bismarck war sich jedoch sicher, dass die Vereinigung angenommen werden würde, und so organisierte er am 18. Januar die offizielle Proklamation des Deutschen Kaiserreichs, das manchmal auch fälschlicherweise als Zweites Reich bezeichnet wird. Die Proklamation fand im Spiegelsaal von Versailles statt, was dem Ereignis eine doppelte Bedeutung verlieh. Das Datum war der Jahrestag der offiziellen Gründung des Königreichs Preußen im Jahr 1701, und die Abhaltung der gesamten Zeremonie im berühmtesten französischen Schloss war natürlich eine Demonstration der Vorherrschaft über ihre besiegten Feinde. Es war keine große Zeremonie, denn die meisten Generäle und Offiziere erschienen in ihren Kampfuniformen, und auch für Bismarck war sie mit Problemen verbunden. Zum Beispiel wollte Wilhelm den Titel „Kaiser von Deutschland", aber sein Kanzler sicherte ihm den Titel „Deutscher Kaiser" zu, einen Titel, den Wilhelm für weniger pompös und traditionsreich hielt. Trotzdem wurde er bei der Zeremonie von allen mit Kaiser oder Kaiser Wilhelm angeredet. Bismarck betrachtete diesen Moment als seine eigene Krönung, aber es wird berichtet, dass die Atmosphäre insgesamt kalt und eher steif war, ohne dass eine richtige Feierstimmung aufkam.

Obwohl die meisten anderen europäischen Mächte von der Schaffung eines neuen Reiches im Herzen des Kontinents nicht gerade begeistert waren, unternahmen sie nichts, um dies zu verhindern. Schockiert oder beeindruckt von den deutschen Siegen über Frankreich, hielten sie es für unklug, sich einzumischen. Angesichts der unterschiedlichen Positionen im Inneren und Äußeren begannen die Franzosen und die Deutschen am 21. Februar mit Friedensverhandlungen. Das neue Kaiserreich wurde von Bismarck vertreten, während Thiers und Favre im Namen der Franzosen verhandelten. Die Gespräche, die in Versailles geführt wurden, waren hart und anstrengend, vor allem für die Franzosen. Bismarck verlangte harte Bedingungen, vor allem die Annexion von Elsass und Lothringen, aber auch eine Entschädigung von sechs Milliarden Francs in Gold. Diese Bedingungen würden Frankreich nicht nur demütigen, sondern das Land lähmen. Die Reparationen allein wären kaum zu bezahlen, aber die beiden Provinzen, die die Deutschen forderten, waren auch das industrielle und wirtschaftliche Herz Frankreichs, in dem sich 20 Prozent des Bergbau- und Stahlproduktionspotenzials befanden.

Thiers versuchte natürlich, diese Probleme zu umgehen, aber Bismarck ließ sich nicht viel gefallen. Das lag zum Teil an seinen eigenen Gefühlen gegenüber den Franzosen. Außerdem war er der Meinung, dass Frankreich im Gegensatz zu Österreich den Preußen den Sieg nie verzeihen würde, ganz gleich, wie großzügig die Friedensbedingungen waren. Außerdem musste er dem politischen Druck Rechnung tragen. Die Massen in Deutschland erwarteten und verlangten mehr oder weniger die Annexion dieser Gebiete, und selbst Moltke, Roon und sogar Wilhelm drängten ihn, den Franzosen so viel wie möglich abzunehmen. Für sie war es eine Strafe für all das vergossene deutsche Blut, obwohl Moltke auch an den Verteidigungsbedarf in zukünftigen Kriegen dachte. Wann immer Thiers also versuchte, gegen die Forderungen zu verhandeln, drohte Bismarck ihm und Frankreich einfach mit der Fortsetzung des Krieges. Auf der anderen Seite waren sich Favre und Thiers bewusst, dass das französische Volk mit allem, was sie in diesen Gesprächen, die sich langsam zu einem Diktat der Bedingungen entwickelten, erreichen konnten, unzufrieden sein würde. Letztlich konnten sie Bismarck kaum beeinflussen.

In der Frage der Gebietsabtretungen ging es aus deutscher Sicht nicht um das „Ob", sondern um das „Wie viel". Während der Verhandlungen gab es mehrere strittige Punkte. Roon plädierte für eine Annexion bis nach Nancy, doch Bismarck ging nicht so weit. Als er jedoch erwog, Metz aufzugeben, waren Moltke und andere Offiziere empört. Bismarck hielt Metz zunächst nicht für besonders wertvoll und argumentierte, dass er lieber mehr Geld in die Hand nehmen und ein neues Fort ein paar Meilen entfernt bauen würde. Doch die deutschen Militärs waren unnachgiebig, so dass er gezwungen war, die Franzosen dazu zu drängen. Dann konzentrierten sie sich auf Belfort, was für Thiers zu viel war. Nach weiteren Auseinandersetzungen sagte der Kanzler, er werde Wilhelm und Moltke konsultieren. Der Feldmarschall war bereit, sich von Belfort zurückzuziehen, wenn Thiers vier weniger wichtige Dörfer in Lothringen aufgeben würde, in denen zehntausend Preußen begraben waren. Außerdem verlangte er einen militärischen Einzug und eine Siegesparade in Paris. Thiers willigte ein, solange die Franzosen im Gegenzug für diese Demütigung in der Hauptstadt eine wichtige Festung behalten konnten.

Ein Foto der deutschen Siegesparade in Paris.
https://commons.wikimedia.org/wiki/File:Prussians_parade_thru_Paris_March_1871.jpg

Auch um die Entschädigung wurde viel verhandelt. Thiers bot zunächst 1,5 Milliarden Francs an, aber Bismarck lehnte ab. Er wollte mehr, nicht nur, um die Franzosen in Verlegenheit zu bringen und sich für die Demütigungen des vergangenen Jahrhunderts zu rächen, sondern auch, um ihnen die Möglichkeit zu nehmen, Vergeltung zu üben. Schließlich willigte Bismarck ein, die Entschädigungssumme auf nicht weniger als fünf Milliarden Francs zu senken, die bis 1875 gezahlt werden sollten. Zum Vergleich: Dies entsprach etwa 23 Prozent des jährlichen französischen BIP oder dem Zweieinhalbfachen des jährlichen Staatshaushalts. Thiers hatte keinen Spielraum mehr für Feilscherei und musste akzeptieren. Viele ausländische Beobachter waren schockiert und entsetzt über diese Reparationen, da sie über die Deckung der Kriegskosten hinausgingen. Einige waren der Meinung, dass dies einen gefährlichen Präzedenzfall bieten würde, da es bedeuten könnte, dass Kriege aus reinem Geldgewinn geführt werden. Außerdem musste Frankreich eine leichtere Form der deutschen Besatzung erdulden, bis die Entschädigungssumme vollständig zurückgezahlt war.

Schließlich musste Frankreich die deutsche Einigung, die Ausrufung des Reiches und Wilhelm I. als Kaiser anerkennen. Dies erwies sich für die Franzosen im Vergleich zu anderen Fragen als wenig problematisch. Abgesehen davon einigten sich beide Seiten auf einige technische Fragen, wie den Rahmen für den Rückzug aus bestimmten Regionen oder die Zahlungsmodalitäten. Da Bismarck es eilig hatte, die ganze Angelegenheit abzuschließen, um sich auf den Aufbau einer neuen geeinten Nation zu konzentrieren, drängte er Thiers, den Friedensvertrag sofort zu akzeptieren. So wurde am 26. Februar ein Vorfrieden unterzeichnet, der jedoch noch von zwei Regierungen ratifiziert werden musste. Am 1. März marschierten dreißigtausend deutsche Truppen in die Stadt ein und führten zum Entsetzen der Pariser eine Parade für ihren Kaiser auf. Die französische Regierung in Bordeaux unterzeichnete jedoch noch am selben Tag den Friedensvertrag und verhinderte damit weitere Aufmärsche. Dies kam für die Deutschen überraschend, da sie mit einer langen Debatte in der Nationalversammlung gerechnet hatten. So zogen die deutschen Truppen bis zum 3. März aus Paris ab, obwohl große Armeen als Teil der Besatzungstruppen in der Nähe blieben. In Berlin nahm der neu gebildete Reichstag, die deutsche Versammlung, den Vertrag am 21. März an. Die formelle Unterzeichnung des Abkommens fand am 10. Mai in Frankfurt statt und beendete den Krieg zwischen Frankreich und Deutschland.

Zu diesem Zeitpunkt war Thiers bereits mehr mit der Pariser Kommune beschäftigt, die die Kontrolle über die Hauptstadt übernommen hatte. Zum Glück für die französische Regierung waren die Deutschen den Kommunarden ebenso feindlich gesinnt wie sie selbst. Bismarck freute sich zwar über das glorreiche Durcheinander, in das Frankreich geraten war, doch sah er den radikalen Republikanismus und den aufkommenden Kommunismus als Bedrohung für alle an. So kam es, dass er Frankreich sogar indirekt unterstützte. Zunächst gestattete er den

Franzosen die Entsendung von achtzigtausend Soldaten nördlich der Loire, was laut Friedensvertrag nicht erlaubt war. Dann beschleunigte er die Freilassung von Gefangenen und versuchte, die französische Armee zu stärken, damit sie ihre eigene Hauptstadt zurückerobern konnte. Abgesehen davon mischten sie sich nicht ein, da es sich um eine recht heikle Angelegenheit handelte. Nichtsdestotrotz dienten sie den Kommunarden als Blockade, da ihre Stellungen in der Nähe von Paris für alle Bewegungen aus oder in die Stadt gesperrt waren. So konnte die französische Armee mit mehr als 100.000 Mann unter der Führung des kürzlich entlassenen MacMahon am 21. Mai in die Hauptstadt einmarschieren. Es kam zu Kämpfen, aber etwa dreißigtausend bewaffnete Revolutionäre wurden bis zum 28. Mai besiegt und beendeten zur Erleichterung vieler, darunter auch Bismarck, das erste kommunistische Experiment der Geschichte.

Damit war der Frieden in Europa endlich wiederhergestellt, zumindest für eine gewisse Zeit. Auf deutscher Seite gab es etwa achtundzwanzigtausend Gefallene und etwa neunzigtausend Verwundete. Darüber hinaus forderten Krankheiten weitere 12.000 Menschenleben in den deutschen Reihen, so dass sich die Gesamtzahl der Opfer auf etwa 130.000 belief. Die Franzosen bezahlten ihren Kampf weitaus härter. Sie hatten rund 140.000 Tote zu beklagen, von denen etwa 45.000 verschiedenen Krankheiten erlagen. Darüber hinaus hatten sie etwa die gleiche Anzahl von Verwundeten zu beklagen, so dass sich ihre Gesamtzahl auf etwa 280.000 Tote erhöhte. Darüber hinaus waren mehr als 380.000 Männer in Deutschland und weitere 95.000 in der Schweiz und in Belgien inhaftiert, die über die Grenze geflohen waren, um dem Krieg zu entkommen. Diese Männer wurden natürlich in den Wochen und Monaten nach der Unterzeichnung des Vertrages freigelassen. Hinzu kamen noch die Opfer unter der französischen Zivilbevölkerung, für die es jedoch keine eindeutigen Zahlen gibt. Es gibt Schätzungen, wonach etwa zwanzigtausend Zivilisten während der Pariser Kommune ihr

Leben verloren, aber die genaue Zahl der Menschen während der Auseinandersetzungen mit den Deutschen ist unklar. In den ersten französischen Berichten über zivile Opfer wurde die Zahl auf etwa zweitausend oder etwas mehr geschätzt. Dabei scheint es sich jedoch um Opfer direkter Militäraktionen zu handeln, z. B. der Bombardierung von Paris, und nicht um Menschen, die an Hunger und ähnlichen Kriegsfolgen starben. In Wirklichkeit könnte die Zahl der Opfer unter der französischen Zivilbevölkerung zwischen 80.000 und 100.000 gelegen haben.

Eine Europakarte von 1871 mit den neuen Grenzen der Länder. Der schraffierte Teil Frankreichs stand vorübergehend unter deutscher Besatzung.
Alexander Altenhof, CC BY-SA 4.0 <https://creativecommons.org/licenses/by-sa/4.0>, via Wikimedia Commons https://commons.wikimedia.org/wiki/File:Europe_1871_map_en.png

Ungeachtet der Verluste hatten beide Nationen dringende Probleme zu bewältigen, als sich der Staub des Krieges legte. Frankreich war politisch zerrissen, wirtschaftlich am Boden zerstört und litt zudem unter der deutschen Teilbesetzung. Um sich endlich von den letzten Nachwirkungen der Niederlage zu befreien, strapazierte Frankreich seine Finanzen und zahlte die Entschädigungssumme im September 1873, zwei Jahre vor dem Fälligkeitsdatum, aus, wodurch die deutsche Militärpräsenz auf französischem Boden beendet wurde. Trotzdem blieb der Verlust von Elsass und Lothringen für viele Franzosen ein Problem. Die französische Wirtschaft erholte sich nur langsam, da sie ihre wichtigsten Industriegebiete an die Deutschen verloren hatte, doch in den folgenden Jahren und Jahrzehnten gelang es ihr, wieder auf die Beine zu kommen, nicht ohne die Hilfe des riesigen französischen Kolonialreichs. Die französische Politik blieb jedoch lange Zeit etwas instabil, da es viele Parteien gab, darunter auch einige Monarchisten. Die Dritte Republik, wie sie genannt wurde, blieb bis 1875 in provisorischer Form bestehen, bis eine Reihe von Gesetzen die Bildung einer Verfassung ermöglichte. Mit diesen Gesetzen wurde die Regierung in ein Zwei-Kammer-Legislativsystem mit einem Premierminister und einem Präsidenten der Republik aufgeteilt. Trotzdem blieb die französische Politik turbulent.

Trotz des Sieges hatte auch das neu gegründete Deutsche Reich eine Menge Probleme zu bewältigen, vor allem aus der Sicht Bismarcks. Trotz der Einigung basierte die neue Nation auf einer eher instabilen föderalen Organisation, die Bismarck mit Nachdruck zu korrigieren versuchte. Obwohl sich dies aus verfassungsrechtlicher Sicht nie wirklich änderte, begann der Kanzler, die Gesetze durch mehrere Gesetzeskodizes anzugleichen. Gleichzeitig arbeitete er an der nationalen Einheit durch die Zwangsgermanisierung. Dies fügte dem deutschen Volk im Reich einen weiteren Bindungsfaktor hinzu, erwies sich aber für Minderheiten wie die Franzosen im Westen, die Dänen im Norden und die Polen im Osten als mehr als schädlich. Auf der politischen Bühne erwies sich Deutschland mit Wilhelm und Bismarck an der Spitze eine Zeit lang als einigermaßen stabil, aber es gab viele Kämpfe zwischen den verschiedenen Parteien. Religiöse Fragen waren Teil dieser politischen Turbulenzen, als der katholische Süden mit dem protestantischen Norden kämpfte. Wirtschaftlich florierte Deutschland dank der raschen Industrialisierung und des Ausbaus des Eisenbahnnetzes, der durch die Entschädigungszahlungen und den Erwerb von Elsass und Lothringen begünstigt wurde. In den Nachkriegsjahren war das Deutsche Reich nach Großbritannien die zweitgrößte Volkswirtschaft in Europa und konkurrierte mit den Vereinigten Staaten um den Titel der zweitgrößten Volkswirtschaft der Welt.

Die führenden Köpfe des Deutsch-Französischen Krieges hatten unterschiedliche Schicksale. Die Bonapartes blieben in Großbritannien. Napoleon III. starb 1873 als gebrochener Mann im Exil. Sein Sohn, Napoleon IV., versuchte, sich im Krieg zu bewähren und seine politische Glaubwürdigkeit zu stärken. Dennoch verlor er 1879 im Zulukrieg sein Leben. Thiers blieb bis 1873 im Amt, aber er blieb bis zu seinem Tod im Jahr 1877 politisch präsent. Sein Nachfolger war kein Geringerer als MacMahon, der bis 1879 das Amt des französischen Präsidenten innehatte. Danach zog er sich still und leise aus der Politik zurück. Bazaine wurde wegen Hochverrats vor Gericht gestellt und 1873 zu lebenslanger Haft verurteilt, konnte aber nach Spanien fliehen, wo er seine letzten Tage verbrachte. Favres politische Karriere war bereits 1871 beendet, als eine Reihe von Skandalen um seine Kinder aus unerlaubten Affären ihn zu Fall brachten. Gambetta schließlich spielte weiterhin eine aktive politische Rolle und diente als Innenminister und Premierminister, bevor er 1882 bei einem Unfall ums Leben kam.

Auf deutscher Seite blieb Kaiser Wilhelm I. bis zu seinem Tod im Jahr 1888 auf dem Thron. Trotz seiner enormen verfassungsrechtlichen Befugnisse blieb er weitgehend im Schatten Bismarcks. Bismarck blieb Reichskanzler und fungierte gleichzeitig bis 1890 als Außenminister und Ministerpräsident Preußens und kontrollierte bis dahin den größten Teil der deutschen Politik. Er trat erst zurück, nachdem er sich mit dem neuen Kaiser, Wilhelms gleichnamigem Enkel Wilhelm II, überworfen hatte. Moltke blieb bis zu seinem Rücktritt im Jahr 1888 Chef des Generalstabs und war dann bis zu seinem Tod im Jahr 1891 Mitglied des Reichstags. Roon war unmittelbar nach dem Krieg in verschiedenen politischen und militärischen Funktionen tätig, zog sich jedoch aufgrund seines schlechten Gesundheitszustands bald darauf zurück und starb 1879. Alle drei wurden nach dem Sieg über die Franzosen mit Titeln ausgezeichnet. Moltke und Roon wurden zu Grafen ernannt, während Bismarck einen Fürstentitel erhielt.

Eine Karikatur, die zeigt, wie Bismarck für viele seiner Rollen in der deutschen Politik Anzüge auswählte.
https://commons.wikimedia.org/wiki/File:Httpdigi.ub.uni-heidelberg.dediglitklabismarck18900050a.jpg

Am Ende des Jahrhunderts waren die meisten der Hauptakteure des Krieges nicht mehr da. Das Vermächtnis des Konflikts überdauerte sie jedoch und erwies sich als eines der wichtigsten Ereignisse der modernen Geschichte. Die Folgen des Krieges werden mit Sicherheit auch für künftige Generationen weiter spürbar sein.

Epilog

Der Deutsch-Französische Krieg und der Friedensvertrag, der ihn beendete, erwiesen sich sowohl für die Zeitgenossen als auch für künftige Politiker und Historiker als sehr umstritten. Für diejenigen, die ihn mitverfolgten, war er ein schockierendes Ereignis. Es markierte den Untergang einer Großmacht und die Geburt einer anderen. Außerdem wurde der Friedensvertrag als einer der härtesten in der jüngeren Geschichte angesehen, sowohl was die Entschädigungen als auch die Gebietsverluste betraf. Auf französischer Seite löste er Revanchismus aus, da die Bevölkerung das Bedürfnis verspürte, die Rechnung mit den Deutschen zu begleichen. Auf der anderen Seite begannen die Deutschen, sich überlegen zu fühlen und forderten Anerkennung und einen Platz unter den Großmächten der Welt. Zeitgenossen waren auch der Meinung, dass der französisch-preußische Konflikt zu einer grundlegenden Neuverteilung der Machtverhältnisse in Europa und in der Welt führte.

Die Spannungen zwischen Deutschland und Frankreich hielten jahrzehntelang an, und um diese Feindschaft herum bildeten sich eine Reihe von Bündnissen. Zunächst erwies sich das Deutsche Reich unter Bismarcks Führung als geschickter in diesem diplomatischen Spiel. Er schloss einen Pakt mit zwei anderen europäischen Reichen, Russland und Österreich, um zu verhindern, dass diese sich mit Frankreich verbündeten, um die aufstrebende Macht Deutschlands einzudämmen. Außerdem versuchte er, Großbritannien nicht zu verärgern, das sich wenig darum scherte, wer den Kontinent beherrschte, solange dies nicht das britische Kolonialreich gefährdete. Da Frankreich isoliert war, blieb Europa einigermaßen friedlich.

Das änderte sich jedoch in den 1880er Jahren, als Deutschlands wirtschaftlicher Aufstieg andere zu beunruhigen begann. Außerdem wollte auch das jüngste europäische Reich seinen Platz unter den Kolonialmächten einnehmen und beteiligte sich an dem berüchtigten „Scramble for Africa". Großbritannien nahm dies zur Kenntnis. Die Lage spitzte sich erst zu, als Bismarck und Wilhelm I. die politische Bühne in Deutschland verließen. Die neue Generation von Politikern unter der Führung von Kaiser Wilhelm II. nahm eine zunehmend aggressive Haltung ein. Frankreich nutzte die Gelegenheit und verbündete sich mit Großbritannien und Russland, das nach dem Auslaufen des Paktes mit Deutschland die Seiten gewechselt hatte. Auf der anderen Seite standen Österreich, Italien und das Deutsche Reich. Alle drei Nationen waren bestrebt, ihre Position auf der Weltbühne auszubauen. Die Weichen für den Großen Krieg, der 1914 ausbrechen sollte, waren gestellt.

Dieser ursächliche Zusammenhang zwischen 1870 und 1914 veranlasste viele Historiker und Politiker zu der Spekulation, dass eine der Hauptursachen für den Ersten Weltkrieg der harte Vertrag war, der den Franzosen auferlegt wurde, vor allem der Verlust von Elsass und Lothringen. Auch wenn an dieser Vermutung etwas Wahres ist, da viele Franzosen die verlorenen Gebiete unbedingt zurückgewinnen wollten, wäre dies eine zu vereinfachte Sicht der gesamten Situation. Sie lässt die seit langem bestehende Feindschaft zwischen den beiden Nationen außer Acht und ignoriert die Tatsache, dass das wichtigste Ergebnis des Deutsch-Französischen Krieges darin bestand, dass das europäische Machtsystem aus dem Gleichgewicht gebracht wurde.

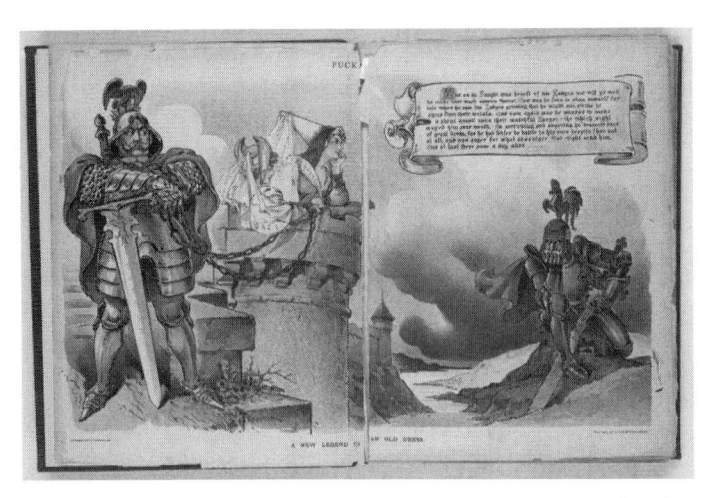

Eine Karikatur, die die Sehnsucht der Franzosen nach der Befreiung des Elsass und Lothringens darstellt.

https://commons.wikimedia.org/wiki/File:A_new_legend_in_an_old_dress_-_Keppler._LCCN2012647516.jpg

All diese Folgen des Krieges sind jedoch nebensächlich, da auch andere Faktoren zu diesem Krieg beigetragen haben. Das einzige Vermächtnis, das ausschließlich mit dem Krieg verbunden ist, ist die Reform der Funktionsweise des Militärs. Die ganze Welt war von Deutschlands Erfolg fasziniert und beschloss, ihn bis zu einem gewissen Grad zu kopieren. Während einige versuchten, ihn bis ins kleinste taktische Detail zu reproduzieren, wie z. B. Russland gegen das Osmanische Reich im Jahr 1878, konzentrierten sich die meisten eher auf den Gesamtumfang. Bis 1914 übernahm die ganze Welt, von Washington bis Tokio, Moltkes ständigen Generalstab, die allgemeine Wehrpflicht, die schnelle und organisierte Mobilisierung, die Nutzung der Eisenbahn für Nachschub und Einsatz, die Konzentration auf die Artillerie und die Aufteilung der Armee in kleinere, mobilere und austauschbare Einheiten. All dies sollte, zumindest teilweise, zum Markenzeichen des Ersten Weltkriegs werden.

Die Nachahmer und selbst die deutschen Nachfolger erkannten jedoch nicht, dass Moltkes militärisches Genie keine unabhängige Größe war. Die meisten von ihnen vernachlässigten die Brillanz von Bismarcks Politik, und sie waren nicht in der Lage zu erkennen, dass der große deutsche Erfolg von 1870 durch eine ziemlich turbulente, aber fruchtbare Partnerschaft zwischen zwei bemerkenswerten Persönlichkeiten erreicht wurde, die eine motivierte und geschäftige Nation unter Bedingungen führten, die für sie perfekt waren. Diese Kurzsichtigkeit späterer Generationen führte zu nicht weniger als zwei großen Weltkriegen, die, vereinfacht betrachtet, im Wesentlichen ein Versuch waren, den Deutsch-Französischen Krieg in größerem Maßstab zu wiederholen. Anderen Nationen erging es ähnlich, als sie versuchten, den deutschen Erfolg in ihren Konfrontationen mit Frankreich nachzuahmen.

Schlussfolgerung

Ein kurzer Krieg, wie der zwischen den Franzosen und den Preußen im Jahr 1870, ist in der Geschichte selten von so großer Bedeutung. Dennoch erwies sich der Deutsch-Französische Krieg als ein Wendepunkt in der europäischen und der Weltgeschichte. Er führte zum Aufstieg eines Imperiums, zu neuen Militärtechnologien und -strategien und zur Entstehung der Mentalität des „totalen Krieges" in Konflikten. Er schuf mehr Spannungen, als er löste, wie die ersten Schritte zu späteren großen Kriegen. Der französisch-preußische Konflikt verdient es daher, untersucht zu werden, da er wichtige Lehren für militärisches, diplomatisches und politisches Handeln und Denken bereithält.

Doch anstatt zu versuchen, zu lernen, wie man Krieg führt, wie es viele vor uns getan haben, ist es wichtig, diesen Krieg als eine Warnung zu betrachten. Er zeigt, was passiert, wenn Nationalismus und persönlicher politischer Ehrgeiz uns vorantreiben, denn er bringt unnötige Konflikte, Zerstörung und Tod. Der Krieg zwischen Frankreich und Preußen war letztlich vermeidbar, da er von Politikern und Herrschern verursacht wurde, die das Schlachtfeld nicht sahen und das Kämpfen und Sterben dem Volk überließen, das sie angeblich vertraten und führten. Das Schlimmste von allem war, dass sich der Kreislauf der Gewalt fortsetzte. Dieser Kreislauf wurde erst durchbrochen, als die französischen und deutschen Staatsoberhäupter nach dem Zweiten Weltkrieg beschlossen, dass es zu viel Tod und Zerstörung gab, ganz zu schweigen von der Scham, die sie bei der Teilnahme an solchen Ereignissen empfanden. Es wäre also viel besser, wenn wir in der Lage wären, diese Scham zu spüren, bevor wir uns in letztlich sinnlose Konflikte verstricken.

Die Lektionen des Friedens gehören zu den wichtigsten, die die Geschichte lehren kann, und hoffentlich ist es diesem Leitfaden gelungen, ähnliche Gefühle zu vermitteln. Die Lektüre dieses Buches sollte jedoch nicht das Ende, sondern nur der Anfang Ihrer neugierigen Erkundung der menschlichen Vergangenheit sein, sowohl in diesem speziellen Thema als auch in anderen Bereichen der Geschichte. Wir alle sollten aus den Fehlern der Menschen lernen, die vor uns kamen, damit wir sie nicht wiederholen.

Schauen Sie sich ein weiteres Buch aus der Reihe Captivating History an.

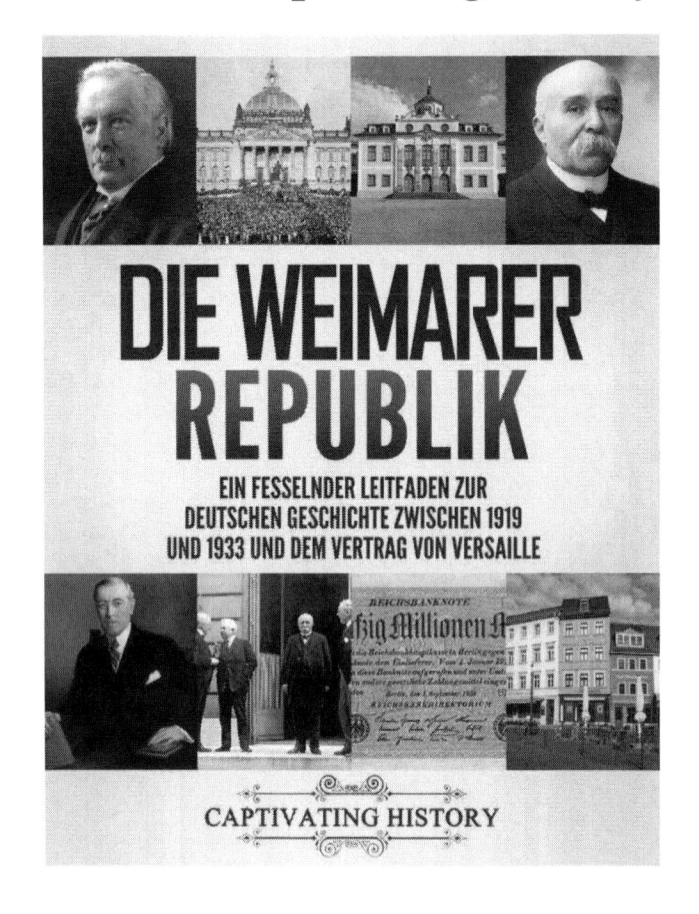

Literaturverzeichnis

Geoffrey Wawro, *Der Deutsch-Französische Krieg: Die deutsche Eroberung Frankreichs in den Jahren 1870-1871*, Cambridge University Press, 2003.

Quintin Barry, *Der Deutsch-Französische Krieg 1870-71 - Bände 1 und 2*, Helion & Company, 2007.

Stephen Badsey, *Der französisch-preußische Krieg 1870-1871*, 2003.

Michael Howard, *Der Deutsch-Französische Krieg: Die deutsche Invasion in Frankreich 1870-1871*, Routledge, 2001.

Jason Philip Coy, *Eine kurze Geschichte Deutschlands*, Facts on File, 2011.

A, Farmer und A. Stiles, *Die Vereinigung von Deutschland 1815-1919*, Hodder Education, 2007.

Jonathan Steinberg, *Bismarck: Ein Leben*, Oxford University Press, 2011.

Malcolm Crook, *Revolutionäres Frankreich 1788-1880*, Oxford University Press, 2002.

Melville D. Landon, *Der Deutsch-Französische Krieg in Kürze - Ein tägliches Tagebuch der Diplomatie, Schlachten und Kriegsliteratur*, G. W. Cakleton & Co. 1871.

Michael A. Palmer, *Der Deutsche Krieg: Eine konzise Geschichte 1859-1945*, Zenith Press, 2010.

H. Hearder, *Europa im neunzehnten Jahrhundert 1830-1880*, Longman, 1966.

Robert Gerwarth, *Der Mythos Bismarck - Das Weimarer Deutschland und das Erbe des Eisernen Kanzlers*, Oxford University Press, 2005.

James Retallack, *Kaiserliches Deutschland 1871-1918*, Oxford University Press, 2008.

Stefan Berger, *Europa des neunzehnten Jahrhunderts 1789-1914*, Blackwell Publishing, 2006.

Dennis Showalter, *Die Kriege der deutschen Einigung*, Bloomsbury academic, 2015.

Otto Pflanze, *Bismarck und die Entwicklung Deutschlands - Die Zeit der Einigung 1815-1871*, Princeton University Press, 1963.

A. J. P. Taylor, *Bismarck: Der Mann und der Staatsmann*, Vintage Books, 1967.

Graf Helmuth von Moltke, *Der deutsch-französische Krieg von 1870-71*, The Project Gutenberg EBook, 2011 (Ursprünglich: James R. Osgood, McIlvaine & CO. 1893).

Micheal Clodfelter, *Kriegsführung und bewaffnete Konflikte: Eine statistische Enzyklopädie der Verluste und anderer Zahlen, 1492-2015*, McFarland, 2017.

Christopher Clarck, *Iron Kingdom - Rise and Downfall of Prussia 1600-1947*, Penguin Books, 2007.

Martin Kitchen, *A History of Modern Germany, 1800–2000*, Blackwell Publishing, 2006.

John G. Gagliardo, *Germany under the Old Regime, 1600-1790*, Routledge, 2013.

Joachim Whaley, *Germany and the Holy Roman Empire Vol. 1 &2*, Oxford University Press, 2012.

Margaret Shennan, *The Rise of Brandenburg-Prussia*, Routledge, 1995.

Mary Fulbrook, *A Concise History of Germany*, Cambridge University Press, 1991.

S.A. Eddie, *Freedom's Price - Serfdom, Subjection, and Reform in Prussia, 1648–1848*, Oxford University Press, 2013.

Philip G. Dwyer, *The Rise of Prussia: Rethinking Prussian History, 1700-1830*, Routledge, 2013.

David Blackbourn, *The Long Nineteenth Century - A History of Germany, 1780-1914*, Oxford University Press, 1998.

Jason Philip Coy, *A Brief History of Germany*, Facts on File, 2011.

A, Farmer and A. Stiles, *The Unification of Germany 1815–1919*, Hodder Education, 2007.

Peter Wende, *A History of Germany*, Palgrave Macmillan, 2005.

Jonathan Steinberg, *Bismarck: A Life*, Oxford University Press, 2011.

Stefan Berger, *A Companion to Nineteenth-Century Europe 1789–1914*, Blackwell Publishing, 2006.

Dennis Showalter, *The Wars of German Unification*, Bloomsbury academic, 2015.

Otto Pflanze, *Bismarck and the Development of Germany – The Period of Unification 1815-1871*, Princeton University Press, 1963.

Donald S. Detwiler, *Germany - A Short History*, Southern Illinois University Press, 1989.

Printed in Great Britain
by Amazon

14949054R00188